国家出版基金项目
NATIONAL PUBLICATION FOUNDATION

丝绸之路历史文化研究书系

第三辑

杨富学 主编

河西方志汇考

吴浩军 著

甘肃文化出版社

甘肃·兰州

图书在版编目（CIP）数据

河西方志汇考 / 吴浩军著. -- 兰州 : 甘肃文化出版社, 2023.10
（丝绸之路历史文化研究书系 / 杨富学主编. 第三辑）
ISBN 978-7-5490-2833-7

Ⅰ. ①河… Ⅱ. ①吴… Ⅲ. ①河西－地方志－研究 Ⅳ. ①K294.2

中国国家版本馆CIP数据核字(2023)第196804号

河西方志汇考

吴浩军 | 著

项目策划 | 郧军涛
项目统筹 | 周乾隆　贾　莉　甄惠娟
责任编辑 | 杜艳梅
封面设计 | 马吉庆

出版发行 | 甘肃文化出版社
网　　址 | http://www.gswenhua.cn
投稿邮箱 | gswenhuapress@163.com
地　　址 | 兰州市城关区曹家巷 1 号 | 730030(邮编)

营销中心 | 贾　莉　　王　俊
电　　话 | 0931-2131306

印　　刷 | 北京联兴盛业印刷股份有限公司
开　　本 | 787 毫米 × 1092 毫米　1/16
字　　数 | 190 千
印　　张 | 14.5
版　　次 | 2023 年 10 月第 1 版
印　　次 | 2023 年 10 月第 1 次
书　　号 | ISBN 978-7-5490-2833-7
定　　价 | 68.00 元

总 序

丝绸之路是一条贯通亚、欧、非三洲经济文化交流的大动脉。自古以来，世界各地不同族群的人都会在不同环境、不同传统的背景下创造出独特的文化成就，而人类的发明与创造往往会突破民族或国家的界限，能够在相互交流的过程中获得新的发展。丝绸之路得以形成的一个重要原因，就在于东西经济文化的多样性和互补性。

在中西交往的经久历程中，中国的茶叶、瓷器及四大发明西传至欧洲，对当时的西方社会带来了影响，至今在西方人的生活中扮演着重要角色。反观丝绸之路对中国的影响，传来的大多是香料、金银器等特殊商品，还有胡腾舞、胡旋舞等西方文化。尽管这些西方的舶来品在考古现场有发现，在壁画、诗词等艺术形式上西方的文化元素有展示，但始终没有触及中华文明的根基。

早在远古时期，虽然面对着难以想象的天然艰险的挑战，但是欧亚大陆之间并非隔绝。在尼罗河流域、两河流域、印度河流域和黄河流域之北的草原上，存在着一条由许多不连贯的小规模贸易路线大体衔接而成的草原之路。这一点已经被沿路诸多的考古发现所证实。这条路就是最早的丝绸之路的雏形。

草创期的丝绸之路经历了漫长的历史演进，最初，首要的交易物资并不是丝绸。在公元前 15 世纪左右，中原商人就已经出入塔克拉玛干沙漠边缘，购买产自现新疆地区的和田玉石，同时出售海贝等沿海特产，同中亚地区进行小规模贸易交流。而良种马及其他适合长距离运输的动物也开始不断被人们所使用，于是大规模的贸易往来成为可能。比如阿拉伯地区经常使用的耐渴、耐旱、耐饿的单峰骆驼，在公元前11世纪便用于商旅运输。而分散在亚欧大陆的游牧民族据传在公元前4世纪左右才开始饲养马。双峰骆驼则在不久后也被运用在商贸旅行中。另外，欧亚大陆腹地是广阔的草原和肥沃的土地，对于游牧民族和商队运输的牲畜而言可以随时随地安定下来，就近补给水、食物和燃料。这样一来，一支商队、旅行队或军队可以在沿线各强国没有注意到他们的存在或激发敌意的情况下，进行长期、持久而路途遥远的旅行。

随着游牧民族的不断强盛，他们同定居民族之间不断争斗、分裂、碰撞、融合，这使原始的文化贸易交流仅存于局部地区或某些地区之间。不过，随着各定居民族强国的不断反击和扩张，这些国家之间就开始了直接的接触，如西亚地区马其顿亚历山大的东征，安息王朝与罗马在中亚和地中海沿岸的扩张，大夏国对阿富汗北部、印度河流域的统治以及促使张骞动身西域的大月氏西迁。这些都说明上述地区之间进行大规模交通的要素已经具备，出入中国的河西走廊和连通各国的陆路交通业已被游牧民族所熟知。

丝路商贸活动的直接结果是大大激发了中原人的消费欲望，因为商贸往来首先带给人们的是物质（包括钱财等）上的富足，其次是来自不同地域的商品丰富了人们的精神文化生活。“紫驼载锦凉州西，换得黄金铸马蹄”，丝路商贸活动可谓奇货可点，令人眼花缭乱，从外奴、艺人、歌舞伎到家畜、野兽，从皮毛植物、香料、颜料到金银珠宝、矿石金属，从器具、牙角到武器、书籍、乐器，几乎应有尽有。而外来工艺、宗教、风俗等随商人进入更是不胜枚举。这一切都成了中原高门大户的消费对象与消费时尚。相对而言，唐代的财力物力要比其他一些朝代强得多，因此他们本身就有足够的能力去追求超级消费，而丝路商贸活动的发达无非是为他们提供了更多的机遇而已。理所当然的就有许许多多的人竭力囤积居奇，有钱人不仅购置珍奇异宝而且还尽可能在家里蓄养宠物、奴伎。诚如美国学者谢弗所言：7世纪的中国是一个崇尚外来物品的时代。当时追求各种各样的外国奢侈品和奇珍异宝的风气开始从宫廷中传播开来，从而广泛地流行于一般的城市居民阶层之中。古代丝绸之路的开辟，促进了东西方的交流，从而大大推动了世界各国的经济、政治发展，丰富了各国人们的物质文化生活。

丝绸之路上文化交流，更是繁荣昌盛。丝绸之路沿线各民族由于生活的环境不同，从而形成不同的文化系统，如印度文化系统、中亚诸族系统、波斯——阿拉伯文化系统、环地中海文化系统、西域民族文化系统、河西走廊文化系统、黄河民族文化系统、青藏高原文化系统等等。而在这其中，处于主导地位的无疑是中原汉文化、印度文化、希腊文化和波斯——阿拉伯文化。

季羡林先生曾言："世界上历史悠久、地域广阔、自成体系、影响深远的文化体系只有四个，即中国、印度、希腊和伊斯兰……目前研究这种汇流现象和汇流规律的地区，最好的、最有条件的恐怕就是敦煌和新疆。"这两个地方汇聚了四大文化的精华，自古以来，不仅是多民族地区，也是多宗教的地区，在丝绸之路沿线流行过的宗教，如萨满教、祆教、佛教、道教、摩尼教、景教、伊斯兰教，甚至还有印度教，以及与之相伴的各种文化，都曾在这里交汇、融合，进而促成了当地文化的高度发展。尤其是摩尼教，以其与商人的特殊关系，始终沿丝绸之路沿线传播。过去，学术界一般认为摩尼教自 13 世纪始即已彻底消亡，而最近在福建霞浦等地发现了大批摩尼教文献与文物，证明摩尼教以改变了的形式，在福建、浙江一带留存至今。对霞浦摩尼教文献的研究与刊布，将是本丛书的重点议题之一。

季先生之所以要使用"最好的"和"最有条件"这两个具有限定性意义的词语，其实是别有一番深意的，因为除了敦煌和新疆外，不同文明的交汇点还有许多，如张掖、武威、西安、洛阳乃至东南沿海地带的泉州，莫不如此。新疆以西，这样的交汇点就更多，如中亚之讹答剌、碎叶（今吉尔吉斯斯坦托克马克）、怛罗斯、撒马尔罕、布哈拉、塔什干、花剌子模，巴基斯坦之犍陀罗地区，阿富汗之大夏（巴克特里亚）、喀布尔，伊朗之巴姆、亚兹德，土耳其之以弗所、伊斯坦布尔等，亦都概莫能外，其中尤以长安、撒马尔罕和伊斯坦布尔最具有典型意义。

西安古称长安，有着1100多年的建都史，是中华文明与外来文明的交流的坩锅，世所瞩目的长安文明就是由各种地域文化、流派文化融汇而成的，其来源是多元的，在本体上又是一元的，这种融汇百家而成的文化进一步支撑和推动了中央集权制度。在吸收整合大量外域文化之后，长安文明又向周边广大地域辐射，带动了全国的文明进程，将中国古代文化的发展推向高峰，并进一步影响周围的民族和国家；同时中国的商品如丝绸、瓷器、纸张大量输出，长安文明的许多方面如冶铁、穿井、造纸、丝织等技术都传到域外，为域外广大地区所接受，对丝绸之路沿线各地文明的发展产生了重大影响，体现出长安文化的扩散性和长安文明的辐射性。这是东西方文化长期交流、沟通的结果。在兼容并蓄思想的推动下，作为“丝绸之路”起点的长安，不断进取，由此谱写了一部辉煌的中外文化交流史。长安文化中数量浩繁的遗存遗物、宗教遗迹和文献记载，是印证东西方文化交流、往来的重要内容。

撒马尔罕可谓古代丝绸之路上最重要的枢纽城市之一，其地连接着波斯、印度和中国这三大帝国。关于该城的记载最早可以追溯到公元前5世纪，其为康国的都城，善于经商的粟特人由这里出发，足迹遍及世界各地。这里汇聚了世界上的多种文明，摩尼教、拜火教、基督教、伊斯兰教在这里都有传播。位于撒马尔罕市中心的“列吉斯坦”神学院存在于15—17世纪，由三座神学院组成，他们虽建于不同时代，但风格相偕，结构合理，堪称中世纪建筑的杰作。撒马尔罕的东北郊坐落着举世闻名的兀鲁伯天文台，建造于1428—1429年，系撒马尔罕的统治者、乌兹别克斯坦著名天文学家、学者、诗人、哲学家兀鲁伯所建，是中世纪具有世界影响的天文台之一。兀鲁伯在此测出一年时间的长短，与现代科学计算的结果相差极微；他对星辰位置的测定，堪称继古希腊天文学家希巴尔赫之后最准确的测定。撒马尔罕北边的卡塞西亚，原本为何国的都城，都城附近有重楼，北绘中华古帝，东面是突厥、婆罗门君王，西面供奉波斯、拂菻（拜占庭）等国帝王，这些都受到国王的崇拜。文化之多样性显而易见。

伊斯坦布尔为土耳其最大的城市和港口，其前身为拜占庭帝国（即东罗马帝国）的首都君士坦丁堡，地跨博斯普鲁斯海峡的两岸，是世界上唯一地跨两个大洲的大都市，海峡以北为欧洲部分（色雷斯），以南为亚洲部分（安纳托利亚），为欧亚交通之要冲。伊斯坦布尔自公元前658年开始建城，至今已有2600年的历史，其间，伊斯坦布尔曾经是罗马帝国、拜占庭帝国、拉丁帝国、奥斯曼帝国与土耳其共和国建国初斯的首都。伊斯坦布尔位处亚洲、欧洲两大洲的结合部，是丝绸之路亚洲部分的终点和欧洲部分的起点，其历史进程始终与欧亚大陆之政治、经济、文化变迁联系在一起，见证了两大洲许许多多的历史大事。来自东方的中华文明以及伊斯兰教文化和基督教文化在这里彼此融合、繁荣共处，使这里成为东西方交流的重要地区。

综上可见，丝绸之路上的文化多元、民族和谐主要得益于宗教信仰的自由和民族政策的宽松——无论是中原王朝控制时期，还是地方政权当政期间，都不轻易干涉居民的宗教信仰和民族之间的文化交流。丝绸之路上各种思想文化之间相互切磋砥砺，在这种交互的影响中，包含着各民族对各种外来思想观念的改造和调适。“波斯老贾度流沙，夜听驼铃识路赊。采玉河边青石子，收来东国易桑麻。”通过多手段、多途径的传播与交流，中西文化融会贯通，构成一道独具魅力、异彩纷呈的历史奇观。从这个意义上说，丝绸之路可称得上是一条东西方异质经济的交流之路和多元文化传播之路，同时又是不同宗教的碰撞与交融之路。

为了进一步推进“丝绸之路”历史文化价值的研究，本人在甘肃文化出版社的支持与通力合作下策划了“丝绸之路历史文化研究书系”，得到全国各地及港澳台学者的支持与响应。幸运的是，该丛书一经申报，便被批准为国家出版基金资助项目。

“丝绸之路历史文化研究书系”为一套综合性学术研究丛书，从不同方面探讨丝绸之路的兴衰演进及沿线地区历史、宗教、语言、艺术等文化遗存。和以往的有关丝绸之路文化方面的论著相比，本套丛书有自身个性，即特别注重于西北少数民族文献与地下考古资料，在充分掌握大量的最新、最前沿的研究动态和学术成果的基础上，在内容的选取和研究成果方面，具有一定的权威性和前沿性。整套丛书也力求创新，注重学科的多样性和延续性。

杨富学

2016年8月23日于敦煌莫高窟

前言

中国自古即有编史修志的传统，所谓“国有史，郡有志，家有乘”也。方志起源较早，一般认为，上古时期的《山海经》《禹贡》《周官》、古地图和《诗经》中的国风对于后世方志的形成影响较大，是其重要的渊源。正如《四库全书总目》所总结：“古之地志，载方域、山川、风俗、物产而已，其书今不可见。然《禹贡》《周礼·职方氏》，其大较矣。《元和郡县志》颇涉古迹，盖用《山海经》例。《太平寰宇记》增以人物，又偶及艺文，于是为州县志书之滥觞。”①

河西地区位处丝绸之路咽喉要冲，既为中原王朝经营西域之前沿阵地，亦是中原文化向西传播的重要区域，在汉唐之际无论是政治、经济，还是学术文化都处于领先地位。早在五凉时期就出现了方志起源阶段的各种书体，如作为雄踞一方的割据政权之国史的《凉记》《凉书》《凉国春秋》《西河记》等。其中以《凉记》命名的著作就有三部：一为张骏时任儒林郎中常侍、张重华时任护军参军的刘庆所撰，记载前凉历史；一为后凉著作佐郎段龟龙撰，记录吕光时期的后凉史事；一为后凉张谘撰，多记张轨事。以《凉书》命名的有两部：一为前凉索晖所撰，其书所记内容不详，据书名和作者所任前凉官职——建康太守可推测当为前凉史事；一为刘昞撰，记张轨事。这些“国史”从其性质上说，应属于刘知几在《史通·杂述》中列为偏记之属的地方杂史，与今天我们仍能见到的《华阳

① [清]永瑢等：《四库全书总目》卷六八，北京：中华书局，1965年，第594页。

国志》《越绝书》和《吴越春秋》相类，是方志之雏形。

除了上述“一方国史”外，五凉时期的河西还出现了其他一些方志起源阶段的史地杂著，其中最负盛名的当属刘昞的《敦煌实录》。《敦煌实录》原书早佚，据其在《隋书·经籍志》《旧唐书·经籍志》的归类及现存辑佚本 19 条内容，可知该书主要记载了敦煌地区的乡贤耆旧事迹，与圈称《陈留耆旧》、周斐《汝南先贤》、陈寿《益部耆旧》、虞预《会稽典录》相类，是一部敦煌地区的郡国之书，故而可认为是敦煌地区的一部早期方志。此著刘知几在《史通》中曾多次论及，并给予很高的评价。《杂述篇》说：“郡书者，矜其乡贤，美其邦族，施于本国，颇得流行，置于他方，罕闻爱异。其有如常璩之详审，刘昞之该博，而能传诸不朽，见美来裔者，盖无几焉。”[①]《杂说下篇》又说：“敦煌僻处西域，昆戎之乡也。求诸人物，自古阙载。盖由地居下国，路绝上京，史官注记，所不能及也。既而……刘昞裁书，则磊落英才，粲然盈瞩者矣。”[②]

这一时期，与《敦煌实录》相类的早期方志还有一部《敦煌耆旧记》。《后汉书·郡国志》“敦煌郡”注引：“国当乾位，地列艮墟。水有县泉之神，山有鸣沙之异。川无蛇虺，泽无兕虎。华戎所交，一都会也。”[③]从此条可以约略窥知其书之风貌。

此外，值得一提的是，这一时期还出现了明确以“人物志”为名的专志，如索绎的《陇西人物志》。索氏为敦煌大族，人才辈出，代不乏人。此著所志人物应以河西地区高门世族为主。

除了《敦煌实录》，刘昞还撰有一部《方言》。这部著作没有能传下来，但据其书名，且联系刘昞的生平经历和著述情况，可以推测，应是仿扬雄《方言》体例而成的一部记录和研究五凉时期河西方言的著作，而方言亦是后世定型方志常常备列的篇目。

以记述各地建置、山川、道里、物产、风俗为主要内容的地理书也是方志雏

① ［唐］刘知幾撰，［清］浦起龙通释：《史通》卷一〇，上海：上海古籍出版社，2015 年，第 248 页。
② ［唐］刘知幾撰，［清］浦起龙通释：《史通》卷一〇，上海：上海古籍出版社，2015 年，第 479 页。
③ ［南朝宋］范晔撰，［唐］李贤等注：《后汉书》卷二三，北京：中华书局，1965 年，第 3521 页。

形之重要一类。刘知几说:“九州土宇,万国山川,物产殊宜,风化异俗,如各志其本国,足以明此一方,若盛弘之《荆州记》、常璩《华阳国志》、辛氏《三秦》、罗含《湘中》,此之谓地理书者也。”①五凉时期没有出现专门记述河西地理的著作,但阚骃撰有《十三州志》。《十三州志》是一部继《后汉书·郡国志》之后的又一部重要的史地著作。书中对河流山川、地名物产等都作了认真的考证,在很多地方纠正了前人的错谬,是一部极具学术价值的巨著,备受学者的重视。阚骃为敦煌人,祖父阚倞,父亲阚玖,都是当时河西的著名学者。阚骃“博通经传,聪敏过人,三史群言,经目则诵,时人谓之宿读”②。在沮渠蒙逊的北凉政权中,他官至秘书考课郎中。439年,北魏灭北凉,占据河西走廊,阚骃官拜北魏乐平王拓跋丕的从事中郎。虽然《十三州志》不是河西的地理专志,但据阚骃的家世和他一生主要活动于河西地区的经历,不难想象当时河西地区学术文化发达的状况,特别是据此可以推知当时河西学者对河西地理的考察记述情况。

隋唐时期,大一统局面形成,中央集权的政府为加强对地方的控制,建立了一套完整的定期编呈图经版籍的制度,为方志体例的进一步完善和续修制度的建立打下了坚实的基础。隋朝建立初年,即十分重视史志编修事业,“隋大业中,普诏天下诸郡,条其风俗、物产、地图,上于尚书”③,汇编《诸州图经集》等书。唐袭隋例,延续了图经的定期编修制度。《唐会要》载:“建中元年十一月二十九日,请州图每二年一送职方,今改至五年一造送。如州县有创造,及山河改移,即不在五年之限。后复故。”④

唐代图经大都散失难考,极其可贵的是本世纪初在敦煌藏经洞中发现了17个带有地方志性质的写卷:(1)沙州图经卷第一 S.2593;(2)沙州都督府图经 P.2005;(3)沙州都督府图经 P.2695;(4)沙州城土境 P.2691;(5)沙州地志 P.5034;(6)沙州图经 S.788;(7)寿昌县地境;(8)沙州伊州地志 S.367;(9)瓜沙

① [唐]刘知幾撰,[清]浦起龙通释:《史通》卷一〇,上海:上海古籍出版社,2015年,第247页。
② [北齐]魏收撰:《魏书》卷五二,北京:中华书局,1974年,第1159页。
③ [唐]魏征、令狐德棻撰:《隋书》卷三三,北京:中华书局,1973年,第988页。
④ [五代]王溥撰:《唐会要》卷五九,北京:中华书局,1955年,第1032—1033页。

两郡史事编年并序 S.5693;(10)瓜沙两郡史事编年并序 P.3721;(11)敦煌录一本 S.5448;(12)敦煌水渠 P.3560;(13)敦煌名族志 P.2625;(14)敦煌名族志 P.4010;(15)敦煌汜氏人物传 S.1889;(16)莫高窟记 P.3720;(17)敦煌古迹二十咏 P.3929。这 17 个卷子均具有地理文书的性质,记载和反映了中唐至北宋初年敦煌的山脉河渠、城镇沿革、土产风俗和人物族望等内容,是我国地方志发展体例趋于成熟和定型阶段的产物,具有一定的代表性。特别是其中的《沙州都督府图经》,据学者考证,原作于武周万岁通天元年(696),唐开元及永泰年间又两次重修,是甘肃现存最古老的一部地方志,为历来官、私目录均未曾著录,亦未被类书、史书、史注所征引。它保存了中古时期有关敦煌历史、社会、地理、文学、宗教、自然资源,以及中西交通、河流、水渠、泊泽、池堰、古城、学校、殿堂、歌谣、祥瑞、驿站、北凉和西凉史事等多方面的资料,这些资料不仅对中古时期敦煌的历史、社会、地理、文学、宗教、自然资源,以及唐代中西交通等方面的研究有重要的价值和意义,就是对我国古代方志编纂学方面的研究,亦有很高的价值和意义,使我们看到了唐代“图经”的面貌,很值得我们研究和借鉴。

除敦煌遗书中这 17 个具有地理文书性质的卷子外,唐代还曾为我们编写过另一部敦煌地区的早期方志——《敦煌新录》。《崇文总目》《直斋书录解题》《通志》《文献通考》皆载《敦煌新录》一卷,陈振孙《直斋书录解题》云:“《燉煌新录》一卷,有序称‘天成四年沙州传舍集’,而不著名氏,盖当时奉使者。叙张义潮本末及彼土风物甚详。凉武昭王时有刘昞者,著《燉煌实录》二十卷,故此号《新录》。”①

传世文献所记唐代河西地区还曾出现过专志——《河西人物志》。此志在《旧唐书·经籍志》《新唐书·艺文志》和南宋郑樵《通志》皆有著录,此后不见于书目著录,学者一般认为大概于宋代已亡佚。今天我们仅能据《新唐书·赵彦昭

① 陈振孙:《直斋书录解题》,影印文渊阁《四库全书》本第 674 册,上海:上海古籍出版社,1987 年,第 653 页。

传》记载知其为甘州张掖人赵武孟所撰，其体例和内容已不可考知。

宋代是我国方志发展的重要时期。这一时期，官府更加重视地方志的编纂工作，在修志的组织形式、规模和体例的完备性、内容的充实性方面都远远超过了隋唐。宋朝初年，仍沿袭了唐代图经造送制度，规定州县图经每闰年一造送，诸路图经十年一上。南宋时期，地方修志更为普遍，不仅名都重邑皆有图志，就是僻陋之邦，偏小之邑，亦必有记录焉。但河西地区自1036年西夏一举攻陷瓜、沙、肃三州之后，至1225年元太祖铁木真攻肃州，举立沙献城，次年成吉思汗率军攻破沙州，一直处在西夏政权的统治之下，没有一部方志或方志性质的著作传世或见诸文献记载。

自宋代完成从图经到方志的过渡以后，方志的发展进入繁盛时期。元代方志在前代基础上取得了新的成就，其标志有三：一是纂修了《元一统志》，完成了全国区域志的定型；二是方志体例形式多有创新改易，在资料考证和叙述上也比宋志注重纪实，较少文人意趣；三是对方志理论提出了许多精辟见解。据张国淦《中国古方志考》统计，元代所修方志约160种。但这些方志经元末动乱已散失不少，再经明末战乱，已所剩无几，至清乾隆间修《四库全书》，仅收元志7种。

河西地区在元代所修方志，目前所能考知的共有4种。其中《甘肃图志》为编修元代《大一统志》而纂，当属甘肃行省通志，其他3种为《肃州志》《甘州志》和《山丹州志》。元代这4种志书全部佚失，除《大明一统志》和《嘉靖陕西通志》偶有引用外，概不见于其他典籍，故今天已难知其详。

明朝统治者高度重视方志编修工作，从建国初期的洪武朝开始，即大举修编全国区域总志，先后有《大明志书》《大明清类天文分野之书》《寰宇通衢》《寰宇通志》和《大明一统志》成书。与此同时，还要求地方呈送图经、方志，以备汇纂。洪武年间编类天下州郡地理形势，永乐年间诏令天下郡县卫所皆修志书，三令五申督促编呈方志，使得州县志的编纂在明朝建国之始就十分繁盛。据《中国地方志联合目录》统计，现存明代方志有973种，远远高于元代。为了统一规划方志体例内容，明成祖朱棣还两次颁发《纂修志书凡例》，对志书中建置沿革、分野、疆域、城池、山川、坊郭镇市、土产、贡赋、风俗、户口、学校、军卫、郡县廨舍、寺观、祠庙、桥梁、古迹、宦迹、人物、仙释、杂志、诗文的编纂,均作出具体规定。这是现存最早的关于地方志编纂的政府条令。另外,明代方志类型也有新的发展,除总志和府、州、县、镇志外,还创修了通志和关卫志。

洪武五年(1372)冯胜下河西,自唐中叶以来迭经吐蕃、回鹘、西夏和蒙元荼毒的经济和文化渐次得到恢复,方志编修也随着全国的形势而展开。目前所知,明代河西地区所修地方志及具有方志性质的史地杂著共有 19 种。

有明一代,退居漠北的蒙古势力不甘失败,一直伺机南下,成为严重的边患,明王朝不得不在东起鸭绿江,西抵嘉峪关绵亘万里的北部边防线上相继设立辽东、宣府、蓟州、大同、太原、延绥、宁夏、固原、甘肃九个边防重镇,史称“九边重镇”。其中甘肃镇位于极西,“夹以一线之路,孤悬两千里,西控西域,南隔羌戎,北遮胡虏”[①]“近而藩垣四镇,远而纲领九边,通玉帛于天方,列毡庐于疆场,黄河、黑水、昆仑、崆峒际天极地,巍然一大镇也”[②]。特别是甘肃镇复杂的民族关系,使其在九镇中更具特殊的政治地位。弘治六年(1493),孝宗对经略甘肃的守臣说:“盖以本朝边境惟甘肃为最远,亦惟甘肃为最重。祖宗于此屯兵建阃,非但制驭境外之生夷,亦以抚绥境内之熟羌也。”[③]

因为甘肃镇极其重要的战略地位,明代非常重视其军事设施和防御机制的建设,从而也非常重视对甘肃镇基本情况的调查掌握,所以有明一代,《甘肃镇志》一修再修,目前所知,仅以《甘肃志》为题的就有正统、弘治和嘉靖三种。可惜的是这三种《甘肃志》全部亡佚,今天难见其真容。今存原刊本的有周一敬所著、刊印于崇祯十二年(1639)的《甘肃镇考见略》。

除这三种镇志外,还有效法唐代图经模式编纂的“图说”。这类志书目前所知有绘制于嘉靖年间的《甘肃镇战守图略》、万历朝的《甘肃镇图说》和天启年

---

① [明]程道生:《九边图考》,武进庄氏玉青馆,民国八年(1919)石印本,第 51 叶。

② [明]赵锦:《行都司题名记》,载[清]钟赓起纂修,张志纯等点校《甘州府志校注》,兰州:甘肃文化出版社,2008 年,第 466—469 页。

③ [明]刘健、谢迁:《明实录·大明孝宗敬皇帝实录》,台北“中央研究院”历史语言研究所校印本,1962 年,第 1392 页。

间的《河西总镇图说》。其中《甘肃镇战守图略》现藏“台北故宫博物院”，使我们今天可以从中了解到甘肃镇的攻防形势及边镇图志的编纂方法和体例。

为了加强对边地的有效控制，明代还建立了卫所制度。洪武七年（1374）七月，在河州府设置西安行都卫。次年十月，更名为陕西行都指挥使司。洪武十二年（1379），其治所由河州移至庄浪（今甘肃永登）。这一举措表明了明朝对甘肃镇战略地位的重新审视，认识到了它所具有的独特的地位。但是，以庄浪作为陕西行都指挥使司的治所，仍然难以有效地管理甘肃镇，于是，在洪武二十六年（1393），明廷又将其治所西移至适中的甘州，使其便于东西兼顾，并根据敌情，迅速作出反应。从此以后，陕西行都指挥使司的治所再未变更。职是之故，明代的甘肃还创修了全国唯一一部行都司志，即《陕西行都司志》，使其成为人们了解明代行都司制度的一部重要文献。

陕西行都司下辖十五个卫所，分别是甘州左卫、甘州右卫、甘州中卫、甘州前卫、甘州后卫、肃州卫、山丹卫、永昌卫、凉州卫、镇番卫、庄浪卫、西宁卫、镇夷千户所、古浪千户所、高台千户所。这些卫所也有过志书的编修，目前所知有《永昌卫志》《甘州卫志》和《高台所志》。惜其已佚，今已难知其详。

明代的甘肃地区还编修过一部从体例和内容看都比较特殊的地方志——《肃镇华夷志》。志题“华夷”者，“则以内附羌回，惟肃最伙，今虽输款向化，作我藩篱，而笼犬羊于卧榻，揖寇盗于门庭，种类情形正与内地安危相为倚伏。溯源穷委，因以名篇，意良可绎”①。与前后创修的《甘镇志》《凉镇志》《西镇志》相比，《肃镇华夷志》关于环肃州周边少数民族的记载不唯占相当篇幅，而且创“种属”“族类”“住处”“风俗”等目，开方志之特例，其价值与意义非他志所能比拟。②

此外，根据文献记载，还有《肃州新志》和《张掖新志》。据书名推测，这两种志书应是明初在元代《肃州志》《甘州志》和《山丹州志》的基础上新修的志书。

这一时期，具有方志性质的史地杂著则有曹子登《甘州纪变》、王柱泰《镇

① ［明］李应魁：《肃镇华夷志序》，载李应魁撰，高启安、邰惠莉校注《肃镇华夷志校注》，兰州：甘肃人民出版社，2006年，第1页。

② 高启安：《〈肃镇华夷志〉的名称及版本考辨》，《酒泉职业技术学院学报》2008年第1期，第68—70页。

番户族小识》、杨大烈《镇番宜土人情略记》、王崇古《庄浪漫记》和王之采《庄浪汇记》。其中《庄浪汇记》我们今天仍可以看到，可以知其体例：“玺书、凡例记官师职守，各城堡以吏、户、礼、兵、刑、工六目分载所司事务，余列人事实，分款起行，款各冠以一字，如官署例案。”①与当时一般志书的体例绝不相类，而记明代边防制度，详备过于甘宁诸镇志，无论从志书的编修，还是从明代边防制度看，都是弥足珍贵的资料。

清代是我国方志发展的鼎盛时期，不仅在数量、品种上，而且在质量上都是历代所无法比拟的，出现了许多佳作；同时又是方志学形成的重要时期，产生了以章学诚为代表的方志学大家和一批方志学论著。清政府三次兴修《大清一统志》，并为编修《一统志》广泛搜求历代旧志，同时多次诏编新志。雍正年间还规定州县志书每六十年一修。各省府大都设立志局或志馆，由省府长官领衔主修，聘请当地名流学者主纂。由于各级官府的督促要求，各省府州县志书的编纂持续不断，极其繁盛。据统计，传于今世的清代各类方志约 6000 种。据《中国地方志联合目录》统计，在 8264 种方志中，清代方志有 5685 种，约占 70%。

清初河西地区志书的纂修是从重新刊刻明代志书开始的。顺治十二年(1655)至十四年(1657)，各地分别整理重刊了《西镇志》《凉镇志》《甘镇志》和《肃镇志》，虽然有的署名为当时主政者所修(如《西镇志》)，但根据《嘉靖陕西通志》《陕西行都司志》和这几部志书的内容和体例，有学者指出，万历末年，陕西行都司所辖卫所曾经有过一次大规模的修志活动，产生了一批地方志书，但由于大明王朝很快处于风雨飘摇的灭亡阶段，这批志书没能普遍刊行。清朝初年，出于借鉴历史经验，经营西域的需要，于顺治十四年(1657)重新刊刻印刷了这批志书。这批志书都没有以其军事和行政建制为名，而均以“镇”为名，乃因甘肃镇为明代九边重镇之一，在西北边防中具有重要的地位，而各志所记地域区限均在甘肃镇管辖之内。②这批志书的刊刻反应出清初统治者豁达的胸

① 张维:《陇右方志录》，北平大北印书局，民国二十三年(1934)，第 108 页。

② 高启安:《〈肃镇华夷志〉的名称及版本考辨》，《酒泉职业技术学院学报》2008 年第 1 期，第 68—70 页。

怀、高瞻远瞩的目光和励精图治的精神风貌。

经过重刊明代末叶的一批镇志，在顺治和康熙时期的准备之后，河西地区的修志活动在乾隆年间达到了鼎盛，出现了一批代表着方志成熟阶段的煌煌巨著：乾隆二年（1737）刊刻的《重修肃州新志》、十四年（1749）刊刻的《五凉全志》、四十四年（1779）刊刻的《甘州府志》。这几部方志共同的特点是卷帙浩繁，资料翔实，体例完备，上承元明两代，保存了已佚旧志的许多资料，下启晚清民国，树立了方志编修体例的典范，成为后世河西地区编史修志取法的圭臬。但又各有特点：《重修肃州新志》县、卫各自为册，修于雍乾之际，大清王朝刚刚平定准噶尔策旺阿喇布坦之乱，开始着力经营嘉峪关以西的广大地区，于关外设置两厅、四卫、一所，派遣能臣干吏驻节肃州以临制之，故于屯田、兵防极尽详备。东起柳林湖、昌宁湖，西至敦煌、安西，募民给田，开渠筑路，发农器、牛畜，借籽种，以及耕种分余之制，无不详载，保留了清初驻军屯垦、移民实边、经营西域的一手资料，为后世统治者提供了宝贵的施政经验。《五凉全志》全名为《五凉考治六德集全志》，包括武威、镇番（今民勤）、永昌、古浪、平番（今永登）五县的县志。各志内容均按地理、建置、风俗、官师、兵防、人物、文艺等七篇编写。在体例上别出心裁："谓考治六德者，盖将以是为考治之书。取《周礼》智、仁、圣、义、忠、和六德，卷系一字：武威为'智'集，镇番'仁'，永昌'圣'，古浪'义'，平番'忠'，而以之浚所著学道编为'和'集。"①因其迂怪太甚，后世刊印时多将"和"集弃置不用。至若《甘州府志》，则特别注重收录历代诗词歌赋及碑铭，其中艺文占去三卷、超过三分之一的篇幅。

特别值得一提的是，上述三部地方志巨著中的《重修肃州新志》和《五凉全志》并非一般意义上的州府志，而是"不以道命名的道志"。其中《重修肃州新志》的纂修者黄文炜的身份是"分巡肃州道，抚治番夷，兼管水利、屯田、马政，署安西兵备道印务"，沈青崖是"陕西布政使司督理粮储道"。记述范围及一级纲目是肃州、高台县、安西卫、沙州卫、柳沟卫、靖逆卫、赤金所，而是时分巡肃

① 张维：《陇右方志录》，北平大北印书局，民国二十三年（1934），第19页。

州道领肃州直隶州、高台县，安西兵备道领安西、靖逆二直隶厅及安西卫、柳沟卫、沙州卫、靖逆卫和赤金所，由此可知，该志为分巡肃州道及安西兵备道的合志。《五凉全志》为归乡绅耆张玿美总纂，但主修者是时任“分守凉庄道”的张之浚，其记述范围及一级纲目为武威县、镇番县、永昌县、古浪县、平番县，而是时分守凉庄道领凉州府及附廓武威县和镇番、永昌、古浪、平番四县，可知此志为分守凉庄道志。[①]乾隆初年的河西地区之所以出现这样两部“不以道命名的道志”，客观上是当时大清王朝经营西北边疆事务的需要，主观上乃是黄文炜、沈青崖和张之浚等能臣干吏的使命。主客观的契合，又丰富了清代河西地区志书的类型。

到嘉道年间，各县的志书编修到了高潮。都在乾隆州府志的基础上独立成册，体例也根据当时通行县志，结合本地实际进行了全面的增删改易。这一时期，代表性的作品有嘉庆二十一年（1816）的《永昌县志》、道光五年（1825）的《镇番县志》、道光七年（1827）的《敦煌县志》、道光十一年（1831）的《山丹县续志》。

除了这些由官府主修，体例规整而完备的县志外，这一时期也还产生了几部由私家撰著的其他类型的志书。如张澍纯属方志体例，但仅以“备考”为名的《凉州府志备考》；辑录相关文献而成的《武威韩氏忠节录》；河西方言专著《秦音》等。而潘挹奎的《武威耆旧传》专记乡贤事迹，在有清一代同类志书亦属质量上乘且独具特色者。

另外还有一部《镇番遗事历鉴》。该著由镇番绅耆谢树森纂辑于道光二十八年（1848），民国二十五年（1936）谢树森后裔谢广恩又进行了补辑。这是一部编年体地方史志，记载了明洪武三年（1370）至民国二十五年（1936）间镇番县所发生的历史事件。如同《万历随志》，“其编年之例，全仿《春秋》经文，称‘随’为‘我’，而以地之沿革、官之迁除、士之中乡会试贡太学者，按年纪载，皆地志未为之例也”[②]，为河西地方志增添了一朵奇葩。

---

① 陈郑云：《治道与志道：清代甘肃道志编纂研究》，《中国地方志》2022 年第 4 期，第 36—47 页。

② ［清］永瑢等：《四库全书总目》卷七三，北京：中华书局，1965 年，第 641 页。

咸同年间，河西没有地方志的编修，现在存有同治初年记叙镇番县督办团防捍卫桑梓情况的史地杂著《团勇纪略》。

光宣年间，河西方志继续发展，体例较为完备的有光绪五年(1879)的《肃州新志稿》、光绪三十四年(1908)的《山丹县志》和《镇番县志》、宣统元年的(1909)《安西采访底本》、宣统三年(1911)的《镇番县志》。

清末乡土教育思潮兴起，光绪二十九年出台的《奏定学堂章程》(即“癸卯学制”)，对小学乡土史地教育提出了明确要求。光绪三十一年(1905)，京师编书局按照“癸卯学制”的要求编订了《乡土志例目》，作为全国编纂乡土史地教材的指导方案，从此全国各地展开了乡土志的编写。河西地区虽地处僻远，这方面的工作却并不落后，顺应时代的潮流，也编写了一批乡土志。现在我们所能看到的有《敦煌县乡土志》《张掖县乡土志》《永昌县乡土志》和《镇番县乡土志》共 4 种。

民国时期的 38 年中，时局动荡，战事纷扰，地方志的编修工作时继时断。但由于各地学者的多方努力和民国政府的倡导，曾编纂出 1500 余种方志，并且由于近代科学的影响和方志学研究的深入，一些方志在体例和内容方面有所创新。河西地区亦不例外，这一时期编修的方志，现在所能考知的有 24 种，其修志情况大体与全国其他地方相当。

北洋军阀政府期间，即有一些地方贤达出于自觉的担当意识，承清代志书余绪，或续或创，将编史修志的传统延续了下来。这一时期河西地方志有民国七年(1918)的《续修永昌县志》、民国八年(1919)的《续修镇番县志》、民国十二年(1923)的《东乐县志》、民国十四年(1925)的《新纂高台县志》、民国十五年(1926)的《民勤县志》。总体上看，这些志书仍延续了清代志书的体例和编纂思想，但也有根据社会的发展新立的名目，如警察、实业等，起到了承上启下的作用。另外还出现了河西第一部水利专志——《暖泉水利志》。

北伐胜利，南京政府成立后，河西史志的编修也有一些成绩，目前所能看到的有《安西县采访录》《临泽县采访录》《金塔县采访录》《永昌县采访录》和《创修金塔县志》。这一时期，又有一部水利专志——《新修临泽县水利志》诞生。

抗日战争时期，河西地区作为大后方，在保存文化、兴办教育、运输物资等方面发挥了不可替代的作用。在这段时间内，也编修了一批地方志，如民国三十一年（1942）的《创修临泽县志》、民国二十八年（1939）的《重修古浪县志》。

抗日战争胜利后，国民政府摇摇欲坠，河西偏僻，相对安定，一些地方贤达出于历史的惯性，在没有地方政府组织号令的情况下，仍凭着自觉的使命意识继续着编史修志的事业，留下了一批部头巨大，质量上乘的作品，如《重修敦煌县志》《安西县新志》《鼎新县志稿》《创修民乐县志》《永昌县志稿》《武威县志》等。

昔贤经纬万端，洪纤悉寓精心。为求一地文教德化，达长治久安之目的，他们倾注巨大的热情，付出艰苦的劳动，编修了这些方志，保存了本地大量政治、经济、文化、军事等方面可靠而有用的资料，创造了多种方志体例和编纂方法，积累了丰富的修志经验，为我们留下了一笔极为宝贵的精神文化遗产。在国家政治稳定、经济繁荣、文化发达的今天，继承这笔文化遗产，挖掘这些地方文化资源，在前人的基础上进行全面、深入、系统的研究整理，为顺利编纂新时期志书提供必要的前提条件，打下坚实的基础，是本地各级政府史志办公室、文史工作者及研究人员义不容辞的职责。作为河西地方文献和河西历史文化的整理研究者，笔者多年来不辞辛劳，不计代价，多方调查河西古旧方志的存佚及体例内容等情况，试图全面理清这些家底，即旨在引起各方关注，以共同擦亮这些尘封已久的地方文化瑰宝，使之更好地为建设河西文明社会、和谐社会服务。

目　录

方志释考

附　录

方志释考

河西通志

凉记

十二卷,佚。前凉刘庆撰。刘庆,生卒年不详,史书无传。刘知幾《史通》卷十一《史官建置》载:"前凉张骏时,刘庆迁儒林郎中常侍,在东苑撰其国书。"[①]卷十二又载:"张重华护军参军刘庆在东菀专修国史二十余年,著《凉记》十二卷。"[②]由此可知,刘庆生活在前凉时期,张骏时任儒林郎中常侍,张重华时任护军参军。

凉国春秋

五十卷,佚。前凉索绥撰。索绥,生卒年不详,字士艾,敦煌(今甘肃敦煌市)人。幼时家贫好学,前凉时举孝廉,曾为天水太守,因母丧而辞官。后举秀才,为儒林祭酒。《十六国春秋》卷七十五有传。索绥著有《凉国春秋》五十卷,又著有《符命传》《六夷颂》十余篇,后因著述甚有成就被封平乐亭侯。刘知幾《史通》卷

① [唐]刘知幾撰,[清]浦起龙通释:《史通》,上海:上海古籍出版社,2015年,第284页。
② [唐]刘知幾撰,[清]浦起龙通释:《史通》,上海:上海古籍出版社,2015年,第326页。

十二《古今正史》云："前凉张骏十五年，命其西曹边浏集内外事，以付秀才索绥，作《凉国春秋》五十卷。"[①]余不可考。书已佚，目录书不见著录，可能宋以后亡佚。《太平御览》卷一百二十四有征引。

陇西人物志

索纬著。张澍《续敦煌实录》引《文昌杂录》云："昭明太子曰：'索纬有《陇西人物志》。'"鼎文按：见宋庞元英《文昌杂录》卷六。[②]

凉书

卷数不详，前凉索晖撰。索晖，事迹不详，但其为敦煌（今甘肃敦煌市）人，当无疑问。敦煌索氏在汉唐之间为著姓，索氏成员活跃于西晋以后的政坛，出仕于前凉者有十二人，索晖即其中一员。刘知幾《史通》卷十二《古今正史》云："建康太守索晖、从事中郎刘昞又各著《凉书》。"[③]从刘知幾的叙述看，索晖应当出仕于前凉政权，任建康大守。《魏书·张骏传》载："分武威、武兴、西平、张掖、酒泉、建康、西海、西郡、湟河、晋兴、广武十一郡为凉州。"[④]由此可知，建康在前凉时为凉州之一郡。索晖的生活时期应当在刘昞之前。目录书不见著录，索晖《凉书》可能在南北朝时期就已亡佚。

凉书

十卷，北魏刘昞撰。《隋书·经籍志》史部"霸史类"著录云："《凉书》十卷，记

---

① [唐]刘知幾撰，[清]浦起龙通释：《史通》，上海：上海古籍出版社，2015年，第326页。
② [清]张澍辑，李鼎文校点：《续敦煌实录》，兰州：甘肃人民出版社，1985年，第45页。
③ [清]张澍辑，李鼎文校点：《续敦煌实录》，兰州：甘肃人民出版社，1985年，第45页。
④ [北齐]魏收撰：《魏书》卷九九，北京：中华书局，1974年，第2195页。

张轨事。伪凉大将军从事中郎刘景撰。”[1]此云刘景，系避唐讳，作者应是刘昞无疑。其内容“记张轨事”，按：张轨任凉州刺史，自西晋永宁元年（301）至建兴二年（314），仅十四年，应当不足称为《凉书》。《隋书·经籍志》所言“记张轨事”，大概主要指前凉，即相对于其他几个以“凉”称号的割据政权而言。《新唐书·艺文志》入史部“伪史类”，此后目录书不录，大概亡佚于宋。

凉记

十卷，后凉段龟龙撰。段龟龙，生卒年不详，《隋书·经籍志》在著录时题为“伪凉著作佐郎段龟龙”。所谓“伪凉”，大概是指吕光政权（后凉），但无法肯定，姑著录如上，其他不详。关于段龟龙的地望，文献没有确载，但依据当时地方政权的实际，他是河西人无疑，文献著录时也都将他当作河西人。段龟龙《凉记》十卷，《隋书·经籍志》史部“霸史类”著录为“《凉记》十卷，记吕光事，伪凉著作佐郎段龟龙撰”[2]，《新唐书·艺文志》史部“伪史类”著录基本相同，可以确定，该书内容是记录吕光时期的后凉史事。

关于此著，张澍辑本序有翔实的考证：“考《隋志》伪凉右仆射张咨纂《凉记》八卷，记张轨事。《唐志》作十卷。《世说·注》引张资《凉州记》。又伪凉大将军从事中郎刘景纂《凉书》十卷，亦记张轨事。《史通》外篇云：前凉张骏十五年，命其西曹边浏集内外事以付秀才索绥，作《凉国春秋》五十卷。张重华护军将军刘庆在东苑专修国史二十余年，著《凉记》十二卷。又云：建康太守索晖、从事中郎刘昞各著《凉书》。昞即景，唐讳昞改景。《后魏书·高谦之传》：谦之以父舅氏沮渠蒙逊曾据凉土，国书阙漏，谦之乃修《凉书》十卷。《宋书·大且渠传》：元嘉十四年，茂虔表上献《凉书》十卷。《史通》又云：宗钦《凉记》，记沮渠氏。《隋志》有《拓跋凉录》十卷，无纂人名，《唐志》下编年类。《史通》外篇云：失名记秃发氏。若段龟龙《凉州记》，乃记吕光事也。《艺文类聚》《初学记》《太平御览》诸书

① [唐]魏征撰：《隋书》卷三三，北京：中华书局，1973年，第963页。
② [唐]魏征撰：《隋书》卷三三，北京：中华书局，1973年，第963页。

引，或作《西凉记》，或作《凉州记》。《隋志》八卷，《唐志》云十卷。余辑得二十余事，内有张咨《凉记》二则，赫连氏《凉书》三则，蒙逊《凉书》二则，亦附于末。”①

此书原著久佚，自明代以来，就有学者进行辑佚整理，使之重新流布于世。如明代陶宗仪辑有《凉州记》，收在《说郛》中；清代汤球辑有《凉记》，收在《三十国春秋辑本》中；影响较大的是张澍辑本，收在《二酉堂丛书》中。

张澍（1776—1847），字百瀹，号介侯，武威人。嘉庆四年（1799）进士，选翰林院庶吉士，历任玉屏、泸溪等县知县。好游历，曾远游晋、鲁、豫、江、浙等十余省。他博览经史，一生著述甚丰，尤其留心关陇文献，辑乡邦遗籍数十种及其他阙佚书为《二酉堂丛书》。该丛书自道光元年（1821）刊刻以来，深受好评。鲁迅在《会稽郡故书杂集序》中说："幼时，尝见武威张澍所辑书，于凉土文献，撰集甚众。笃恭乡里，尚此之谓。而会稽故籍，零落至今，未闻后贤为之纲纪。乃创就所见书传，刺取遗篇，累为一帙。"②其影响于此可见一斑。

1992年，西北师范大学王晶波撰《二酉堂丛书史地六种》，收张澍辑本《十三州志》《凉州记》《凉州异物志》《西河记》《西河旧事》和《沙州记》六种。针对张氏辑本的特点，晶波女史主要做了以下几方面的工作：一一为张氏所辑条目找到出处，订正异同；对辑本中张氏所加按语也找出出处，订正异同；将张氏辑本与王谟辑本、陶宗仪辑本、汤球辑本相参照，并一一指明其异同。这些工作扎实细致，为这六种历史地理著作的保存、流传和学者们研究利用提供了极大的方便。《二酉堂丛书》辑《凉州记》凡三十三条，王晶波考证，其中七条为误记，五条应为附录。她又补辑二条。③

另外，张澍在辑佚时，将段龟龙《凉记》题作"凉州记"，不确。从题目看，"凉州记"似是杂记，而"凉记"性质则应接近于正史，属于载记一类。目录书的著录也证明，段氏《凉记》是属于地方政权的正式史书，而非杂记。

---

① [清]张澍辑，王晶波校点：《二酉堂丛书史地六种》，兰州：甘肃人民出版社，1992年，第103页。

② 鲁迅：《鲁迅全集》（第10卷），北京：人民文学出版社，1982年，第32页。

③ 王晶波：《校点说明》，载[清]张澍辑，王晶波校点《二酉堂丛书史地六种》，兰州：甘肃人民出版社，1992年，第2页。

西河记

二卷，后凉段龟龙撰。《册府元龟》卷五百五十五载："段龟龙为著作郎，撰《西河记》二卷，《凉记》十卷，记吕光事。"[①]不知《册府元龟》中所言之"记吕光事"是仅指《凉记》记载的内容，还是也包括《西河记》的内容。

西河记

二卷，东晋喻归撰。《隋书·经籍志》史部"霸史类"著录云："《西河记》二卷，记张重华事。晋侍御史喻归撰。"[②]《旧唐书·经籍志》史部"编年类"附"杂伪国史"著录，《新唐书·艺文志》入史部"伪史类"，《通志·艺文略》入"霸史类"。这说明喻归著有《西河记》二卷，其他史籍也多有记载，只是所载卷数颇有差异，或三卷，或十卷。喻归是东晋人，为官侍御史，豫章人，余不详。段龟龙《西河记》大致记录了吕光时期的西河史地，喻归《西河记》则是记录张重华时期的西河史地，今二书皆佚，《太平御览》等类书有引，但不知所引属于何人之《西河记》。原著久佚，存张澍辑本，亦为《二酉堂丛书》之一。此外还有汤球辑本。张澍辑本序言："隋、唐《志》《西河记》二卷，《元和姓纂》东晋有喻归撰《西河记》三卷，《广韵》作二卷，'喻'作'谕'，音树。《唐志》缺撰人名，盖记张重华事也。《十六国春秋》：晋遣侍御史喻归拜张重华护羌校尉、凉州刺史、假节。重华谋为凉王，不肯受诏，使亲信人沈猛与归言，归折之。《西河记》作于此时也。"[③]王晶波考证，张氏所辑七条，其中三条为误辑。[④]

---

① [宋]王钦若等编纂，周勋初校订：《宋本册府元龟》，北京：中华书局，1989年，第1564页。

② [唐]魏征撰：《隋书》卷三三，北京：中华书局，1973年，第963页。

③ 王晶波：《校点说明》，载[清]张澍辑、王晶波校点《二酉堂丛书史地六种》，兰州：甘肃人民出版社，1992年，第147页。

④ 王晶波：《校点说明》，载[清]张澍辑、王晶波校点《二酉堂丛书史地六种》，兰州：甘肃人民出版社，1992年，第2页。

凉记

八卷，后凉张谘撰。《十六国春秋》卷七十五载："张谘，燉煌人也。仕轨为著作郎，撰《凉记》八卷，多记轨事。"[①]《隋书·经籍志》史部"霸史类"著录云："《凉记》八卷，记张轨事。伪燕右仆射张谘撰。"从这些著录看，张谘曾经出仕于后凉张轨，后来又出仕于"伪燕"（可能是西燕），这在时间上似乎不确，若真如此，则张谘异常高寿，史料阙如，待考。张谘的《凉记》八卷与段龟龙《凉记》十卷题目完全相同，卷数只相差两卷，内容均"多记张轨事"，目录书也是将二者并列著录，说明它们确非一人所著。而从张谘与段龟龙的任职看，二人都曾任张轨的著作郎，则极有可能是二人先后相续，像著"实录"一样记录后凉的历史。张澍在辑段龟龙《凉州记》的同时，也辑得张谘《凉记》二条。

蒙逊记

十卷，北魏宗钦撰。宗钦，字景若，金城（今甘肃兰州市）人。父燮，吕光时太常卿。幼时好学，有儒者之风，博综群言，声著河右。初仕沮渠蒙逊，为中书郎、世子洗马。太延五年（439），魏太武帝平凉州，宗钦归魏，赐爵卧树男，加鹰扬将军，拜著作郎。后因崔浩国史案株连被杀。著有《宗钦集》二卷、《蒙逊记》十卷。《魏书》卷五十二及《北史》卷三十四有传。"蒙逊"当为魏史追述之词，《蒙逊记》为宗钦仕北凉时所撰，系记录北凉国事。《十六国春秋》载："钦在河西撰《凉记》十卷，记蒙逊事，无足可称。"[②]则此书初名当为《凉记》，张维《陇右著作录》有著录，并云："蒙逊为魏史追述之词。钦撰书时，正仕于蒙逊，断不能以其名冠书，

---

① ［明］屠乔孙、项林之辑：《十六国春秋》卷七五，巴伐利亚国家图书馆藏明版兰晖堂本，第 16—17 页。
② ［明］屠乔孙、项林之辑：《十六国春秋》卷九七，巴伐利亚国家图书馆藏明版兰晖堂本，第 11 页。

其书本名当称《凉记》也。”[①]从“无足可称”的评语看，宗钦《蒙逊记》在当时的影响并不大，但由于记录北凉蒙逊氏政权的史书较少，故一般以为，《晋书》卷一百二十九《北凉·沮渠蒙逊载记》关于沮渠蒙逊由边将到建立北凉的经历之记述，其史料来源当多取材于宗钦《蒙逊记》。该书唐以后不见著录，大约亡佚于隋唐之际。

凉州异物志

一卷，佚。作者及成书年代不详。《隋书·经籍志》载：“《凉州异物志》一卷。”《新唐书·艺文志》作“二卷”，《通志·艺文略》亦作“一卷”。主要记述凉州地区异物奇珍、地理风俗。原著久佚，存张澍辑本，亦为《二酉堂丛书》之一。

张澍辑本序言：“《凉州异物志》著于隋、唐《志》，隋一卷，唐二卷，《〔续〕博物志》《水经注》均引作《凉土异物志》，惜不传作者姓字。观其写致敷词，颇谐声律，采藻精华，方诸万氏，又未尝不叹其散佚也。宋膺《异物志》隐匿鲜章，史注所引，多说西方，且‘月氏羊尾’文与《凉州异物志》全同，《太平广记》引《凉州异物志》‘羊子生土中’文，亦与宋膺《异物志》同，疑《凉州异物志》即宋膺所纂。”[②]对此，王晶波有专文考辨，认为《凉州异物志》主要记载凉州一带的异闻异物，但其内容也涉及西域一些地区，如高昌、大秦等，所以在内容上与宋膺《异物志》有互相重合的部分；而宋膺《异物志》无一例外全记西域异物，并未涉及凉州。在文体形式上，宋膺《异物志》为散文，《凉州异物志》则是四言韵文。所以，二者是两种完全不同的著作，不能混为一谈。[③]王晶波还考证，张氏所辑五十四条，确属《凉州异物志》的仅有十五条，其他都属误辑。[④]

① 张维：《陇右著作录》，载中国西北文献丛书编辑委员会《中国西北文献丛书（第三辑）·西北史地文献（第一卷）》，兰州：兰州古籍书店影印本，第 24 页。

② ［清］张澍辑，王晶波校点：《二酉堂丛书史地六种》，兰州：甘肃人民出版社，1992 年，第 119 页。

③ 王晶波：《〈凉州异物志〉佚文考辨》，《西北师范大学学报》1993 年第 4 期，第 52—54 页。

④ 王晶波：《校点说明》，载［清］张澍辑，王晶波校点《二酉堂丛书史地六种》，兰州：甘肃人民出版社，1992 年，第 2 页。

西河旧事

一卷,佚。作者不详。《新唐书·艺文志》载:“《西河旧事》一卷。”[①]《通志·艺文略》同。记载河西地区山川物产、风俗传说。原著久佚,存张澍辑本,亦为《二酉堂丛书》之一。

张澍辑本序言:“隋、唐《志》地理类有《西河旧事》一卷,不著作者姓名,今其书已亡。予搜集若干条,弥惜其阙略矣。”[②]《二酉堂丛书》辑《西河旧事》凡十八条,王晶波考证其中“三危山”一条为误辑。[③]

河西人物志

十卷。佚。唐赵武孟撰。赵武孟,生卒年不详,甘州(今甘肃张掖甘州区)人。唐初宰相赵彦昭之父。《新唐书·赵彦昭传》载:“赵彦昭,字奂然,甘州张掖人。父武孟,少游猎,以所获馈其母,母泣……不为食。武孟感激,遂力学,淹该书记。自长安丞为右台侍御史,著《河西人物志》十篇。”[④]《旧唐书》也有记载,史实同,文字略有出入。《大唐新语》卷十二又载武孟“进士擢第”。《〔乾隆〕甘肃通志》卷三十五据前引为之立传。此著《旧唐书·经籍志》《新唐书·艺文志》和南宋郑樵《通志》皆有著录,此后不见于书目著录,学者一般认为大概于宋代已亡佚。然民国时期郭汉儒著《陇右文献录》,其《凡例》二胪列取材书目,《河西人物志》则赫然在目,而正文“赵武孟”条亦著录其“著有《河西人物志》(十卷)”[⑤],未知此《河西人物志》是否为彼《河西人物志》。若是,则至民国时期,《河西人物

---

① [清]张澍辑,王晶波校点:《新唐书》卷五八,北京:中华书局,1975年,第1504页。

② [清]张澍辑,王晶波校点:《二酉堂丛书史地六种》,兰州:甘肃人民出版社,1992年,第153页。

③ 王晶波:《校点说明》,载[清]张澍辑,王晶波校点《二酉堂丛书史地六种》,兰州:甘肃人民出版社,1992年,第2页。

④ [宋]宋祁、欧阳修等:《新唐书》卷一二三,北京:中华书局,1975年,第4377页。

⑤ 郭汉儒:《陇右文献录》,兰州:甘肃文化出版社,2014年,第8、150页。

志》尚存于天壤之间。

甘肃图志

佚。元《秘书监志》载:《大一统志》盖经始于至元二十二年(1285)乙酉六月,至三十一年(1294)十月书成。元贞二年(1296)三月,得《云南图志》;大德二年(1298)二月,又得《甘肃图志》;大德三年(1299)七月,又得《辽阳图志》。因而续修,至大德七年(1303)书成。[①]据此可知,《甘肃图志》是为编修元代《大一统志》而纂。

〔正统〕甘肃志

佚。《陇右方志录》载:"《正统文渊阁书目》:《甘肃志》一册。"[②]

〔弘治〕甘肃志

佚。郭绅纂。《重刊甘镇志·官师》载:"郭绅,江西宜春人。弘治中任。廉勤有干,且赡文词,尝纂《甘肃志》,故实有征。"[③]行太仆寺始置于洪武三十年(1397),是管理边镇卫所营堡马政的机构,直接听命于兵部。行太仆寺设卿一人,从三品,因全国仅有山西、陕西、甘肃、辽东四寺,故地位较高。郭绅于弘治九年至十八年(1496—1505)任甘肃行太仆寺卿,掌管西域贡马和茶马贸易时间较长,经常接触西域各地贡使,并曾遍历甘肃各卫,有条件了解各地情况,他本人又富于文采,故所纂《甘肃志》"故实有征"是可信的。此志虽佚,但郭绅另撰有《哈密分壤》一书,因被收录于嘉靖年间万表所编《皇明经济文录》而得以

---

① [元]王士点、商企翁:《秘书监志》卷四,影印文渊阁《四库全书》本第596册,上海:上海古籍出版社,1987年,第785—795页。

② 张维:《陇右方志录》,北平大北印书局,1934年,第115页。

③ [清]杨茂春撰,张志纯等校点:《重刊甘镇志》,兰州:甘肃文化出版社,1996年,第253—254页。

保存下来,使我们可以一睹其著作面貌。

〔嘉靖〕甘肃志

佚。钟鉴纂。胡缵宗《鸟鼠山人集》有《甘肃志序》,云:“河西,古月氏国,然雍州之域也。汉开五郡,东汉隶凉州部,晋置凉州,唐隶陇右道,殆与秦陇并称。初据于浑邪,迭据于四凉,末据于西夏。虽皆窃伏,亦自偏安,其中国之藩篱乎?……国家安内攘外,所当先经略者,而可无志乎?……迩者洪洋赵公采辑于始,应台傅公裁成于终。乃于今岁之春,托分巡按察钟君置馆购书,择儒延士,裒集甘肃诸卫所之故实,檄文学时芳,佐国子名世环、纪卫学、云章诸友,因旧志重编之,凡三易稿。名世环复加窜正,而其志乃成。……地理,志州郡也;建置,志因革也。志官师,上有节使,下有武弁焉;志人物,古有往哲,今有庶士焉。田赋,志赋也;兵防,志兵也;祀纪,志祀也;祥异,志异也。事既核,文亦典,可以言志矣。……是可以征矣,河西今有志矣!”①

胡缵宗,秦州秦安县(今天水市秦安县)人。正德三年(1508)进士。嘉靖十八年(1539)从河南巡抚任辞职,归田著书,成绩卓著。嘉靖三十三年(1554)在鸟鼠山房刻版印书,为见于记载之甘肃最早私家印书者。《鸟鼠山人集》十八卷即于是年刻印。

据《重刊甘镇志》相关记载,胡缵宗《甘肃志序》中“洪洋赵公”应为赵锦,直隶良乡(今北京市房山区)人。嘉靖二十三年(1544)由大同巡抚任调甘肃巡抚,曾作《训俗太平歌》。“应台傅公”为傅凤翔,字德辉,号应台,湖广应山人。嘉靖二年(1523)进士,二十四年(1545)任甘肃巡抚。②钟鉴,山西泽州人。嘉靖八年(1529)进士,二十三年(1544)任分巡西宁道(驻甘州)。③据此可知,《甘肃志》由赵锦创修,钟鉴纂辑,傅凤翔修订完成,约成书于嘉靖二十四年(1545)。

---

① [明]胡缵宗:《鸟鼠山人小集》卷二,甘肃省图书馆西北地方文献室藏嘉靖刻本,第15—17页。

② [清]杨茂春撰,张志纯等校点:《重刊甘镇志》,兰州:甘肃文化出版社1996年,第247—249页。

③ [清]杨茂春撰,张志纯等校点:《重刊甘镇志》,兰州:甘肃文化出版社1996年,第259页。

甘肃镇战守图略

彩绘边防图册，不分卷，一册，三十五页，现藏“台北故宫博物院”。绘制者不详，不著年代，据研究者考订，当绘制于嘉靖二十三年(1544)。

采用中国传统青绿山水画法，方位上北下南或上东北下西南。有图十三幅，说十三篇，依次为《红城子图说》《庄浪图说》《西宁图说》《镇羌图说》《古浪图说》《凉州图说》《镇番图说》《永昌图说》《山丹卫图说》《甘州图说》《高台图说》《镇夷图说》《肃州图说》。后附《西域土地人物略》和《西域沿革略》。《西域土地人物略》先图后说，图五幅。《西域沿革略》只有文字。

图绘范围东起兰州城，西至肃州卫嘉峪关。图中既绘有河流、山川、沙漠、硖口等自然地物，也有城池、墩台、驿递、边墙等军事建置。黄河布色为黄色，呈带状，以三条重线为一组表示水纹，较其他河流明显宽许多。雪山山顶设白色。城池、墩台、驿递、堡寨绘色由深至浅，且根据各城池的实际情况绘有城门。图中选择性地对里程数和番族名称进行图注说明。图说部分先简要概括该地的地形特点、防守情况、兵防设置与边镇界址，紧接着重点叙述外虏入境的路线及相应的防守策略，最后列举深哨地方数目、地名及其距城的里程数。

该图略图画全面，文字翔实，其内容涉及了明代河西地区及西域的生态环境、政治体制、民族分布、民族关系、军事设施、城镇发展等重要信息，是我们直接从中考察明代甘肃镇情况的第一手资料，具有极高的史料价值。

陕西行都司志

十二卷。佚。明包节撰。《明史·艺文志》载：“包节《陕西行都司志》十二卷。”《四库全书总目》载：“《陕西行都司志》，十二卷(浙江巡抚采进本)。不著撰人名氏。《千顷堂书目》作包节撰。”《〔乾隆〕甘肃通志》及河西各志多引《行都司志》，皆即此书。

陕西行都司于明洪武二十六年(1393)从庄浪(今甘肃永登县)移治张掖,先后辖甘州左、右、中、前、后五卫及肃州卫、山丹卫、永昌卫、镇番卫、庄浪卫、西宁卫、凉州卫共十二卫,并直辖镇夷、高台、古浪三个守御千户所。

包节,字元达,号蒙泉,松江华亭(今上海嘉定区华亭镇)人,占籍嘉兴。嘉靖壬辰进士,官监察御史,出按湖广。劾守陵大珰廖斌不法,反被诬下诏狱,搒掠后谪庄浪卫,约在嘉靖三十五年(1556)卒于戍所,终年五十岁。隆庆初,追赠光禄寺少卿。《明史》有传,称其在庄浪戍所,虽居"败屋颓垣,处之甚安",但没有言及其著述。《〔乾隆〕华亭县志》著录包节辑《二十一史意钞》,《〔乾隆〕金山县志》著录包节辑《通政意钞》,均佚。

《四库提要》载:"此书纪事止于嘉靖,且庄浪卫正陕西地,当即节书矣。凡分地理、建置、官师、兵防、岁计、人物六门,而以所属各卫分载其中。能阙所不知,故简陋而不荒谬。凡例谓学校、祀典不立类,以建置大端,惟此二事,故统置于《建置》之下,例殊未允。"①

此志于清康熙年间被收入《钦定古今图书集成·方舆汇编·职方典》,改名《陕西行都司部》。原十二卷归纳为第五百七十七、五百七十八两卷。经过窜改删削,下限由明嘉靖年间延至康熙年间。如历史沿革加"皇清因之"四字,删去回鹘据有河西的历史;对吐蕃亦略有提到;"番""夷""戎""虏"四字全部改以他字,如将"镇番卫"改作"镇边卫","镇夷所"改称"镇彝所"等,但又没改彻底,有些地方仍作"镇番"和"镇夷"。1932年,余姚陈登原《古今典籍聚散考》说:"当时改易之风,几于凡违皆改,无碍不易。馆臣为谨慎将事,免于得罪,亦采宁枉毋纵之手段,宁可多所改易而得旨更正,不敢不改而转陷于文字之嫌。"②此志即遭此厄。另,原分地理等六门,《图书集成》改编为《陕西行都司部汇考》,第五百七十七卷为沿革、疆域、星野、山川、城池、关梁、公署、学校、赋役、风俗、祠庙诸考,五百七十八卷为驿递、兵制、物产、古迹考及艺文。如此已非包节原著《陕西

---

① 《四库全书总目》,北京:中华书局,1965年,第643页。

② 陈登原:《古今典籍聚散考》,上海:上海书店,1983年,第126页。

行都司志》,故《陇右方志录》标以“佚”字。

甘肃镇图说

一卷。存明万历(1573—1620)时制,为《陕西四镇图说》之一册。《陕西四镇图说》是明代边防要籍,详述“九边”系统中陕西四镇(延绥、宁夏、甘肃和固原)战略要地的边防防务。原著共有四册,每册介绍一镇,此为其中第三册。张令瑄《三陇方志见知录》载:“此图从内府影绘,大幅六十二图,为甘肃总镇图一,庄浪、凉州、甘州、肃州、西宁十五卫、所,及沿边要地,各为分图,陕西镇之宁夏、固原二镇亦属陇地,故今附录焉。各图后皆附记其形势及军事建置,与历年北边防务甚悉,盖为明代防边军事舆图也。”[①]

河西总镇图说

佚。谈迁《枣林集》收有《河西总镇图说序》,叙说了河西边镇的军事地理及对当时严峻形势的忧虑,然无一字及《图说》体例和内容。谈迁(1594—1657),浙江海宁枣林人。明诸生,终身不仕,有志于编次明代史事。天启元年(1621)著《国榷》,至天启六年(1626)完成初稿,以后陆续有修订。《河西总镇图说序》于《枣林集》中置于《国榷序》之前,且其中有“我明守嘉峪关,不越尺寸,北虞虏,南虞番,时辱我候人,则河西未可枕也。……我文皇帝四犁朔庭……独弃河西之敦煌,闭嘉峪关而堑之,羁縻一二属国。武肃时,土鲁番不靖,哈密城印朝还暮护,间一马首是瞻,不卒其德。……且按故籍,士马亏十之五,裔是而往,长此安穷?噫!时将有反,事将有间。疆场之事,岂其一彼一此而援以自解也?肉食者谋之,又何虑焉”[②]之语,末世之感贯注于字里行间,可知作于明亡之前。如

① 张令瑄:《三陇方志见知录》,载周丕显等《甘肃方志述略》,吉林省图书馆学会,1988年,第48页。
② [清]谈迁撰,罗仲辉校点:《谈迁诗文集》,沈阳:辽宁教育出版社,1998年,第116页。

此,《河西总镇图说》当成于天启年间。

甘肃镇考见略

一卷。存原刊本。周一敬著,明崇祯十二年(1639)刊印。周一敬,衢州人。崇祯元年(1628)进士,官至监察御史。《四库全书总目》卷八著录其《苑洛易学疏》,称"自万历甲寅至崇祯壬午,凡二十九年乃成"①,可约略知其活动年代。《三陇方志见知录》作《甘肃镇见图考》,并载:"此书为一敬所记当时甘肃各镇军事政务,甚详。刊于崇祯十二年。越六年而明亡,河陇亦陷没三百年,文物荡然少存,今遗此编,极为可贵。"②

河西山川水域考略

卢即兰著。卢即兰,甘肃镇番(今甘肃民勤县)人。《镇番遗事历鉴》"世宗顺治四年丁亥"条载:"是年,科试贡生一员,名卢即兰,官至高陵县教谕。即兰……少英明旷达,天分过人,文名赫著,傲物不屈,有先父遗风。终身厄于科名,授徒多有成就。老年著述,撰《河西山川水域考略》一帙,时人推重之。"③

甘肃图说

佚。黄文炜《重修肃州新志》引有主事许论《甘肃图说》载:"尝考甘肃,即汉之河西四郡,武帝所开,以断匈奴右臂者。盖自兰为金城郡,过河而西,历红城子、庄浪、镇羌、古浪六百余里至凉州,即汉之武威郡。凉州之西,历永昌、山丹

---

① 《四库全书总目》卷六九,北京:中华书局,1965 年,第 66 页。

② 张令瑄:《三陇方志见知录》,载周丕显等《甘肃方志述略》,吉林省图书馆学会,1988 年,第 49 页。

③ [清]谢树森、谢广恩等编撰,李玉寿校订:《镇番遗事历鉴》,香港:香港天马图书公司,2000 年,第 198 页。

四百余里至甘州，即汉张掖郡。甘州之西，历高台、镇夷四百余里至肃州，为酒泉郡。肃州西出嘉峪关，为瓜、沙、赤金、苦峪以至哈密等处，则皆敦煌郡地方。洪武五年，宋国公冯胜下河西，乃以嘉峪关为限，遂弃敦煌焉。自庄浪岐而南三百余里，为西宁卫，古曰湟中。自凉州岐而北二百里为镇番卫，古曰姑臧。此河西地形之大略也。”①

昆仑山故实

不分卷。张澍撰。原作《昆仑山记》，后改今名。内容辑录有关昆仑山历史及草木虫禽、矿产、物产、古迹等资料，是一部有关昆仑山历史地理的专书。该书与《万物权舆》合为一册，均未刊行，稿本今存西安碑林博物馆。

① [清]黄文炜修，吴生贵等校注：《重修肃州新志校注》，北京：中华书局，2008年，第43页。

酒泉古旧方志

敦煌实录

二十卷，刘昞著。刘昞，字延明，敦煌人，是东晋十六国时期的一位大儒。曾经隐居于酒泉，从事讲学和著述，远近从其受业者，多达数百人。生历西凉、北凉和北魏三朝，都受到最高统治者的极大重视。北魏孝明帝正光三年(522)，太保崔光奏称："敦煌刘昞，著业凉城，遗文兹在，篇籍之美，颇足可观。"[①]《魏书·刘昞传》还记载，刘昞一生，"著《略记》百三十篇、八十四卷，《凉书》十卷，《敦煌实录》二十卷，《方言》三卷，《靖恭堂铭》一卷，注《周易》《韩子》《人物志》《黄石公三略》，并行于世"[②]。《宋书·大且渠蒙逊传》记蒙逊死于宋元嘉十年(433)，第三子酒泉太守茂虔袭位。十四年，表献方物，馈赠《十三州志》十卷、《敦煌实录》十卷、《凉书》十卷。[③]《隋志》与《两唐志》亦有著录。只是诸书所记卷数二十卷、十卷不等，未知孰是。

---

① [北宋]魏收撰：《魏书》卷五二，北京：中华书局，1974 年，第 1161 页。

② [北宋]魏收撰：《魏书》卷五二，北京：中华书局，1974 年，第 1160 页。

③ [南朝梁]沈约撰：《宋书》卷九八，北京：中华书局，1974 年，第 2416 页。

此书精确成书年代不详，最迟成于元嘉十四年(437)。[①]其内容，诸书均无详细记载。汪受宽称此书与唐代实录"从本质上……没有多少区别"，是中国实录的源头。[②]对于这种说法，余嘉锡在《四库提要辨证》中早已有所否定："(李)暠既未尝称帝，昞又以地名书，非如唐宋之实录也。"[③]岳纯之则根据《敦煌实录》在《隋书·经籍志》《旧唐书·经籍志》的归类，及现存辑佚本19条内容，称《敦煌实录》是一部敦煌地区的郡国之书，主要记载了敦煌地区的历史与人物。[④]张维《陇右方志录》亦曾有著录："此书《隋志》《通志》均入《霸史》，《旧唐志》入《杂传》。今考《太平御览》所引，皆人物、故事，亦州郡传记书也。故录于此。"[⑤]刘知幾也说《敦煌实录》内容"该博"，可以和《华阳国志》并美。而《华阳国志》向来被学者视为综合性地方史志，是方志萌芽时期的雏形。[⑥]由此可见，《敦煌实录》应是敦煌地区的一部早期方志。

对于刘昞及其《敦煌实录》的学术贡献，刘知幾在《史通》中曾多次论及，并给予很高的评价。《杂述篇》说："郡书者，矜其乡贤，美其邦族，施于本国，颇得流行，置于他方，罕闻爱异。其有如常璩之详审，刘昞之该博，而能传诸不朽，见美来裔者，盖无几焉。"[⑦]《杂说下篇》又说："敦煌僻处西域，昆戎之乡也。求诸人物，自古阙载。盖由地居下国，路绝上京，史官注记，所不能及也。既而……刘昞裁书，则磊落英才，粲然盈瞩者矣。"[⑧]

《敦煌实录》久已散佚，至清嘉庆年间，武威学者张澍(号介侯)从《太平御

---

① 钱茂伟：《实录体起源、发展与特点》，《史学史研究》2004年第2期，第33—41页。

② 汪受宽：《实录史体起源于〈敦煌实录〉说》，《史学史研究》1996年第3期，第38—42页。

③ 余嘉锡：《四库提要辨证》，北京：中华书局，1980年，第1288页。

④ 岳纯之：《说〈敦煌实录〉》，《烟台师范学院学报》(哲学社会科学版)2000年第2期，第57—59页。

⑤ 张维：《陇右方志录》，北平大北印书局，民国二十三年(1934)，第118页。

⑥ 黄燕生：《中国历代方志概述》，载来新夏《中国地方志综览(1949年—1987年)》，合肥：黄山书社，1988年，第396页。

⑦ [唐]刘知幾：《史通·杂述》，影印文渊阁《四库全书》本第685册，上海：上海古籍出版社，1987年，第76页。

⑧ [唐]刘知幾：《史通·杂说》，影印文渊阁《四库全书》本第685册，上海：上海古籍出版社，1987年，第134页。

览》等史籍中辑出十九条，又据《汉》《魏》《晋书》及《十六国春秋》《魏书》《隋》《唐》《五代》诸史，补若干人（共一百二十人），成《续敦煌实录》五卷，将所辑《敦煌实录》单列一卷，置于卷首。王重民先生评价《续敦煌实录》说："敦煌为西域之孔道，自与西域交通以来，人文渐盛，世家大族，颇有显于两汉三国之世者。逮晋室南迁，六朝递嬗，五凉三秦，建国西夏，诸世族之贤者，或仕中朝，或佐霸主，惜载记丧失，多不可考。介侯是书，征引博洽，言敦煌人物者，宜莫先于是矣。"①

1985年，西北师范大学李鼎文将《续敦煌实录》校点后交甘肃人民出版社出版。李鼎文在整理过程中，除一般古籍整理的校勘、断句、标点之外，主要做了两件事：一是为此书所征引的屠本《十六国春秋》逐条找出它所根据的原书，并录出原文；一是为张氏的按语订正错误。②这些工作为以后研究《敦煌实录》和《续敦煌实录》打下了坚实的基础。

方言

三卷，刘昞著。佚。《魏书·刘昞传》记载刘昞著述，有《方言》三卷。

索氏谱

卷数不详，著者不详。《世说新语》刘孝标在"索元"下注云："《索氏谱》曰：元字天保，敦煌人，父绪，散骑常侍。元历征虏将军、历阳太守。"③敦煌索氏世为著姓，人才辈出，索氏成员纵横于史籍，其家谱之编纂，也应当是由索氏子弟来

① 王重民：《阅张介侯先生遗稿记》，载[清]张澍辑，李鼎文校点《续敦煌实录》，兰州：甘肃人民出版社，1985年，第131页。原载《金陵学报》1940年第1、2期合刊。

② 李鼎文：《校点说明》，载[清]张澍辑，李鼎文校点《续敦煌实录》，兰州：甘肃人民出版社，1985年，第1—5页。

③ [南朝宋]刘义庆著，[南朝梁]刘孝标注，余嘉锡笺疏，周祖谟等整理：《世说新语笺疏》，北京：中华书局，2011年，第559页。

完成，不必假他人之手，故从情理上推断，此谱之作者为索氏子弟。

敦煌张氏家传

二十卷，唐张太素撰。张太素，敦煌（今甘肃敦煌市）人。唐初名将张公瑾之子。其传附于两《唐书》之《张公瑾传》后："龙朔中历位东台舍人，兼修国史，卒于怀州长史。"[①]刘知幾《史通·史官建置》在论及唐初史官建置时云："高祖、太宗时，有令狐德棻、吕才、萧钧、褚遂良、上官仪；高宗、则天时，有李安期、顾胤、高智周、张太索、凌季友。斯并当时得名，朝廷所属者也。"[②]由此可知，张太素在高宗、武后朝是一位著名史官。著有《北齐书》二十卷、《隋书》三十二卷、《隋后略》十卷、《敦煌张氏家传》二十卷及《张太索集》等。《敦煌张氏家传》新、旧《唐志》皆著录，《宋史·艺文志》不录，大概亡佚于五代或北宋。《艺文类聚》卷八十七、《太平御览》卷四百七十九各录一条残文，是人物传记的片段。书名与此互证，可知是书乃敦煌张氏家族史或家族人物传。

敦煌方言

二十卷，张太素著。佚。吕钟《重修敦煌县志·民族志·方言》载："唐代张太素《敦煌方言》二十卷，已散佚无存矣。"[③]不知有何根据。但刘知幾《史通·内篇·言语》记载："近有敦煌张太素、中山郎余令，并称述者，自负史才。郎著《孝德传》，张著《隋后略》。凡所撰今语，皆依仿旧辞。"《旧唐书·经籍志》载张太素著作《敦煌张氏家传》二十卷，不录《敦煌方言》。

---

① ［后晋］刘昫等撰：《旧唐书》卷六八，北京：中华书局，1975年，第2507页。

② ［唐］刘知幾撰，［清］浦起龙通释：《史通》，上海：上海古籍出版社，2015年，第291页。

③ 吕钟：《重修敦煌县志》，兰州：甘肃人民出版社，2002年，第122页。

敦煌耆旧记

佚。《后汉书·郡国志》“敦煌郡”注引《耆旧记》载：“国当乾位，地列艮墟；水有县泉之神，山有鸣沙之异；川无蛇虺，泽无兕虎；华戎所交，一都会也。”[①]《陇右方志录》误作《耆旧传》。

沙州都督府图经

五卷，佚名纂。存写本残卷。据李正宇先生考证，原作于武周万岁通天元年(696)，唐开元及永泰年间又两次重修。[②]共五卷，现残存卷一起首部分(见敦煌遗书S.2593卷)、卷三部分(见敦煌遗书P.2005和P.2695卷)、卷五寿昌县部分(见敦煌遗书P.5034卷)。该图经是甘肃现存最古的一部地方志，历来官、私目录均未曾著录，亦未被类书、史书、史注所征引。它保存了中古时期有关敦煌历史、社会、地理、文学、宗教、自然资源，以及中西交通、河流、水渠、泊泽、池堰、古城、学校、殿堂、歌谣、祥瑞、驿站、北凉和西凉史事等多方面的资料，这些资料，不仅对中古时期敦煌的历史、社会、地理、文学、宗教、自然资源，以及唐代中西交通等方面的研究有重要的价值和意义；就是对我国古代方志编纂学方面的研究，亦有很高的价值和意义，使我们看到了唐代“图经”的面貌，了解到它的采集资料、编写内容和编写方法，很值得我们研究和借鉴。

沙州伊州地志

存抄本，撰于晚唐。见敦煌遗书S.788和S.367卷。叙沙州及敦煌县、寿昌

---

① [南朝宋]范晔：《后汉书》，北京：中华书局，1965年，第3521页。

② 李正宇：《古本敦煌乡土志八种笺证》，兰州：甘肃人民出版社，2008年，第42页。

县石城镇、播仙镇和伊州及伊吾县、柔远县、伊吾军等内容。其中S.788卷首尾俱残，存十八行，S.367卷首缺，有尾，存八十六行。前者卷内有“寿昌县……大中二年张议潮收复”之语，后者伊州总叙云“大中四年张议潮收复”，末有题记：“光启元年十二月廿五日，张大庆因灵州安慰使嗣大夫等来至州，于嗣使边写得此文书记。”李正宇先生据此推断，此志“纂成之时在大中五年至中和四年之间（公元851—884年）”[①]。另从张大庆题记可知，此志乃灵州使携来之本，本非沙州所有，张大庆据以转抄，始得在沙州流传。S.788字体与张大庆手笔迥异，当是后人据张氏原抄本或转录本再次传抄者。《唐六典》载，兵部“职方郎中员外掌天下之地图及城隍、镇戍、烽候之数，辨其邦国、都鄙之远迩及四夷归化者”。灵州使所携之本，或为兵部职方汇编的全国总志之一部分。体例与《元和郡县图志》《贞元十道录》《诸道山河地名要略》等皆不同，唐以来诸艺文志及书目亦不载，为已佚的一种唐代总志。

敦煌录

一卷。存写本，见敦煌遗书S.5448卷。册页装，首尾全，共八十行，内容记敦煌郡境内之效谷城、贰师泉、莫高窟、鸣砂（沙）山、甘泉水、金鞍山、李先王庙、阳关、玉女泉、张球故居、石膏山、河仓城、长城等遗闻轶事。撰者不详。李正宇先生考证，此书为五代时著作。[②]

沙州城土境

存抄本，撰于五代后汉。见敦煌遗书P.2691卷。前后残缺，存四十一行。叙沙州城筑造年代、四至、境内及其附近之山、城、泊、渠、海、泽、泉、池、冢、庙等名称、地理位置、金光明寺王和尚迁化传说等，是研究敦煌历史地理的重要资料。

---

① 李正宇：《古本敦煌乡土志八种笺证》，兰州：甘肃人民出版社，2008年，第239页。

② 李正宇：《古本敦煌乡土志八种笺证》，兰州：甘肃人民出版社，2008年，第301页。

寿昌县地境

五代后晋开运二年(945)写本,首尾俱完整。出敦煌藏经洞,原藏敦煌祁子厚家,今下落不明。1942年,向达从敦煌窦景桂、吕钟处得见抄本,据以录副,初刊《北平图书馆季刊》(1944),后收入所著《唐代长安与西域文明》一书。又一副本为吕钟所录,载于《重修敦煌县志稿》。《地境》首记寿昌距沙州里数、公廨本钱数、户数,次叙寿昌沿革。境内有永安寺;龙勒、西关二镇;大水、紫金、西子亭三戍;三十四烽;二栅;五堡。山水城镇二十五处:黑鼻山、姚阅山、龙勒山、西紫亭山、大泽、曲泽、龙勒泉、龙堆泉、寿昌海、大渠、石门涧、无卤涧、玉门关、[破羌]亭、石城、屯城、新城、葡萄城、萨毗城、鄯善城、故屯城、西寿昌城、蒲昌城、播仙镇、沮末河,俱注方位、道里及设置情况。卷末题记云:"晋天福十年乙巳岁六月九日州学博士翟上寿昌张县令地境一本。"有学者认为,其中"翟"当是翟奉达,名再温。①瓜沙地志传世者十余种,首尾完具者罕见,可资订补诸志缺讹。

燉煌新录

一卷。佚。唐李延范撰。宋《崇文总目》《直斋书录解题》《通志》《文献通考》皆载《敦煌新录》一卷。陈振孙《直斋书录解题》载:"《燉煌新录》一卷,有序称'天成四年沙州传舍集',而不著名氏,盖当时奉使者。叙张义潮本末及彼土风物甚详。凉武昭王时有刘昞者,著《燉煌实录》二十卷,故此号《新录》。"②郑樵《通志·艺文略》载:"《燉煌新录》一卷,唐李延范撰。"《陇右方志录》亦有著录。

又,浙江省图书馆藏《敦煌新录》一卷,不著撰人,亦无《序》。首云:"天成元年,讲信使张义潮使云中。时,张荣据通州,粮且尽,杀人为粮。又以地势不利,率

---

① [宋]陈振孙:《直斋书录解题》,影印文渊阁《四库全书》本第674册,上海:上海古籍出版社,1987年,第653页。

② 向达:《记敦煌石室出晋天福十年写本寿昌县地境》,《北京图书馆图书季刊》1994年第5卷第4期。

舟船入缩头湖，作水寨以守。”文中所涉北国要人有懒真（即高庆裔）、余睹（耶律余睹）、张浩、张通〔古〕、蔡松年、仆散忠义、宗盘等，皆金朝显官，名见《金史》；所涉年号又有“正隆元年”（1156），为金朝完颜亮年号。今据所涉史事论之，乃记“张义潮”出使金朝事。知所谓“天成元年”，既非后唐明宗之“天成”纪年——因为“张荣据通州”为南宋绍兴元年（1131）事，与后唐之“天成元年（926）”相去二百余年——亦非金朝辽人金山所建“天成”年号。《元史·耶律留哥传》载：太祖十一年（1216）“乞奴走高丽，为金山所杀。金山又自称国王，改元‘天德’”。李兆洛《纪元编》注云：“一作‘天会’，一作‘天成’。（金宣宗）贞祐四年（1216）改，阅一年平。”《高丽国史》径作“天成”。是年当宋宁宗九年（1216），后于正隆元年（1156）六十年。其年代错乱如此，而出使金朝之“张义潮”，亦非晚唐敦煌之张议潮。

《宋史·高宗纪三》载：“绍兴元年（1131）……二月……壬午，水贼张荣入通州……三月……是月金人攻张荣缩头湖水寨，荣击败之，来告捷。刘光世以荣知泰州。”浙本《敦煌新录》记作“天成元年”，与《宋史》不合；浙本《敦煌新录》之末又载：“初，虏使来请和，李师望欲激怒以来〔求〕功，遂杀之。朝廷征师望，以李〔窦〕滂代之。滂贪残又甚，故北〔定〕边大困。虏凡倾国入寇，纵兵樊掠。至是，遣义潮。义潮在虏，凡九年，以虏中被寇，得亡走，日则胡服，雨则带盎以自庇，得远〔还〕雁门，须眉尽白。呜呼！为使其难哉！”按，李师望为晚唐时人，《资治通鉴》《新唐书·南蛮传中》及宋郭居仁《蜀鉴·西南夷始末下》均载其欺罔贪残事。《资治通鉴》卷二百五十一“咸通十年冬十月”条载：“初，南诏遣使者杨酋庆来，谢释董成之囚（胡三省注：释董成见上卷七年），定边节度使李师望欲激怒南诏以求功，遂杀酋庆。西州大将恨师望分裂巡属（胡三省注：“谓分四川巡属邛、嶲等州，别立定边军也。事见上九年六月。”）阴遣人致意南诏，使入寇。师望贪残，聚私货以百万计，戍卒怨怒，欲生食之；师望以计免，朝廷征还。以太府少卿窦滂代之。滂贪残又甚于师望，故蛮寇未至，而定边固已困矣。是月，南诏骠信酋龙倾国入寇，引数万众，击董春乌部，破之（胡三省注：董春乌部西川附塞蛮也）。”浙本《敦煌新录》显系袭取《通鉴》之文，而将“李师望欲激怒以求功”误作“李师望欲激怒以来功”，又误“窦滂”为“李滂”，改“定边已困”为“北边大困”。李师望所杀之“虏使”,亦非金朝之使。

据此,李正宇先生指出:《崇文总目》《直斋书录解题》《通志》《文献通考》所载《敦煌新录》元代已佚,浙本《敦煌新录》,盖明代书商杂编旧书,妄题为《敦煌新录》以牟利者,必非陈振孙所见之本。①

〔元〕肃州志

佚。张维《陇右方志录》载:“《嘉靖陕西通志·风俗》引有《元肃州志》。”②《肃镇华夷志》引有《元志》,即元代所修此《肃州志》。

〔明〕肃州新志

佚。张维《陇右方志录》载:“《嘉靖陕西通志·风俗》引有《肃州新志》。”③《肃镇华夷志》卷一《沿革》“肃州卫”条不止一处引有《肃州卫志》,高启安说:“诸材料没有记载,或者即嘉靖所修之《肃州新志》。”④

肃镇华夷志

四卷。明嘉靖二十三年(1544),肃州兵备道副使张愚创稿,次年张愚升迁他往,稿未竟而事辍;万历四十四年(1616),肃州兵备副使李应魁继踵其事,续成完帙;顺治十四年(1657),肃州监收临洮府通判高弥高重刊。

卷一图说(出舆图二十幅)、沿革(疆里、郡名、番夷附)、山川(形胜附)三目;卷二水利(桥梁附)、风俗、物产、户口、城池、军制、马政、屯田、戎器、兵饷、

① 李正宇:2006 年 8 月 26 日致吴浩军信。《燉煌新录》条内容均为李正宇先生提供,引文出处不再一一注明。

② 张维:《陇右方志录》,北平大北印书局,民国二十三年(1934),第 27 页。

③ 张维:《陇右方志录》,北平大北印书局,民国二十三年(1934),第 27 页。

④ 高启安:《〈肃镇华夷志〉文献价值初探》,《敦煌学辑刊》2005 年第 2 期,第 316—323 页。

驿传(铺舍附)、公署、学校、坛壝、祠祀(寺观附)、古迹、诗歌十七目;卷三景致、堡寨、关隘、烽堠、奉使、宦籍六目;卷四人材、节孝、流寓、仙释、灾降五目。此外还有"属夷内附略",包括种属、族类、住处、风俗、货利五目。总计三十六目,约二十万字。

此志详记酒泉地区历史、地理、人文等,于明洪武五年(1372)进军河西以迄万历后期二百多年来肃州近事尤为详悉,是一部完整保存于世的酒泉地区最早的志书。书中"西域疆里""内地住牧番夷"与"属夷内附"为其重要而颇具特色的篇目。"西域疆里"记述了明代前期自嘉峪关往赴西域的三条道路、沿途所经、里距、居民状况、宗教信仰、风土物产等,可补陈诚、李暹《西域行程记》之所缺,张雨《边政考》、顾炎武《天下郡国利病书》、梁份《秦边纪略》皆予采录,即后世称为《西域土地人物略》者;"内地住牧番夷"与"属夷内附"两篇,详述肃州总镇境内各少数民族的族属、来源、安置、迁徙、生业、风俗及相处关系等诸多珍贵史料,为研究肃州境内及周边少数民族如维吾尔族、藏族、蒙古族、裕固族及瓜沙诸族的历史、文化提供了他处见不到的资料。李正宇先生评价此书:"备载本镇地理,兼详境内华夷,在我国边郡方志中颇具特色。书名《肃镇华夷志》,文简义赅,颇能括其要约。"①

此志《北平图书馆方志目录》有著录,为万历刻本。《缪荃荪方志目》(即缪荃荪于1913年编撰的《清学部图书馆方志目》)录作"《万历肃州志》,四卷,四册。兵备副使李应魁修,顺治十四年重刻本"。《陇右方志录》录作"《万历肃镇志》,四卷,四册。存。顺治重刻本。明万历四十四年兵备副使李应魁修"。

张维曾考辨其名称和版本说:"此志《缪目》有而《平馆志目》不载。别载有《肃镇华夷志》,存卷三一册,不注撰人,而《职官》兵备副使终于李应魁。疑《华夷志》即《肃镇志》,而缪目误题也。""志为顺治十四年重刻。《平馆》列为万历刻本。盖编目时志已不全,故据李应魁任期定之。与《缪目》异也。"②

① 李正宇:《肃镇华夷志校注序》,载高启安、邰惠莉校注《肃镇华夷志校注》,兰州:甘肃人民出版社,2006年,第1页。

② 张维:《陇右方志录》,北平大北印书局,民国二十三年(1934),第28页。

高启安据顺治十四年刻本所保留李应魁撰原序认为，此志原名《肃镇华夷志》，高弥高重刊时作《肃镇志》。志题“华夷”者，“则以内附羌回，惟肃最伙，今虽输款向化，作我藩篱，而笼犬羊于卧榻，揖寇盗于门庭，种类情形正与内地安危相为倚伏。溯源穷委，因以名篇，意良可绎”[①]。“与前后创修的《甘镇志》《凉镇志》《西镇志》相比，《肃镇华夷志》关于环肃州周边少数民族的记载不惟占相当篇幅，而且创‘种属’‘族类’‘住处’‘风俗’等目，开方志之特例，其价值与意义非他志所能比拟。因此，名之曰《华夷志》确与事实相副。”[②]现在应正其名，统以《肃镇华夷志》称之。

目前中国国家图书馆所藏善本为清顺治十四年刻本，四卷三册。万历刻本《肃镇华夷志》存台北故宫博物院，只有卷三。[③]

此志由于只有善本存世，部分图书馆存有缩微胶卷，许多古籍丛书都没有收录，如《中国公共图书馆古籍文献珍本汇刊》《中国西北稀见方志》《中国西北文献丛书·西北稀见方志》及《中国西北文献丛书·西北稀见方志续编》《续修四库全书》等，长期以来鲜为人知，其所保留珍贵史料不能为学界所利用。高启安将它发掘出来，邀邰惠莉一起校勘、笺注，成《肃镇华夷志校注》，2006 年 6 月由甘肃人民出版社出版。高启安还撰有研究专文《〈肃镇华夷志〉文献价值初探》和《〈肃镇华夷志〉的名称及版本考辨》，可参看。

另有台湾成文出版社有限公司 1970 年所出影印本《肃镇志》（以下简称乙本），四卷。封面标有“据清高弥高、李德魁等纂修，清顺治十四年抄本影印”字样，正文卷一“地理志”目下亦有“李德魁纂修”字样。序言落款为“顺治十四年孟秋，整饬陕甘等处兵粮分巡宁夏道、按察司副使高弥高序”。此志卷一地理志（沿革、山川、水利、风俗、物产、古迹六目），卷二建置志（公署、学校、坛壝、祠祀、驿传五目），卷三官师志和兵防志（包括军制、马政、关隘、堡寨、烽堠、戎器

① ［明］李应魁：《肃镇华夷志序》，载李应魁撰，高启安、邰惠莉校注《肃镇华夷志校注》，兰州：甘肃人民出版社，2006 年，第 1 页。

② 高启安：《肃镇华夷志》的名称及版本考辨，未刊稿。

③ ［EB/OL］.http://www.thegreatwall.com.cn.

六目），卷四岁计志（户口、屯田二目）和人物志（乡贤、忠烈、孝行、贞节、科贡、流寓、仙释七目）。约十四万字。与《万历肃镇志》（亦即《肃镇华夷志》，以下简称甲本）相较，“不惟体例有较大差异，而且所记范围也不相同。甲本只叙述肃州周边，即明代‘肃州兵备道肃州卫、镇夷守御千户所’地界；乙本所记范围则为明代‘甘州五卫’。而翻检甘州方志，发现乙本《肃镇志》与现存顺治十四年刻本《甘镇志》，除序言落款所题撰人一为高弥高，一为杨春茂以外，其他内容完全一样。如此，乙本《肃镇志》实即《甘镇志》”①。

〔乾隆〕重修肃州新志

三十卷，十二册。存稿本和刻本。清肃州分巡道黄文炜、军需观察沈青崖纂修，于乾隆二年（1737）成书。全志包括河西总叙一卷、肃州志十五卷、高台县志六卷、安西卫志二卷、沙州卫志二卷、柳沟卫志一卷、靖逆卫志一卷、赤金所志一卷、西陲记略一卷。其中州县卫所分志又分星野、建置、疆域、形胜、城池、乡堡、山川、古迹、景致、户口、田赋、经费、杂税、水利、屯田、驿传、桥梁、公署、学校、祠庙、坛壝、风俗、物产、蠲恤、祥异、职官、名宦、军政、边防、人物、选举、烈女、流寓、仙释、诗文、属夷等目，根据各自的不同情况，这些细目有所增删；记略分路程、哈密、巴里坤、土鲁番、准葛尔、西域诸国等目。约三十三万字。

该志是现存酒泉旧方志中卷帙最浩繁、内容最丰富、体例最完备、保存最完好的一部州志。其编修上承元明两代，保存了已佚肃州旧志的许多资料，下启晚清民国，树立了方志编修体例的典范。与同时代的《五凉全志》和《甘州府志》相比，内容更为丰富，体例设计更为合理，剪裁尤为得当，详略适宜，主次分明，可谓独具匠心。正如鸿汀先生所言：“郡志率以类目为经，而以各属县事依类隶之。独此志与平凉、凉镇、五凉三志，县、卫各自为册，惟《肃州志》稍详，余皆甚简略，俱依采访原册入志，无所翦裁。所谓嘉禾沈公者，即沈寓舟青崖，曾

---

① 吴浩军：《评〈肃镇华夷志校注〉》，《中国地方志》2008年第2期，第38—41页。

修《陕西通志》，以史地学者名。故此志沿革、总叙，视旧志为整厘。"[1]虽亦有疏误，如记山水多今古名并列之类，但瑕不掩瑜。

尤为难得的是，此志修于雍乾之际，大清王朝刚刚平定准葛尔策旺阿喇布坦之乱，开始着力经营嘉峪关以西的广大地区，于关外设置两厅、四卫、一所，派遣能臣干吏驻节肃州以临制之，故于屯田、兵防极尽详备。东起柳林湖、昌宁湖，西至敦煌、安西，募民给田，开渠筑路，发农器、牛畜，借籽种，以及耕种分余之制，无不详载，保留了清初驻军屯垦、移民实边、经营西域的一手资料，为后世统治者提供了宝贵的施政经验。

值得一提的还有，此志的纂修者黄文炜、沈青崖等，不仅是当时经营边疆事务的能臣干吏，更是成就卓著的学者和颇具审美情怀的诗人。他们在军务旁午，转粟飞刍之际，还有余力重修学宫，兴办书院，广施文教德化，还有兴致疏浚泉湖，构建亭台楼阁，吟诗作赋于其间，为我们留下了歌咏酒泉风物的华彩乐章。入选志书的这些碑铭疏记、诗词歌赋与前述事关边疆安定与百姓生计的政治经济资料相得益彰，相映成趣，使这部志书具备了较高的史料价值和人文价值。

此志修成后，黄文炜因虑及"铅椠数月，粗尔成编，其有项款无从考据者，姑且阙如，不敢凿空杜撰以误后人也"而不欲付梓，但又担心湮没不传，后人益难考据，故"捐俸数百金而授之梓"。[2]乾隆二十七年(1762)，肃州知州徐浩又作了补刻，增《节孝祠碑文》等四篇碑记。所幸历经二百八十多年的水火兵虫之厄，这部志书仍以抄本及刻本的形态完整保留于世间。至 1983 年夏，酒泉博物馆刘兴义、李兆平、冯明义等将此志抄本翻拣出来，进行了首次整理，于 1984 年 12 月印行，为一些读者和研究者查阅历史资料提供了方便，使这部志书发挥了

---

① 张维:《陇右方志录》，北平大北印书局，民国二十三年(1934)，第 29 页。

② [清]黄文炜:《重修肃州新志序》，载黄文炜、沈青崖《重修肃州新志》，乾隆二年刻本，酒泉市档案馆藏，第 1 页。

一定的社会效益。但由于种种条件的限制,这次整理也存在一些不尽如人意之处。如晋傅玄《秦女休行》诗,原作为杂言体乐府诗,整理者将其更换为《光绪肃州新志》所窜改过的五言诗。《肃州·山川》“清水河”条,原文为“在州北五十里,源出州西北清水泉,流入讨赖河”,整理者擅改为“在州北十五里”等。其他繁简过录中一些文字的误识、误用及打印校对的错误则比比皆是。这个整理本没有公开出版,只是内部印行,流传不广,影响有限,因而亟待进行进一步的整理和公开出版。嘉峪关市志办公室在《肃州新志校注》杀青后,继续组织人力,一鼓作气,校注《重修肃州新志》,交中华书局于 2008 年 12 月出版。

敦煌杂钞

二卷,二册。存写本。清安西副使常钧辑。常钧为满洲镶红旗人,姓叶赫那拉氏。雍正四年(1726)由翻译举人考授内阁中书,迁陕西潼关同知。乾隆四年(1739)任甘肃安西道。乾隆二十一年(1756)从征噶尔丹,颇著功绩。后罢官隐居乡间。工画,以画虎著名于时。年八十余卒。

此著成书于乾隆七年(1742)。常钧自序云:“余自己未秋,分巡塞上,于今三年。因天地之利,修政令之和,通工惠商,与民休息,兹复恪尊庙算边筹,经营布置,次第告成,于凡风土情形亦稍悉大略,惟是古今沿革、建置、官属、山川、城堡、田赋、井疆,虽附载《肃州新志》,及分见于各卫自辑志稿内,思所以参互考订,确知其说。自愧学识肤浅,有志未能,兼以荒僻辽远之区,载籍寥寥,四方通人学士,辙迹所不至,征文考献,其道无由。姑就旧闻新得,自汉唐以迄今,兹分晰义类,钞蕞成编。传信传疑,则吾岂敢。后之君子,倘以修志为己任,或于是编不无采择,其亦安西志之嚆矢乎!”是知此著乃常钧任职安西后,为方便施政,从《肃州新志》等书中摘抄有关辖区的资料,汇集而成。

全书两卷,卷首有常钧自序。正文卷上平列河西四郡、关西七卫、安西厅、安西卫、柳沟卫、沙州卫、靖逆厅、靖逆卫、赤金卫、哈密十条,卷下嘉峪关、赤金山、石油泉、玉门废县、赤斤蒙古卫、昌马疏勒二河、观音寺、苦峪城、窟窿河、三危山、鸣沙山、白龙堆、流沙、渥洼水、氐置水、敦煌废郡、古长城、玉门关、阳关废县、罕东卫、罕东左卫、安定阿端二卫、曲先卫、雷音寺、南山、天山、瀚海、巴里坤、土鲁番二十九条。卷上主要记建置沿革,卷下主要叙山川泉流、关隘城址、古迹寺观等。

顾廷龙跋曰:"乾隆初年,通志邑乘均有纂修,然犹未能綦详也。乾隆四年,常氏观察是邦,遂就见闻,锐意补苴。凡肃州新志,各地旧志,以及当地人士之言谈,身所经历之事状,咸加采摭。哈密、巴里坤及吐鲁番屹然为甘肃襟要,今皆新疆地,而当时均直隶安西道,故叙述亦多。其于沿革建置,山川城堡诸端,著录完备,道光间苏履吉志无此详也。"[①]特别指出此著在地志编纂方面的意义和价值。

1937 年,《禹贡》学会据传抄本铅印,列为《边疆丛书》甲集之五印行,流传始广。此印本在卷首收录了国史馆的资料《常钧传》,卷末附有顾廷龙作于民国二十六年的《跋》。

敦煌随笔

二卷,二册。存写本。清安西副使常钧著。卷首常钧自序云:"安西僻介沙漠,建设未久,乘载阙如。余承乏兹土,三年以来,鹿鹿于簿书期会,鞅掌不遑,深惭弇鄙无文,弗克以编纂自任。偶采集旧闻新得,为《敦煌杂钞》,虽略见沿革、建置、山川、城堡之大凡,而于形势险要、疆域道里、风土人情、民俗吏治,未遑缕述也。间常于巡历所至、车迹所经、咨诹所及,按之图说,征之舆论,其今昔之异宜,见闻之殊致者,辄随笔记之。岁在壬戌,复加厘订,分类编叙,节录现在经理事宜数条,并附碑记一二,首列为两卷,即以'随笔'名篇。"张维《陇右方志录》则进一步揭示了此著以"敦煌"命名的缘由:"此书作于乾隆七年,所载皆关外安西、敦煌、玉门三县沿革、政事、建置、户口诸事。以均为汉敦煌郡地,故题

① [清]常钧:《敦煌杂钞》,《禹贡》学会铅印本,民国二十六年(1937),第 11 页。

‘敦煌’。”①

此著亦分上下两卷，卷上赤金、靖逆、柳沟、小湾、安西、瓜州、回民五堡、沙州、哈密九目，卷下户口田亩总数、积粮、屯田、开渠、党河源流、添筑安西东关护墙、酌给安西城内隙地建盖民房、添设要站引墩八目。

顾廷龙跋云：“钧于乾隆四年任安西道，服官数载，励精图治，详察地方情形，先就旧闻新见辑为《敦煌杂钞》，虽多采自他著，然至今皆为不易得之本矣。复以辙迹所经，谘诹所及，按之图说，征之舆论，成此《随笔》一书。所记者，若积粮、屯田、开渠诸端，为民生之大计，治边之急务，而皆出钧之所举办者。他若添筑东关护墙，酌给城内隙地盖建民房，添设要站、引墩等项，则亦身历之事，纪述原委，足资故实。凡形势、疆域、道里、风俗，《杂钞》所未及者，萃于是矣。新通志及道光志，均不及其详。是则两书者，可裨补志乘之关失，亦实常氏治绩之纪略也。”②

1937 年，《禹贡》学会据传抄本铅印，列为《边疆丛书》甲集之六印行，流传始广。此印本卷末附有顾廷龙作于民国二十六年的《跋》。

〔乾隆〕敦煌县志

不分卷，一册。存写本。《陇右方志录》载：“此志全袭《肃州新志·沙州卫》册。惟于沿革末增乾隆二十五年议裁沙州卫，改设敦煌县，隶安西府语。当为改县后摘抄呈送之书。”此志又被《中国西北文献丛书·西北稀见方志》所收录，与《〔乾隆〕重修肃州新志》对照，还删去了《文》和《诗》两目。

〔乾隆〕玉门县志

不分卷，一册。存道光六年(1826)抄本。佚名纂。《陇右方志录》载：“乾隆二十四年，西域事定，改安西为府，沙州卫为敦煌县，靖逆、赤金二卫为玉门县。

---

① 张维：《陇右方志录》，北平大北印书局，民国二十三年(1934)，第 117 页。

② ［清］常钧：《敦煌随笔》，《禹贡》学会铅印本，民国二十六年(1937)，第 11页。

此志摘录《肃志·靖逆赤金卫》册，间附新事。仓廒载有四十一年建筑仓库，去《肃志》之修又四十年矣。而目类史实多仍《肃志》旧文，盖与《敦煌志》同为钞撮呈送之书，非特自修辑也。”

〔道光〕敦煌县志

七卷，四册。存道光十一年(1831)木刻本。苏履吉修，曾诚纂辑。苏履吉(1775—?)，号九斋，清福建永春州德化县(今福建德化县)人。道光四年(1824)，任敦煌知县，第二年卸任，道光六年(1826)，复调是缺。七年任安西知州，十年回任敦煌。在敦煌任上凡七年，颇有政声。曾诚，字元鲁，武威人，道光二年(1822)举人。

第一册包括卷首序文、纂修姓名、凡例、目录及卷一图考；第二册包括卷二地理志星野、沿革、形胜、疆域、山川、田赋、水利、金厂八目，卷三建置志城池、衙署、书院、义学、驿站、庙宇、塘泛、牧地、校场、监狱、养济院十一目，卷四官师志文职、武职、官制、营制、学校、杂流六目；第三册包括卷五人物志名宦、乡贤、科第、仕进、节孝、仙释六目；第四册包括卷六艺文志诏、疏、议、记、诗五目，卷七杂类志风俗、古迹、景致、物产、境外五目。全书约四万字。

卷首序文四篇，依次为甘肃分巡安肃兵备道盖运长、甘肃安西直隶州知州罗仲玉、敦煌知县苏履吉、纂修者曾诚所作，叙述了修志缘起、纂修经过及雕版印刷的过程。盖运长和曾诚序均言志稿完成后，苏履吉捐俸禄作为雕版费用刊印此志。原雕版三百七十八块至今保存基本完好，藏敦煌市博物馆。

《陇右方志录》载：“(此志)视《肃志》为详赡严整。惟《禹贡》‘黑水’，经古今考据，不在县境；县境绝无南注入海之水，人尽知之矣。仍取《括地志》旧说，列黑水于《山川》，以讹传讹，将焉用此?《人物》取《肃志》宋繇、令狐整、王君奂诸人入之《乡贤》，深明界限；而渊泉、常乐旧地既已分隶安西，复录旧志张奂诸人，近泛滥矣。《杂类》一志，命名已觉难解，而分立风俗、古迹、景致、物产、境外五目，此皆有类可归；自景致外，皆县事之大者，以此为杂，则县志所载，孰有不为杂者？族志无别裁史识，故往往以是为龙蛇之菹，章实斋曾慨乎言之。不谓履吉通人，亦有此失也。”①

此志由敦煌市张仲、张友仁校注，“共校出错别字及衍文夺字六十五条，写出考证、注释一千一百六十八条，增补敦煌历史人物传略二十八篇，地理史料六条，艺文诗赋三十篇（首）”②。1999年由江苏广陵古籍刻印社出版繁体竖排线装本，仍为四册。

玉门县志

一册，存抄本。清乾隆间修，嘉庆间增补。

分建置沿革、疆域形胜、城垣、水利、田赋、汛防、驿递、山川、古迹、学校、土习、风俗、土产、坛庙、仓廒监狱、职官、科第、营制、义民、节妇等条目，篇幅较短，约五千字。

该志内容简陋粗疏，条目分类也不够科学，但因是玉门市唯一旧志而弥足珍贵。志后有向达题记：“历史语言研究所藏抄本《玉门县志》一册，不题编纂年代，其科第所录止于嘉庆甲子，疑成书当在嘉、道之间也。书极简陋，以属关外地志目，请人录一副本，实诸行以及原书误字甚多，随笔点定，不能尽也。卅三年一月十五日，觉明居士识于西川李庄之栗峰精舍。”③

张令瑄《三陇方志见知录》载：“此册仅十二页，分为建置、沿革等十七目，每目多寥寥数条，无编辑人名及时代，科名录至嘉庆甲子（九年），当成编于嘉、道之间，盖汇报簿册也。”

1991年版的《玉门市志》（新华出版社）将其断句标点后收于“附录”。《中国西北文献丛书·西北稀见方志文献》曾收录影印，向达题记后又有题记：“三十

① 张维：《陇右方志录》，北平大北印书局，民国二十三年（1934），第112页。

② 张仲，张友仁：《后记》，载《敦煌县志校注》，扬州：江苏广陵古籍刻印社，1999年，第669—670页。

③ 中国西北文献丛书编辑委员会：《中国西北文献丛书·西北稀见方志文献》第48卷，兰州：兰州古籍书店，1990年，第632页。

三年四月据向达先生藏本录副。一九八零年四月，经查对甘肃省图书馆藏《玉门县志》抄本，系同一录本。”[①]不缀题记者。底本当为张令瑄所藏张维据向达本抄录本。

另据剑桥大学图书馆《中国方志书目》，该馆藏有《玉门县志》，“乾隆间修，嘉庆间增补，抄本”，编号为“FB.203：84.891”。[②]惜不能亲睹原貌，当与前述向达录本为同一种。

肃志备采录

四卷，存写本。清光绪时郭维城著。郭维城，字士宗。由举人官兰州教授。性敏而勤学，行尤端谨。归里后，主金泉书院讲席数年，多士赖其训迪。《〔光绪〕肃州新志·人物》“郭兴邦”条载：“字士龙，更名维城，字士宗。……著有《读左劝惩录》，待梓；拟《州志备采录》。”《陇右方志录》载：“《宣统新通志》著书目录：‘《肃志备采录》四卷，举人郭维城著。’”王烜《大清甘肃文献录》亦有著录。但此书在甘肃省图书馆西北文献室和酒泉市档案馆等处都没有收藏，流落何处待考。另外，刘兴义《古酒泉城建修史考订》一文述及清代咸丰三年（1853）前酒泉城的修建情况时括注“以上摘自《肃州采访录》”[③]，此“采访录”是否即郭维城著《肃志备采录》，待考。

〔光绪〕肃州新志稿

不分卷，八册。存稿本。全书内容包括天文、星野、祥异、地理、建置、疆域、形胜、山川、道里、村堡、古迹、祠祀、沿革、城郭、衙署、祠庙、关梁、驿传、风俗、耕牧、

---

① 中国西北文献丛书编辑委员会：《中国西北文献丛书·西北稀见方志文献》第48卷，兰州：兰州古籍书店，1990年，第632页。

② 剑桥大学图书馆：《中国方志书目》[EB/OL].http://www.lib.cam.ac.uk/mulu/fangtit.html，2006-05-22。

③ 刘兴义：《古酒泉城建修史考订》，载政协甘肃省酒泉市委员会《酒泉文史资料》（第二辑），政协甘肃省酒泉市委员会印行，1989年，第29—35页。

物产、学校、名胜、军政、职官、人物、文学、诗词等目,约22万字。

卷端有1979年的一段抄录记,称“据甘肃省博物馆所藏抄本传抄。博物馆藏本系《陇右方志录补·肃州新志稿》本,卷端及书口均题为《肃州新志》”。“原为十五册,现改装合订为八册。”①这段抄录记没有落款,作者不详,当为酒泉地区档案馆抄录复印时所题。此志《陇右方志录》不录,乃因《陇右方志录》付梓时(1934),鸿汀先生尚未见到,后录入《陇右方志录补》。关于此志纂修者,卷端有鸿汀先生作于民国二十九年(1940)的题记一篇,作了初步的研究推断:“此志曾见抄本分为十五册,中多条注删窜,似为未定之稿。所载事迹最后为光绪五年,而《人物》‘郭维城传’云,著《肃志备访录》,知必在郭书以后。惟拔贡条下有‘今科丁酉拔贡郭其清’语,则似为光绪二十三年所作《甘肃通志》。肃州知州,二十三年为江西吴人寿、湖南何衍庆二人,不知伊谁主修,然别目从无一字及五年以后事,又若可疑。”②现在各处所藏抄本在编目时都明确标为“吴人寿、何衍庆修纂”,依据大约就在这里。但仔细玩味,鸿汀先生仅作了一些推测,并未下断语,还留下了疑问。因此,关于此志的纂修者,还需要找到充足的证据,作进一步的研究。

关于此志的体例和特点,鸿汀先生在题记中有较中肯的批评:“肃志自乾隆二年黄文炜撰修,越百四十余年,始有此志。其分类大抵依据黄志,而无户口、田赋、经费、杂税、水利、屯田诸目,盖所见尚非全帙。志于旧志错误,如汉凉州治陇西,沮渠蒙逊都酒泉,皆沿误未改。”“而各目所载时事东涉甘凉,西连新疆,其断限殊不谨严。《地理》《沿革》两目多有重复,尤应删并为一。惟肃志年久失修,此志之作,盖正在丧乱初平,遗民犹有存者,其所纪载,实足以承先待后。若能就此补缀之,则边垂故实不尽散逸,有裨吾省文献,非小补也。”③

另外,此志所录诗文,甚至包括一些碑铭,编纂者大都依据自己的审美情

① 佚名:《抄录记》,载《光绪肃州新志》,民国抄本,酒泉市档案馆藏,第1页。

② 张维:《题记》,载《光绪肃州新志》,酒泉市档案馆藏民国抄本,第1页。

③ 张维:《题记》,载《光绪肃州新志》,酒泉市档案馆藏民国抄本,第1页。

趣作了窜改,不能保留原貌。如傅玄诗《秦女休行》,“将杂言体的乐府诗改成了后世所习用的五言体……原诗句式参差,‘音节激扬’,读来令人回肠荡气,经这样一改,固然‘整齐’了许多,但‘古质健劲’的汉魏风骨已荡然无存,艺术感染力亦大为削弱”①。

此志为未定之稿,没有刊刻,仅以稿本及抄本形体存世。1984年,酒泉地区档案馆曾复印数部分赠本地图书馆、档案馆及地方史志办公室存阅,为文史工作者研究利用提供了方便。近年,嘉峪关史志办公室邀请本地几位学者校注此志,于2007年12月由中华书局出版。

安西采访底本

不分卷,一册。分星野、建置沿革、疆域、山川、城池、公署、学校、关梁、祠祀、田赋、兵防、水利、驿递十三目。1984年,上海书店影印出版《陇右稀见方志三种》,收录此志。该书《出版说明》称:此志“系杭州刘子亚先生提供的私人藏书”。“原书为清抄本,封面也有满汉文官印,并有‘宣统元年闰二月十四日到’红色木戳,可知为清末县衙收藏的本子。”②其纂修人及成书时间均不详。该志稿类目清晰,于田赋一目尤为详尽,是研究晚清安西县政治和经济状况的珍贵资料。此志与后文所录《甘肃省通志安西县采访录》《安西县新志》一起由瓜州地方史志办公室标点整理,于2011年内部印行。

安西县采访录

不分卷,三册。曹馥纂修。记事注明“截至民国十八年止”。封面有“民国十

---

① 吴浩军:《檃括本传,不加藻饰——论傅玄〈秦女休行〉本事及结构》,《河西学院学报》2006年第3期,第65—68页。

② 佚名:《出版说明》,载《陇右稀见方志三种》,上海:上海书店,1984年,扉页。

九年三月十日，县长曹馥"的字样，盖有安西县官印。是为甘肃省于民国十八年第三次纂修通志时应上司要求所完成的采访稿。该志稿分舆地、建置、民族、民政、财赋、教育、军政、交通、外交、职官、选举、人物、文艺、金石、纪事、灾异、拾遗十七目。类目依当时省志要求所颁例目而置，有些门类并无内容可填，也照样把条目名称列入，而下面则注明"无"字。如外交目列入"交涉：无""通商：无""教会：无"。

曹馥，字菊泉，湖南衡山县人，法学士。1926—1930年任安西县长。曾主持调查境内长城烽燧遗址，以及汉唐宋元明清城址、墓碑、石窟、建筑，并作详细记录，著于《安西县采访录》中（见《甘肃通史·中华民国卷》）。1941年曾任湖南武冈县县长。1946年在衡东县创办湖南私立文昭初级中学。

安西县新志

十卷，十二册。存稿本，藏敦煌研究院。谢璧文创修，吴生玉复修，白德清、庄鸿安、池世英续修，张锡祺、崔文成总纂。记事起自清雍正六年，止于民国三十六年。该志稿分天文、舆地、建置、祠祀、学校、兵防、职官、人物、艺文、志余十目，卷首置民国二十四年县长谢璧文、民国三十二年县长吴生玉、民国三十六年县长池世英序各一篇及凡例、纂修姓名、目录。安西县博物馆藏有复印本，封面有"敦煌文物研究所赠"篆文印章，系敦煌研究院所赠。

创修金塔县志

十卷，存抄本。赵积寿、刘德芝、王安世等编纂，完稿于民国二十三年（1934）。全书分舆地、人文、建设、民政、财赋、教育、职官、选举、人物、艺文十目，计六万余字。卷首有曾于民国七年和十一年两任金塔县长的李士璋所作《序》。《三陇方志见知录》录有《金塔县志稿》："十卷，二册，存稿本。民国二十五年县人赵积寿编。""此稿依新通志稿例目，而人文志则为自创，甚为凌乱。社会经济各目,内容太简。交通志道路应先于关隘。赈恤应接于差徭。人物分类太繁琐,所录诗文每应酬之作,亟应删去。金塔水利,著称于河西,此稿不能详列图表,尤其大失也。”据所述内容当与《创修金塔县志》为同一志稿。

此志稿未刊印,1957年11月,金塔县人民委员会曾用蜡版刻印翻印稿,蓝色字迹,可能为蜡版。2005年,俞兴海、王世雄、桂发荣等将此与《鼎新县志稿》部分内容标点断句并注释翻译,连同其他一些有关金塔历史文化的资料合编成《修编金塔方志》一书,以金塔县地方史志编纂委员会的名义印行。这是两志首次以铅印本形式面世。但由于主客观条件的限制,这次整理在版本的调查和选择、断句标点、注释翻译等方面都存在着不容回避的问题。①

金塔县采访录

一册,存写本。民国三十年金塔县政府编。分地理、气象、政治、设置、军事、教育、财政、交通、经济、民俗、职官、官绩人物、物产十三类。《三陇方志见知录》载:“金塔县志稿,节至民国二十年。此册按县政府主管各政,分别补入后十年间事,文字亦简洁清晰。惟以后油印县志时,竟未将此录内容合编,殊为大憾。殷望县人能综合成一编,再补充以近事而印行之,则不失为一邑佳志也。”②

鼎新县志稿

八卷,四册,存稿本。蔡廷孝著,民国三十五年(1946)完稿。全志分舆地、建置、政事、军政、教育、职官、耆旧、艺文八分志,计五十四目。《三陇方志见知录》载:“此稿记风俗、方言皆详。惟系初创,地理各目,先后失序。城堡、古迹当归建置志,风俗、习惯、饮食、娱乐可列为风俗志,田赋、财政应列为财赋志,职官、人

① 吴浩军:《评〈修编金塔方志〉》,《酒泉日报》2006年5月12日、18日、24日。

② 张令瑄:《三陇方志见知录》,载周丕显等《甘肃方志述略》,吉林省图书馆学会,1988年,第45页。

物应分志之。寓贤应附人物后,科目表可附教育志。文庙、祭祀一卷,非专为本县者,应删除之。水利为民生要政,纪事为全志纲领,皆应列为专篇。艺文所录大半无甚意义,当可省去。再于文字间求其精核,当可为一县首创志乘也。令瑄曾以拙见撮录一册,大可读,他年修志,可为参考。"[①]《中国西北文献丛书·西北稀见方志》曾影印,为民国时期著名方志学家张维所辑录。志稿并不整齐划一,当为未定稿。张令瑄整理稿不知流落何处。

敦煌县乡土志

四卷,分上下二册。未刊。北京图书馆存有抄本。佚名编。卷一图考,列疆域总图、城关总图等十八幅;卷二历代沿革、疆域、山川、水利、城池、衙署、仓厂、驿站、塘汛、校场、养济院、陵墓、茶子、盐法、贡赋、蠲恤,增采十条:方言、户口、乡镇、厘税、实业、商务、矿务、巡警、学堂、碑记;卷三人物志,辖名宦、乡贤、科第、节孝、流寓、仙释等目;卷四艺文志,分记、奏疏、诗;附杂类,包括风俗、祥异、官职、名宦封爵、乡员封爵、异族、祠祀、古迹、物产。甘肃省图书馆藏有抄本,为卷二至卷四。其目录卡片称:"本书不著纂人姓名及其年代。考卷二'学堂'目有光绪三十二年邑令黄万春及现任知县陈问淦及儒子谢邦彦,则是书之纂修当在光宣之间。"

《三陇方志见知录》载:"此志仅见下册,二至四卷。其记事至清光绪三十一年,当为清末、民初应征之书。编排依当时省通志采访例目,而凌乱芜杂殊甚。杂类一目,皆有类可归者。惟所记千佛洞发现经过,阳关、玉门关遗址,以及当时外国人来敦煌活动情形,同治、光绪间兵事经过,又记当地农民所种田地仅二三分至五六分,或少至二厘,甚至有分毫全无,为人难工以维生活者。又记近年洋货、洋布之流入。鸦片烟之种植,及人心之浮动,风俗之变化各节,甚为可贵。以后所编敦煌县志稿,多取材于此。"[②]

① 张令瑄:《三陇方志见知录》,载周丕显等《甘肃方志述略》,吉林省图书馆学会,1988 年,第 44—45 页。
② 张令瑄:《三陇方志见知录》,载周丕显等《甘肃方志述略》,吉林省图书馆学会,1988 年,第 45—46 页。

此志乃民国十八年敦煌任子宜所编。因张令瑄所见非完帙,故据其记事之下限推断为"清末、民初应征之书"。实为民国时期应教育部要求所编乡土史地教科书。

〔民国〕重修敦煌县志

民国时期敦煌士绅吕钟修撰。始修于1941年,成书于1946年,存稿本和抄本。此志是吕钟在其《敦煌外史》的基础上,从大量的古籍中钩沉本地史料纂集而成的。全书内容按天文、方舆、民族、交通、建置、河渠、民政、财政、官司、人物、艺文、祥异、编年分编为十三分志,卷首置吕钟、慕寿祺、水梓、章朗轩等4篇序及任子宜题词,卷末附《整编敦煌县志办法草案》《敦煌县政府训令》和《呈赍重修敦煌县志稿清版印文》三篇有关此志编纂事宜的重要文件。全书约三十万字。

此志稿搜集之详尽,内容之丰富,实为不可多得的敦煌地方文献。张令瑄评此志"于石窟文化,及玉门、阳关故址考录颇详。惟令瑄所见为未定稿本,文辞似失之冗长。而艺文所收无关地方故实之诗文过多,若定稿时再为订正,当不失为河右佳志"[①],颇为允当。

此志修成后没有刊刻,曾先后两次抄写,共七部。1998年4月,王渊在敦煌市档案馆寻找1960年任子宜所撰《新敦煌县志》时,偶然发现一部稿本,题名为《重修敦煌县志求是草》,有删改,改动处都盖有少卿印章。经张仲辨识鉴定,此稿正是当年他和李尚文参与抄写送张鸿汀、慕少堂、水琴楚校阅稿。王渊遂向敦煌市委、市政府作了汇报,并建议整理出版。[②]后经王渊主持,张仲、张友仁校点,于2002年1月由甘肃人民出版社出版。

---

① 张令瑄:《三陇方志见知录》,载周丕显等《甘肃方志述略》,吉林省图书馆学会,1988年,第46页。

② 王渊:《近代以来敦煌人四次撰写自己的历史》,载王渊《啊,敦煌》,兰州:甘肃人民出版社,2000年,第89—90页。

该整理本除将原稿竖排改为横排，繁体字过录为规范简体字等常规整理以外，还以“补遗”的形式增入了许多内容(大多为敦煌遗书中新发现的材料)，并在卷首增印图片24幅，已非原貌；令人遗憾的是，整理者限于所处时代及文化背景，又将原稿中所谓“带有浓郁封建迷信色彩和有碍民族政策的语句，适当予以删除或更正”①。如此增删更改，这部旧志的面目也就可想而知了；而这也是近年来一些地方古籍整理中普遍存在的问题。此外还有以不错为错的例子，如《整理说明》中有“错别字后用(　)插入正确的字”一条校点凡例，正文引“史迁被宫刑著《史记》”，在“史”后括注“司马”。按之校例可知，这是整理者不懂“史迁”这一习惯性的称谓，以不误为误。凡此种种，不一而足。至于印刷校对的错误则触目皆是。某些篇目，如所录岳钟琪《建设沙州协镇议》一文，短短四百余字，各类错误达八九处之多，到了无法卒读的程度。

酒泉县要览

民国酒泉县志局编，1947年7月完稿。存石印本。分为沿革、疆域、地形、气候、人口、民族、交通、物产、地亩田赋、水利、城镇、古迹与名胜、乡贤事略等十三章，约一万五千字。

卷端有时任县长王升荣所题《弁言》，叙述编写原委及用途：“本年五月杪，奉省令编纂《酒泉要览》并附‘目录’，限一月蒇事。当经搜集材料，着手审编，以求按期呈备参考，且拟分发各校采作乡土教材。惟匆促编印，鱼鲁易误，挂漏难免。至统计力求精确，叙述务期切实，则悉遵规定，未敢或违。是所纪载，尚可略供采风之资，藉作施政之本。爰弁数言，聊以为介。”

该《要览》类目清晰简洁，文笔优美典雅，虽然篇帙短小，不能全面保存民国时期酒泉县社会政治、经济、文化等方面的资料，但作为乡土教材，却给我们提供了一个成功的范例。

---

① 吕钟著，王渊、张友仁、张仲校点：《重修敦煌县志·整理说明》，兰州：甘肃人民出版社，2002年。

此稿以抄本形态存世。2004 年,肃州区史志办为续修《肃州区志》曾作断句标点整理,打印流传。

居延海

存 1950 年中华书局铅印本。董正钧著。

张掖古旧方志

张掖郡玄石图

佚。高堂隆撰。《隋书·经籍志》著录:“一卷,高堂隆撰。”[①]归于子部五行类。《旧唐书·经籍志》《新唐书·艺文志》著录同。郑午昌说此图与瑞应图、祥瑞图、芝英图、祥异图等“皆属于灾祥者也”[②]。

张掖郡玄石图

佚。孟众撰。《隋书·经籍志》著录:“一卷,孟众撰。梁有《晋玄石图》一卷,《晋德易天图》二卷,亡。”[③]亦归于子部五行类。《旧唐书·经籍志》《新唐书·艺文志》亦有著录。

上两条异书同名,抑或同书在流传中出现著者署名不同,因原书已佚,现已无法考究。

---

① [唐]魏征撰:《隋书》卷三四,北京:中华书局,1973年,第1038页。
② 郑午昌:《中国画学全史》,上海:上海古籍出版社,2001年,第92页。
③ [唐]魏征撰:《隋书》卷三四,北京:中华书局,1973年,第1038页。

甘州记

佚。《隋书经籍志考证》引有《甘州记》。①

张掖记

已佚。《太平御览》之《地部》三十“黑水”条引《张掖记》曰:“黑水出县界鸡山,亦名玄圃。有娀氏女简狄浴于玄丘之水,即黑水也。”②张维曾辑录一卷,名《张掖纪》。③

〔元〕甘州志

佚。《大明一统志》卷三十七《陕西行都指挥使司》“形胜”条引《元甘州志》载:“环以祁连、合黎之山,浸以居延、鲜卑之水。”④

〔明〕张掖志

佚。《陇右方志录》载:“《嘉靖陕西通志·风俗》引有《张掖新志》,《图书集成·职方典》引有《张掖志》。”张维把这一条列入第三类“县志”中。⑤

---

① [清]章宗源:《隋书经籍志考证》,载《隋唐五代史补编》(第一册),北京图书馆出版社,2005年,第253页。

② 《太平御览》卷六五,影印文渊阁《四库全书》本第893册,上海:上海古籍出版社,1987年,第661页。

③ 张民林:《张掖修志举要》,载王国华主编《金张掖风情》,兰州:兰州大学出版社,1998年,第57页。

④ 《明一统志》,影印文渊阁《四库全书》本第472册,上海:上海古籍出版社,1987年,第939页。

⑤ 张维:《陇右方志录》,北平大北印书局,民国二十三年(1934),第108页。

〔弘治〕甘州卫志

十卷。佚。甘肃行太仆寺卿郭绅著。《明史·艺文志》载:“郭伸《甘州卫志》十卷。”①列地理类。《甘州府志·杂纂》载:“《明史》有《陕西行都司志》十二卷,包节著;有《甘州卫志》十卷,郭绅著;有《甘州纪变》一卷,曹子登著:今俱无考。”②《陇右方志录》载:“此志《宝文堂书目》作《甘肃志》,《万卷堂艺文目》作《甘肃卫志》,俱与《明史》异。”③

甘州纪变

一卷。佚。曹子登著。《明史·艺文志》载:“曹子登《甘州纪变》一卷。”《甘州府志·杂纂》引。见上文。《甘州府志·官师》载:“曹子登,直隶三河籍长洲人,壬戌进士。万历十三年任(甘肃巡抚)。”④《杂纂》又载:“(县城)东门侧有三官庙,旁竖《明大中丞如川曹公遗爱碑》,系万历十六年十一月,邑致仕彭县教谕、八十岁老人何景旸撰。内称:‘曹公,燕人。乙酉抚甘,大振士马,擒馘西海虏酋,民免残辱。修浚河道淤塞,高台开地数百里。清刑狱,革行户,新学宫而文教兴,继绝世而武弁振。擢抚保定,镇民乞留,因建庙立石。’”⑤《甘州府志》又记:“(万历)十六年秋九月,甘肃兵变,巡抚都御史曹子登罢。”⑥据此推断,《甘州纪变》当是曹子登经兵变罢官后对事变所作的回忆录,不一定是方志。诸家均以方志视之,姑且录之。

---

① 张廷玉等:《明史》卷九七,北京:中华书局,1974 年,第 2385 页。

② [清]钟赓起著,张志纯等校点:《甘州府志》卷一六,兰州:甘肃文化出版社,1995 年,第 774 页。

③ 张维:《陇右方志录》,北平大北印书局,民国二十三年(1934),第 21 页。

④ [清]钟赓起著,张志纯等校点:《甘州府志》卷九,兰州:甘肃文化出版社,1995 年,第 301 页。

⑤ [清]钟赓起著,张志纯等校点:《甘州府志》卷一六,兰州:甘肃文化出版社,1995 年,第 772 页。

⑥ [清]钟赓起著,张志纯等校点:《甘州府志》卷二,兰州:甘肃文化出版社,1995 年,第 87 页。

〔顺治〕重刊甘镇志

六卷，四册。存顺治十四年(1657)刻本。卷一地理志(沿革、山川、水利、风俗、物产、古迹六目)，卷二建置志(公署、学校、坛壝、祠祀、驿传五目)，卷三官师志(名宦一目)，卷四兵防志(军制、马政、关隘、堡寨、烽堠、戎器六目)，卷五岁计志(户口、屯田、解运三目)，卷六人物志(乡贤、忠烈、孝行、贞节、科贡、流寓、仙释七目)。卷首置序一篇、地图六帧。计十二万字。

关于此志的修撰者和修撰时间，现存清顺治刻本序言标修撰者为杨春茂，序后题"顺治丁酉孟秋，整饬甘山等处兵粮分巡西宁道按察司副使杨春茂撰"字样，书口亦题"丁酉重刊甘镇志"字样。杨春茂，《甘州府志》有载："顺天昌平人，举人，副使，顺治十三年任。"①杨春茂之后是高向极，顺治十八年任，则杨春茂在任时间为顺治十三年到十八年。

《甘镇志》标为"重刊"，《甘州府志》还记载：顺治"十四年，分巡道杨春茂辑《甘镇志》成"②。据此可知，顺治十四年之前当有另一《甘镇志》刊本存世，此刊本由于战乱等原因遭受损毁，杨春茂到任后，进行了抢救性的"辑"佚，并重行刊刻，使之再度流传于世。而该志"官师"仅记至万历三十六年(1608)，说明撰于明万历年间(1573—1620)。如系杨春茂所撰，则不应弃置万历三十六年到顺治十四年近五十年的历史，更不应置清朝的赫赫武功于不顾，因此，其原作者并非杨春茂。③对此，前人早有怀疑和辨证。《稀见地方志提要》标为"〔明〕不著撰修人名氏"，并说："据本书春茂序所称重刊，而非春茂所重纂也。然阅春茂序中有云：'靡不博采备陈，阅月成编镂版'等语，似有重纂语气，故后之书目总录，以为春茂重纂也。"④鲁天庆也有类似看法："明代《甘镇志》，共六卷，初纂于明代。

---

① [清]钟赓起著，张志纯等校点：《甘州府志》卷一〇，兰州：甘肃文化出版社，1995年，第324页。
② [清]钟赓起著，张志纯等校点：《甘州府志》卷三，兰州：甘肃文化出版社，1995年，第94页。
③ 高启安：《〈肃镇华夷志〉的名称及版本考辨》，未刊稿。
④ 陈光贻：《稀见地方志提要》，济南：齐鲁书社，1987年。

清顺治十四年(1657),西宁道按察司副使杨春茂重刊。然而详细考查这部镇志的内容,却没有明代万历四十年(1612)以后的事迹,‘官师’仅至万历三十六年(1608)止。所以,也有人将这部镇志题为《万历甘镇志》。”[①]徐家汇藏书楼藏旧抄本《甘镇志》亦不著撰修者,可作旁证。

另外,此志中多处内容显示,它大段大段地抄录了《陕西行都司志》,留下了明显的痕迹。如卷一《地理志·沿革》第一句即“陕西行都司:《禹贡》:雍州之域”。在《沿革》一节中,包括了“武威郡县十”“酒泉郡县九”“敦煌郡县六”;《疆域》则说“东界黄河,西阻弱水,南跨青海,北据居延。广一千七百四十五里,袤一千五百七十五里,加以羁縻之地,无虑数千里”“本司内辖甘州左、右、中、前、后五卫,外辖山、永、凉、镇、庄、西、肃七卫,镇夷、古浪、高台三千户所,隶右军都督府”,这些远超甘州五卫辖地的内容。除此以外,《物产》一节中,多有涉及西宁、酒泉、武威的内容。如“梨:河西皆有,唯肃州、西宁独佳”“红花:各卫皆有,唯西宁者佳”“锁阳……出镇番”“无鳞鱼……各卫俱有,唯镇番与西宁碾伯多”等。其他从整个河西及青海的角度记载的材料比比皆是。

同样重刊于顺治十四年的河西地区的其他几部方志,如题名为苏铣的《凉镇志》《西镇志》及《肃镇志》也有类似情形,并且其下限也在万历年间,志名也统以“镇”字命名,书口都有“丁酉重刊”字样。这种情况绝非偶然。

明嘉靖二十三年(1544)张愚创修、万历四十四年(1616)李应魁续修、顺治十四年高弥高重刊的《肃镇华夷志》与上述三“镇”志情况相同,只是志名多了“华夷”二字(这是由当时环肃周边多内附少数民族的实际决定的)。而该志李应魁序称:“因得抄录遗本,传系天津张公愚草创旧稿,嗣缘升任未竟。而嘉隆以后,则又述自乡耆之口。披阅再四,总之不离《行都司志》者。”[②]明明白白地透露出了抄录《陕西行都司志》的信息。

这些情况说明,明万历间,陕西行都指挥使司曾经有过一次较大规模的修

① 鲁天庆:《张掖历史档案史料概述》,《河西学院学报》2003年第4期,第63—66页。

② [明]李应魁:《肃镇华夷志序》,载李应魁撰,高启安、邰惠莉校注《肃镇华夷志校注》,兰州:甘肃人民出版社,2006年,第1页。

志举动，产生了一批地方志书，但由于明政府很快就处于风雨飘摇之中，所修方志大都未及详加修订，比较粗糙。到了清人入关，为宣示其对汉文化的热情，更为了掌握情况，巩固统治，又对这一批方志进行了整理、重刊。重刊时，或者由于原本残缺无法考证其原作者，或者出于主观故意，重刊者将自己的名字署了上去，致使这些志书的创修者和版本诸问题演变成为朦胧混杂，甲乙互缠，成为难以董理的一团迷雾。

对此已有学者进行了研究清理。高启安近年校注《肃镇华夷志》，成果颇著。他在为该校注本所作《前言》中就明白指出："《甘镇志》的纂修者既不是杨春茂，也不是高弥高，而是另有他人。清人充其量只是在体例上稍作改动、重刊而已。清人换取原序，重新命名，不注说明，贪前人之功，据为己有，不仅恶劣，且给后世造成了许多误解。"《重刊甘镇志序》中"余于是勉力恪承，摭遗文于刻碑断石，访陈迹于荒丘废址，提纲举目，细大不遗……是书也，得之数行残简，访之舆论老稚"的说法，就有欺世盗名之嫌。[①]

此志没有专设"艺文志"，而将诗文直接著录于相关名物之下，在体例上与后世通行的志例迥然有别，是一突出特点。

鸿汀先生评此志"载边事甚详。而'忠烈'列有苏武，武不官于甘，又非甘镇人，自属失考"[②]，言简意赅，允当之极。新疆绿原报社王野苹则著文指出本志的三大优点：补偏救佚，人事与经济并重；考辨史实，治学严谨；简明洗炼，文约事丰。又指出存在的问题：编者缺乏自然科学知识，介绍物产时将动、植、矿物糅杂在一起记述，缺乏必要的分类；对有些事物考订不实，轻信传闻和文献著录，多有舛误；滥用"以引代叙"的方法，如介绍"天山""甘泉""龙头山""积石""青海"等山川，不记地望及形态，直接引用陈棐诗代替叙述，使读者不得要领。[③]署

---

① 高启安：《肃镇华夷志校注前言》，载李应魁撰，高启安、邰惠莉校注《肃镇华夷志校注》，兰州：甘肃人民出版社，2006年，第7—8页。

② 张维：《陇右方志录》，北平大北印书局，民国二十三年(1934)，第21页。

③ 王野苹：《清水出芙蓉，天然去雕饰——简评清顺治杨春茂〈重刊甘镇志〉》，载张志纯主编《张掖春秋》(第二集)，张掖地区史志学会，1998年，第246—254页。

名为马西林的校点本序言也有述评:“记载了明陕西行都司(治所甘州)所辖一镇四道十五卫(所)从周朝到明末两千多年的地理疆界、世代沿革、兵戎治乱、物阜民丰、雄杰儒节、古迹文物、词墨咏题等。”“视野宏大,立意高卓,提纲挈领,剪蔓劫繁,文约事丰,堪为上乘之品。”①

此志历经风雨兵火,顺治雕版尚有五十块存世,被保存在甘州区博物馆内。②印本存世无多,几近散佚。1965年,张志纯先生从民间购得一部,藏民乐县档案馆。1978年将原版复印若干,又誊抄复印若干以保存、流传,后并校点整理,1996年5月由甘肃文化出版社出版。③该校点本校勘精审,标点断句准确,版式装帧美观大方,为学界运用其珍贵的明代历史资料提供了极大的方便。

甘州府志

十七卷,十册。存乾隆四十四年(1779)刻本。钟赓起纂修。卷首四篇序、修甘州府志告示、凡例、舆地图;卷一世纪上;卷二世纪下;卷三国朝辑略;卷四天文(星野一目)、地理(疆域、形胜、沿革表、山川、古迹、名胜、风俗七目);卷五营建(城郭、街衢、公署、坛庙、关梁、村堡、驿塘七目);卷六食货(赋役、户口、度支、水利、市易、物产六目);卷七学校(祀享、乡饮仪、学校源流表、三学藏书表、书院公业考五目);卷八戎兵(军门、镇汛、古今兵制沿革表、口隘、墩铺、番贡六目);卷九官师上(两汉至元、明);卷十官师下(国朝);卷十一人物(乡贤、忠节、孝义、文学、材武、技艺、烈女、流寓、仙释九目);卷十二选举(两汉洎元、明、国朝);卷十三至十五艺文;卷十六杂纂。计五十六万字。

钟赓起,《甘州府志·官师》有载:浙江长兴人,辛酉举人。先后任城武、沂水、诸城、昌乐、莱阳等县知县。乾隆三十七年(1772)四月到甘州知府任,四十三年

---

① 马西林:《校点〈重刊甘镇志〉序》,载杨春茂著,张志纯等校点《重刊甘镇志》,兰州:甘肃文化出版社1996年,第2页。

② 张民林:《张掖修志举要》,载王国华主编《金张掖风情》,兰州:兰州大学出版社,1998年,第59页。

③ 张志纯:《张掖旧方志的亡失与抢救》,《酒泉职业技术学院学报》2007年第1期,第100—103页。

(1778)十二月,七年俸满,又计典卓异,入觐,卸事,四十四年七月回任候升。[①]

据《新修张掖县志》,《甘州府志》在钟赓起之前,还有纂修者:"先是,王学潜于乾隆十八年选授甘州府学教授,莅任后以《甘镇志》遗漏殊多,创修郡志,而出笔迟滞。二十八年俸满引见,仍回原任。三十三年,所修志书终未脱稿,后数年庄学和始告成功。"[②]《甘州府志》本文也留下了一些蛛丝马迹:"王学潜,商州人,戊辰进士选授(甘州府教授)。乾隆十八年到任,曾修郡志未就,草创之功,甚资其力。"[③]"庄学和,字介南,一字小鹤,江苏长洲籍,武进人。……历任四川龙安、雅州、保宁知府,创建锦屏书院,文教聿兴,历科中试,元魁接踵,蜀人颂之。嗣陕甘两省督抚、藩臬,延理幕务,十有余年。乾隆戊戌,由酒泉院长移课甘泉,集成郡志。著有《乙芝园文钞》《春秋制艺》《教孝千字文》等卷。"[④]卷十六《艺文(下)》还收有庄学和《辑甘州志咏四十韵》,以韵文形式概述了甘州建置沿革及历史人物,也可视为佐证。但卷首四篇序言及《修甘州府志告示》等,却无一字及此。其中勒尔谨、王廷赞、王曾翼序皆为应钟赓起之请而作,乃官场应酬文章,通篇陈词滥调;其人或为钟赓起之上宪,或为同僚,序中所言,诸如钟赓起"以七载报最,鞅掌余暇,厘成新志十六卷""守甘泉,七易寒暑,鞅掌之暇,详诹陈迹,博考宪章,提纲举目,巨细靡遗""毅然以编辑为己任,乃集庠士诸老成,分诣城乡,遍加采访,近村远堡,梵院羌巢,或石镌、或木表、或笺题,苟有字迹一二行,辄授钞胥,久且成帙"云云,将修志功劳一概归于钟赓起,而无一字涉及他人。钟赓起自序则以甘州得名为主要内容,矜奇炫博,铺排辞藻,对于此志的纂修事宜则仅以"雍正三年,更卫所为府县,迄今府志甫就,则自昔以来,所未有也"一笔含混带过,更无一字涉及他人;其后的《修甘州府志告示》也语焉不详:这些都没有提及王学潜、庄学和纂修或辑录《甘州府志》事。凡此种种,钟赓起难脱利用职权掠人之美,欺世盗名之嫌。

---

① [清]钟赓起著,张志纯等校点:《甘州府志》卷一〇,兰州:甘肃文化出版社 1995 年,第 332 页。

②《明清两代修志之经过》,载白册侯、余炳元撰,施生民校点《新修张掖县志》,张掖市市志办公室印行,1998 年,第 2 页。

③ [清]钟赓起著,张志纯等校点:《甘州府志》卷一〇,兰州:甘肃文化出版社,1995 年,第 336 页。

④ [清]钟赓起著,张志纯等校点:《甘州府志》卷一一,兰州:甘肃文化出版社,1995 年,第 436 页。

无独有偶，钟赓起任职甘州及《甘州府志》的纂修恰在清代第一大贪污案——“甘肃冒赈案”发生期间。此案发生在“地瘠民贫”的甘肃，是一起地方官员以赈灾之名，沆瀣一气，共谋作弊，肆意侵贪的大案，时间长达七年之久，牵涉总督、布政使及以下道、州、府、县官员一百一十三人，追缴赃银二百八十余万两，波及直隶、盛京、江苏、浙江、云南等地，震动全国，连乾隆皇帝也惊呼，此案“为从来未有之奇贪异事”。序言的作者陕甘总督兼甘肃巡抚勒尔谨、甘肃布政使王廷赞均为此案主角，甘凉兵备道王曾翼和甘州知府钟赓起也榜上有名。乾隆四十六年(1781)案发后，勒尔谨被赐自尽，王廷赞被处绞刑，王曾翼被革职查抄，钟赓起“照‘侵盗钱粮一百两以上至一千两杖流’律从重改发新疆效力赎罪”[①]。从人性角度看，利用职权掠夺他人精神生产成果与贪污受贿其本质是相同的，故其人不足道；然君子不以人废言，《甘州府志》就其所保存的历史资料而言，仍是值得称道的。

关于此志，张维有详细的评论，既表彰了它所取得的成就，也指出了存在的问题：

> 《纪事》一目，诸志或从阙如，或附于杂记、志余之末。吾人读志已竟，而不能知其地之历代大事者，盖常有之。此志用诸史例以《世纪》置卷首，纲举目张，甚得条理。《食货》诸表，尤有史表遗意。章实斋修《湖北通志》，以田赋三十余册约为五卷，简而能详，惟能制表也。《舆图》颇为精致；陇中诸志，只《甘州》《西宁》志图摹绘工细，惜俱为南上北下。《世纪》：魏太延十年，“置西凉州，以乐平王丕镇之”，盖因《肃州新志》而误者。逾叶载西魏大统十六年，韩褒为西凉州刺史，《沿革表》亦言“西魏肇置西凉”“改甘州”亦自矛盾也。《古迹》：“茗藋”在“府城东”。“《十六国春秋》：‘秃发傉檀嘉平四年，伐北凉，五道并进，至番和、茗藋，掠五千户而还。沮渠蒙逊元始二年，

① 杨怀中标点：《钦定兰州纪略》卷一九《(乾隆四十七年正月辛酉)李侍尧奏稿》，银川：宁夏人民出版社，1988年，第304页。

西入茗藿，遣兵袭卑和、乌啼二部。五年祀金山，西至茗藿。'《一统志》：'茗藿，在金山之西。'"杨应琚《西宁府志》谓"在西宁县北"。总之，茗藿应在甘州、西宁间，焉支山附近。考之两志，殆无可疑。而洪亮吉《十六国疆域志》指为乐都郡所领地，以地望准之，必不然也。此虽小事，而与史实有关，因录辨之。又《流寓》载：有武进庄学和，以举人仕，至保宁知府，乾隆戊戌长甘泉书院，集成郡志。生人入传，亦违志法。而《甘志》之成，学和与有力焉。意其人绩学士也。①

此志卷帙浩繁，资料翔实，为张掖地区最为重要、影响也最大的旧志，是一部享有盛誉的力作。注重收录历代诗词歌赋及碑铭，其中艺文占去三卷、超过三分之一的篇幅②，是该志一大特色。

民国时，西北著名方志学家慕寿祺曾在家藏的一部《甘州府志》上作校记，后该书赠送甘肃科学教育馆图书室。1942 年 7 月，赵世暹将慕寿祺所作校记抄出，成《甘州府志校略》（16K 蓝格稿纸，共 16 页）。1961 年 12 月赠甘肃图书采访组，现存甘肃省图书馆西北地方文献室。

此志原雕版虽然年深月久，但仍有四百块留存于世，占原版数 41.3%；其中三百九十二块完好无损，八块残破，现藏甘州区博物馆。③木刻印刷本留存很少，且卷册繁多，查阅不便。1958 年，由张志纯搜集购全一套，藏民乐县档案馆（现存山丹县档案馆）。从 1992 年 10 月开始，张志纯等历时两年，进行了全面校勘整理，于 1995 年 3 月由甘肃文化出版社出版。其后，张志纯、郭兴圣、何成才等又进一步为此志做详细注解，于 2010 年在甘肃文化出版社出版《甘州府志校注》。"该校注本校点精审，注解详明，既给普通读者以极大的方便，又为地方史志研究者提供了丰富的资源，也为古旧方志整理工作树立了样板，是张掖古旧方志整理的重要成果。全书校点原文 50 余万言，'注释达 11507 条，45 万余字'。校注者不辞

① 张维：《陇右方志录》，北平大北印书局，民国二十三年（1934），第 22 页。

② 张志纯点校本共 793 页，其中"艺文"即占 296 页。

③ 张民林：《张掖修志举要》，载王国华主编《金张掖风情》，兰州：兰州大学出版社，1998 年，第 60 页。

辛劳，不计名利，十年不辍，终成此书，可谓用心至细，着力极深，其功至伟。”①

甘州明季成仁录

四卷，一册。清胡秉虔辑，存道光三年（1823）胡氏受经堂刻本。胡秉虔（1771—1840），字伯敬，号春乔，安徽绩溪人。嘉庆四年（1799）进士，历刑部主事、甘肃灵台县知县，后卒于丹噶尔厅同知任上。与胡匡衷、胡培翬并称清代经学“三胡”。著有《卦本图考》《尚书序录》《说文管见》《河州景忠录》等。是书为其在灵台县任上所作，述记明末守卫甘州身亡官绅的事迹。卷一列传，为林日瑞、马爌等五十四人立传，述其事略，重在死难。卷二忠烈祠位次记（附《新建忠烈祠碑记》《谕张掖县礼房》）。卷三、卷四附考，杂记异闻。

张掖县乡土志

存，收于《新修张掖县志》。李含菁著。李含菁，四川巴州进士，曾知张掖县事。该志分历史沿革、政绩、兵事三目，为四言韵语。总计六百八十一句，二千七百二十五字。记事至光绪二十一年（1895）。从体例和使用韵语看，当属清末乡土志盛行时对儿童进行爱乡爱国教育的乡土教材。

新修张掖县志

十二卷。存稿本。白册侯原纂，余炳元续纂。成书于民国三十八年（1949）。白册侯，字玉庭，张掖人。清光绪十九年（1893）举人。曾任秦州学正，后解职归田，主讲甘泉、觻得、河西讲舍各书院。余炳元（1880—1955），字善卿，张掖人。清廪生。民国九年（1920），选任甘肃省第三届参议员，旋署玉门县知事。后在张

① 何茂活：《古志校注，危乎难哉——〈甘州府志校注〉得失谫论》，《新疆地方志》2012年第3期。

掖县第四届各界人民代表会议上当选为常务委员会副主席。

此志卷首置图(张掖古城街巷名称寺庙分布示意图、甘州府城图、文庙图武庙图、万寿宫图、贡院图、甘泉书院图、上龙王庙图、观音山图、西武当山图、马蹄山图、提署图、府署图、张掖渠图、张掖县署图十五幅)、序文、弁言、明清两代修志之经过、凡例、总目、甘州咏四十韵;正文分大事记,地理志(晷度、位置、气象、疆域、山川、地质、城郭村堡、古迹、坟墓、物产十目),政治建置志(前代建置沿革、民国新建置二目),民族志(历史上之民族、现时之民族二目),社会志(社会团体、慈善机关、宗教组织、宗族制度、户口移徙、社会风俗六目),选举志(荐辟、进士、举人、武进士、武举人、拔贡、副贡、民国选举八目),营建志(城郭、鼓楼、街衢、牌坊、衙署、仓库、关堡、坛壝、庙宇、祠祀、佛寺、道观、园林十三目),财赋志(贡献、番贡、田赋、杂赋、仓储、货币、合作社七目),水利志(渠系、农官二目),交通邮政志(道路、公路、桥梁、驿传、水道、航空、邮政、电信八目),教育志(教育大事记、儒学、教官、生员、学额、考试、书院、书院山长、社学与义学、志学会、教育会、学田、教育宗旨之变迁、学校、民国二十八年度教育概况十五目),军事志(古今兵制沿革、马政、马价、屯田、边寨隘口、民兵、明代边患、甘州为西北边防上之重要地、明季甘肃边防与宣大通声九目),图书文博志(图书、金石、造像、机构四目),人物志(名宦、乡贤、忠节、孝义、文学、材武、艺术、隐逸、流寓、释道、烈女十一目),艺文志(史乘、方志、诗词、赋、楹联五目),变异赈济志(变异、蠲赈二目),拾遗志(帝王西幸及生于张掖者、名僧过往张掖者、割据、传说四目)等;卷末置跋语二篇。约三十万字。

关于此志的编者与版本,情况较为复杂曲折。叶桐村、王秉德有专文叙述考证,认为其"署名应该是'白册侯原纂(或原著),慕少堂删改,余炳元续纂'较符合历史的真实面貌"。其版本大体有两种:一是完成于解放前夕未及印行的稿本或抄本,张掖市档案馆、图书馆各保存一套(其中图书馆一套破损较严重),均使用毛边纸抄写,字迹工整娟秀;一是20世纪60年代上海古旧书店钢板刻印本,此本是被妄加删改后送上的。两相对照,后者较前者为简,遗漏或删削了一些有价值的史料,并且谬误之处较多。由于该志经多人增删修改,水平又参差不一，更无高手作最后统稿与校勘，以致错误百出。拿相关篇目与《甘州府志》对照，优劣立见。[①]

《三陇方志见知录》载："此稿记录近事甚为详实。水利、宗教、民俗、田赋、财政各编皆佳，又能删去旧志荒诞迷信各条至当。惟系创稿，卷目颇为凌乱，文字亦欠严整。"[②]

1996年以后，施生民等以刻印本为底本，参以抄本校勘整理，1998年由张掖市市志办公室印行。因原本卷目凌乱，这次整理还作了较大的调整，并对"原稿明显错误不合实事，令人疑惑的内容"加"校点者按"以说明。[③]

〔元〕山丹州志

佚。《大明一统志》卷三十七《陕西行都指挥使司》"风俗"条引《元山丹州志》载："崇尚释教。"[④]《嘉靖陕西通志·风俗》《乾隆甘肃通志·疆域》亦引。

〔道光〕山丹县续志

十卷。存木刻本和石印本，前者四册成书，后者三册成书。嘉庆十五年(1810)党行义创修，道光十一年(1831)黄璟续修，道光十五年(1835)成书。党行义，字双原，武功(今陕西武功县)人。举人，嘉庆六年(1801)任山丹县教谕。黄璟，字梅村，平定(今山西平定县)人。举人，道光七年(1827)至十三年间两度任山丹知县。

卷一世纪，概述清以前大事；卷二国朝纪略，概述清初至道光十五年间大

---

① 叶桐村，王秉德：《民国时期〈新修张掖县志〉的编者与版本》，载张志纯主编《张掖春秋》(第一辑)，张掖地区地方史志学会，1996年，第27—31页。

② 张令瑄：《三陇方志见知录》，载周丕显等《甘肃方志述略》，吉林省图书馆学会，1988年，第44页。

③ 《〈新修张掖县志〉整理出版后记》，载白册侯、余炳元著，施生民校点《新修张掖县志》，张掖市市志办公室，1996年，第500—504页。

④ 《明一统志》，影印文渊阁《四库全书》本第472册，上海：上海古籍出版社，1987年，第939—940页。

事;卷三地理,分疆域、沿革表、山川、古迹、名胜五目;卷四营建,分城郭、街衢、坛庙、公署、关梁、村堡、驿塘、墩铺、隘口、镇汛十目;卷五水利;卷六学校,分源流表、藏书说、义学志、兴文社四目;卷七人物,分官师、宦迹、乡贤、忠节、孝义、文学、耆旧、学行、孝友、技艺、烈女、隐逸、名将十三目;卷八选举,分科第、贡赋、文宦、武宦四目;卷九食货,分赋役、户口、度支、岁支、义仓、社仓、市易、风俗、物产九目;卷十艺文(附杂纂)。另附图十二,表四。约十一万字。

《中国西北文献丛书·西北稀见方志》以《山丹县志》为名收录影印。志前有纂修者山西平定举人、邑令黄璟及陕西合阳举人、山丹县教谕鲁俊所作序言。关于此志纂修者,黄璟序称:"丹邑事迹,统之府志,枣梨俱存张掖,每询事故,邑人士茫然不解,此目不睹乘志之故。……爰取府志,择详我丹邑之事迹者,别刊一编。更将钟太守既序之后,凡所未载者,分门续入,汇成一书,名曰《山丹续志》,付诸剞劂。"玩其语气,似为黄璟本人创修。然鲁序却称:"山丹旧无县志。前明郭太仆绅创修,采稽无多,杂于《甘镇志》中。国朝乾隆四十四年,补纂府志,仍附其内,故丹邑之专志缺如也。嘉庆十五年,前任广文武功党双原先生,尝以纂修为己任,业从府志中手录一册,另加编续。奈当事者弗之举,故有志未逮,终藏其稿于明经王君庭三家中。道光七年,山右梅村黄明府莅任,即有志纂修,惜首事人采访未确,所得仍复无几,暂寝其事。至十一年冬,王明经出家存双原遗稿,呈之黄明府,明府欣然,即其所编续者,逐类考核,略加润色,而向之略者详,缺者补,汇集成卷。"将修志过程交代得清清楚楚。对照两序可知,此志由党行义创修,黄璟续修成卷,故以"续志"名之。

张维评:"此志大抵剌取《甘州府志》《世纪》开端'导弱水至于合黎,余波入于流沙',次云'虞夏商雍州'。录《甘志》而于'导弱水'上遗落'陶唐氏'三字,遂致时代不明;以《官师》入《人物》,亦为不类;又以居延为'在县北大口子',则与东乐志俱沿《甘州府志》而致误也。"①

此志在光绪末已"罕有留者"。1993 年,马景宝等校点,内部印行。新疆库尔

① 张维:《陇右方志录》,北平大北印书局,民国二十三年(1934),第 110 页。

勒绿原报社王野苹曾著文，指出此志在一些历史地理名称上的舛误和混乱，如焉支山名称的由来、扁豆口和大斗拔谷、龙首山、弱水等。并认为在新的历史条件下，整理旧志，其中一些错误完全可以考辨清楚，但此整理本却没有下功夫，仍旧以讹传讹。①

〔光绪〕山丹县志

十九卷，十册。存抄本。巢凤冈修，陈兆麟撰。成书于光绪三十四年(1908)。卷首置凡例、总目、图(山丹舆地全图、山丹城图、县署图、文庙图、忠孝节义祠、仙堤学堂、儒学图)；卷一世纪，概述清以前大事；卷二国朝纪略，概述清初至光绪三十四年间大事(附蠲恤)；卷三天文(附星野)；卷四地理，分建置、沿革表、山川、水利、古迹、名胜六目；卷五疆域，分城池、街衢、坛庙、寺观、关梁、村堡、驿递、墩铺、隘口、兵防、巡警十一目；卷六至卷八人物，分封爵、名将、文学、选举、文宦、武宦、耆旧、流寓、隐逸、仙释、方伎十一目；卷九风俗(附方言)、物产；卷十贡赋，分户口、常平仓、社仓、义仓、度支、厘税、矿产七目；卷十一学校，分学堂、藏书说、学粮三目；卷十二名宦；卷十三乡贤；卷十四节孝，分忠良、孝子、义行、节烈、殉难士庶妇女五目；卷十五祥异；卷十六至十七艺文，分碑记、辨、引、说、赋、诗六目；卷十八杂记，收录艺文之外的杂文。甘肃省图书馆藏抄本现仅存八册，缺第四册和第六册，比山丹县所藏尚多二册。

《陇右方志录》载："此志史实多因袭旧志，无所考正。而分类视旧志为详。卷六、七、八已列人物，卷十三四又有乡贤、节孝，均以录本县耆旧，隔越断续，似失伦次。"②

此志没有序、跋一类的文章，也未附编纂者名录，故撰修者不详；张维也说：

---

① 王野苹：《整理旧方志须在考订史地上下功夫——兼评道光本〈山丹县志〉》，载张志纯主编《张掖春秋》(第三集)，张掖地区史志学会，2002 年，第 288—293 页。

② 张维：《陇右方志录》，北平大北印书局，民国二十三年(1934)，第 110 页。

“志首无撰人姓名，盖光绪末修通志时辑书也。”[①]但山丹陈全仁撰文说：“光绪三十四年(1908)，巢凤冈(江西新昌县进士)任山丹县知县期间，又组织有关人士续修县志，主稿人是本邑同治恩贡陈兆麟。”[②]不知有何依据。

暖泉水利志

一册。存石印本。民国六年(1917)张全贞印。此为目前所知张掖地区旧志中唯一一部专业志，弥足珍贵。有张全贞序一篇，透露此志一些信息：“暖泉坝之水源，出自青海山外，派分白石崖间……自古在昔，先民有作，其于上下坝之水利，区筹尽善，旧有水册，所载甚详。但代远年湮，现存者寥寥。因于民国二年，重修五闸龙王庙……询及岔河龙王庙之地址，册有图注……即欲重新印刷，奈本处交通不便，难望速成。幸余于今春进京应众议员之职，寄迹都门，恐日久册纸残缺，民无所考，遂出资付梓石印水册三百余册……。伏望诸君分给渠民，永为照例，行水不紊。”

1995年，山丹县地方志办公室以《道光山丹县续志》为主进行校点，并将其他地方志有关山丹的重要史料作了附录或补遗，以《道光十五年“山丹县志”附录补遗》为名成书，于1995年5月由河西印刷厂翻印。此书服务于社会，甚得好评。

东乐县志

四卷，四册。存民国十二年(1923)石印本。徐传钧修，张著常纂。徐传钧，字林九，湖北黄陂人，民国十年(1921)任东乐县知事。张著常(？—1922)，字子旂，东乐县六坝庄人。清末贡生。光绪三十三年(1907)于甘肃省优级示范学校毕业

---

① 张维：《陇右方志录》，北平大北印书局，民国二十三年(1934)，第110页。

② 陈全仁：《清代纂修〈山丹县志〉纪略》，载政协山丹县委员会《山丹文史资料》(第一辑)，政协山丹县委员会，1990年，第45—50页。

后，返回家乡，在原东乐仰止书院的基础上创建东乐高级小学堂，后任县议会议长。民国十年，主持纂修《东乐县志》，调查访问，废寝忘食，志稿未成，积劳成疾，于民国十一年病故。东乐县设置于乾隆十八年(1753)，初为张掖县丞，后设县，辖境约当今民乐县全部、山丹县东乐镇全部及甘州区安阳镇一小部分。民国十八年(1929)，迁移县城于洪水堡，更名曰"民乐"，遂沿用至今。民国十一年，徐传钧"虑一驿之大，政治之繁，非笔之于书，即无以考镜利弊得失，斟酌损益，俾资改进。于是征集名宿，搜采考证，创辑县志四卷"[①]。

此志扉页有"中华民国癸亥年竞业石印馆承印"的字样。卷首列修志姓氏、序言五篇、题词一篇，卷首凡例、舆图，卷一天文(星野、经度、纬度、太阳高度四目)和地理(疆域、形胜、沿革、里至、山川、村社、户口、保甲、田亩、赋则、杂税、物产、气候、水利、古迹、名胜、祥异十七目)，卷二建置(城郭、公署、学校、驿邮、祠庙、坛壝、社粮、实业八目)和兵防(营堡、关隘、烽墩、军制、粮饷、警察、保卫团七目)，卷三官师(县丞、游击、守备、把总、县知事、警佐、管狱员、奉祀官、名宦九目)和人物(乡贤、忠烈、孝义、贞节、选举、仕官、流寓、仙释、技能九目)，卷四风俗(四民执业、庐舍、衣服、饮食、婚嫁、祭祀、丧葬、岁时、宾师、番彝十目)和文艺(令、表、书办、碑记、序跋、诗歌六目)，卷末有跋。约七万字。

张维说："东乐为张掖县丞辖地，民国二年始改为县。此志剌取《甘州府志》张掖故实而以近事补之。"并指出："以田亩、赋则、杂税统入地理，殊失义类。"鸿汀先生还详细考辨了居延县、居延塞、居延泽、居延海和宁寇军的地望及相互关系，指出宁寇军"在甘州西北千里外，无可疑者。唐封略甚远，其防守今额济纳旗境，事至寻常"，此志沿用《甘州府志》之说，"不详稽其道里，而妄以东乐北数十里之地为宁寇军，转以《唐书》为误，弗考甚矣"[②]。

山丹培黎图书馆张乐著文介绍此志，指出其价值和不足，甚具见地。其价值有三：一是填补了东乐县志的空白；二是思想进步；三是较为全面地记载了

① 徐传钧：《东乐县志跋》，载徐传钧修，张著常纂，刘汶等校注《东乡县志》，兰州：兰州大学出版社，2009年，第1页。

② 张维：《陇右方志录》，北平大北印书局，民国二十三年(1934)，第108—109页。

民国初期东乐地区社会、政治、经济、文化等方面的情况，为我们今天了解东乐地区的历史地理沿革、政治社会管理、风俗习惯变迁等方面提供了重要的材料，具有较高的文献价值。不足亦有三：一是受当时条件所限，谬误较多，主要表现在《地理》篇中对“疆域”的介绍和“物产”的归类，往往出现文图相左、计算错误、归属不当、释名不准等现象；二是受时局的限制和旧志的影响，对人文方面记叙较多，而对经济方面记叙则非常简略；三是没有突出地域特色。①

创修民乐县志

十三卷，八册。存抄本。樊得春撰。成书于民国三十八年(1949)。卷首置照片、题词、弁言、序文、编纂大意、目次、衔名、总分图，卷一舆地志上(沿革、晷度、疆域、里至、村庄、山川六目)，卷二舆地志下(形胜、关隘、古迹、坟墓、地质、气候、物产、货物八目)，卷三民族志(民族种类、民族生存之因素、户口、开化程度、生活状况、宗教信仰、艺术娴习、家庭组织、宗族称谓、亲戚名称、朋友关系、宾客款待、教师尊重、社交往来、风俗习惯、土音、方言、农谚十八目)，卷四民生志(饮食、衣服、居住、行路、社会娱乐、人民疾病、卫生设备、救济事业、改善民生计划、推行合作事业实况十目)，卷五民政志(县政府、县议会、县党部、自治、保甲、警政、农田、水利、植树、保林、垦荒、司法、计政、赈恤十四目)，卷六财赋志(田赋、起运、税捐、杂款、差徭、货币、公债七目)，卷七教育志(教育宗旨之变迁、教育源流之考略、教育思想之革新、教育改良之方法、学宫、书院、学校、教育推行计划、教育款产、奖学金、社会教育十一目)，卷八建设志(城郭、县市、衙署、仓库、祠庙、厉坛六目)，卷九军政志(历代军制、边防、边墙、烽墩、堡寨、碉墩、兵役、粮饷八目)、交通志(道路、驿塘、邮政、电报、桥梁五目)、外交志(传教、禁烟、游历、采矿四目)，卷十职官志(官师、宦迹二目)、人物志(乡贤、耆宿、孝义、忠烈、贞节、仕宦、选举、流寓、仙释、艺术十目)、金石志(金属、石属、砖泥

① 张乐:《民国〈东乐县志〉的编纂与价值》,《档案记忆》2020 年第 8 期。

属、磨崖、塑像、壁画六目),卷十一历代大事记,卷十二文存,卷末附证误、补遗、跋语、勘误表。总计约十七万字。其中卷首照片、题词、总分图为预先设计,因限于当时条件和时间并未完成。卷末证误、补遗二目及勘误表,为将来纠正错误和补充新发现之材料所设,可谓考虑周详,用心良苦。

此志依照当时部颁体例编排,根据时代的发展增加了一些新的内容,并采取了一些新的编纂方法,又能借鉴《甘州府志》和《东乐县志》的经验,"以图、表、志、传为四纲,经纲统目,依类相从",十分科学合理。"凡诗歌文章,则分附于各本条之后,其无类可归者,别为文存一卷,自为一书,附志而行"[①],可谓独出心裁。并且资料翔实,内容丰富,不失为一部有价值的地方文献。然教育志所设"教育宗旨之变迁""教育源流之考略""教育思想之革新""教育改良之方法"等目非地方特有,泛泛而论,空疏无当。

此志与《东乐县志》合为一册,由刘汶等校注,2009年在兰州大学出版社出版。

临泽县采访录

不分卷,十一册,存抄本。临泽县志局编。编成于民国十八年(1929)。全书分人物(选举、循卓、文学、儒林、勇略、烈士、艺术、释道、流寓、忠节、孝义、隐逸、烈妇十三目),金石(修城、社学、屯田、寺庙、建置、开渠六目),民政(自治、警政、水利、保甲、民团、赈恤、庶政七目),财赋(贡赋、仓储、社粮、税捐四目),物产(谷、蔬、果瓜、花、木、草、药、鸟、兽、鳞、虫、畜、货十三目),交通(驿传、抚彝驿丞管理、道路、河运、邮务、邮政六目),艺文(诗词、水利文书二目)等。共七类五十一目,约五万字。

张令瑄说此志"记述详明,而又少浮辞,文字较县志(指《创修临泽县志》)为简练,为当时调查册中之佳者"[②]。言简意赅,中肯允当。

---

① 《〈创修民乐县志〉编纂大意》,载樊得春《创修民乐县志》,1949年抄本。

② 张令瑄:《三陇方志见知录》,载周丕显等《甘肃方志述略》,吉林省图书馆学会,1988年,第44页。

新修临泽县水利志

一册。存稿本。此志仅二十页，无撰人名氏等项，极简陋。仅记临泽县境各泉源、水渠。又收乾隆四十二年（1777）至民国时期水利碑记六篇，最后一篇为《板桥惠农渠之新开》，记民国十八年（1929）秋修建惠农渠事。其编撰时间约在民国十九年（1930）。

创修临泽县志

十四卷，四册。存民国三十一年（1942）兰州俊华印书馆铅印本。章金泷修，高增贵纂。高增贵（1886—1953），字季良，临泽人。民国时曾任临泽县教育局长。封面为高一涵行楷题签，封内扉页又有高一涵隶书题名，均雅致美观。卷首置序七篇及编纂大意、衔名、总分图（一幅全图，六幅乡镇图），卷一舆地志（沿革、太阳高度表、经纬度分秒章表、列宿缠次表、疆域、山川、形胜、隘口、古迹、地质、气候、物产、物价调查表、谷价调查表十四目），卷二建置志（县城、廨署、仓库、寺观四目），卷三民族志（汉族、黄番、蒙古、哈萨克四目），卷四民生志（民生、道路、平民工厂、因利局、农贷五目），卷五水利志（河水、泉水、临泽县水利调查表、渠口、水利碑文、甘肃省临泽县振兴水利计划大纲、森林七目），卷六民政志（县政府、自治、司法处、警政、保甲、民团、禁政、国民精神总动员及新生活、卫生、赈恤、计政十一目），卷七财赋志（田赋、税捐、县地方款、公债、金融涨落调查表五目），卷八教育志（教育一词之语源、教育宗旨之变迁、书院、义学、学校、民众教育与社会教育、教育经费、课程及教材、教师节、儿童节、临泽县在外毕业生一览表十一目），卷九职官志（官师、武职、官制、循卓四目），卷十军政志（军制、兵马粮料、边防、边墙、墩堡、堡寨、马政、兵役、临泽县防空监视哨九目），卷十一交通志（道路、驿站、桥梁、邮政、电报五目），卷十二耆旧志（历代选举表、文科表、武科表、民国选举表、文学、孝友、逸民传、列士传、流寓、勇略、忠节、烈士、节妇、男女殉难姓名、方技、释道十六目），卷十三金石志（金器、石刻、造像三目），卷十四纪事志（历代戎事、变异、文存三目）。约十五万字。

《三陇方志见知录》评：“此志水利、财赋及物价表各篇甚佳。民生志似可分入财赋、民族二志。森林无多，可附于物产，教育多录全国通令，可择著有关本县者。人物分目凌乱，纪事全袭府志，而非尽属于临泽者。文存直可全删。临泽原无县志，而此志又草率付印，甚期县人出而补订之也。”①

1997 年，张志纯先生开始校点此著，至 2001 年由甘肃文化出版社出版，并收《临泽县采访录》。张先生归纳此志有四大突出特点：详记临泽之水；突出财税田赋；形象表述物产；专志民族事务。又指出其中存在的瑕疵：漏记“昭武九姓”；使用违碍民族尊严之语；卷册编序欠妥；度量衡不统一；文字表述多有与志书体例不合者。②非经焚膏继晷，穷年披览，不能有此精辟之论。

此志艺文散编于相关内容之中，原著未设专卷收录编辑，为方便读者查阅，这次校点还特意编制了《艺文索引》，进行了深度整理，十分难能可贵。

〔万历〕高台所志

佚。《陇右方志录》载：“《肃州志》引有高台万历中旧志。《乾隆通志·疆域》引有《高台所志》，又引有《高台志》。”③

〔乾隆〕高台县志

六卷，六册。存抄本和刻本。乾隆二年（1737）肃州分巡道黄文炜纂修。此志为《重修肃州新志·高台县》。卷一建置沿革、疆域、城池（所属城堡）、山川、古

---

① 张令瑄：《三陇方志见知录》，载周丕显等《甘肃方志述略》，吉林省图书馆学会，1988 年，第 44 页。

② 张志纯：《整理校点〈创修临泽县志〉后记》，载高季良总纂，张志纯等校点《创修临泽县志》，兰州：甘肃文化出版社，2001 年，第 541—558 页。

③ 张维：《陇右方志录》，北平大北印书局，民国二十三年（1934），第 111 页。

迹、水利六目;卷二户口、田赋(续增)、屯田三目;卷三公署、学校、祠庙、坛壝(所属城堡、公署、祠宇、仓场类)、驿传、桥梁六目;卷四风俗、物产、职官、名宦、营制五目;卷五边墙、关隘、汛地、烽堠、水头五目;卷六选举、人物、孝义、节妇、文、诗、属夷七目。计三十二目。约七万字。

〔民国〕新纂高台县志

八卷,四册。存民国十四年(1925)石印本。徐家瑞纂修。卷首置序七篇、修志衔名、凡例,并附舆地全图和县城平面图;卷一舆地上(分野、沿革、疆域、形胜、山川、水利六目);卷二舆地下(关隘、桥梁、古迹(附边墙)、户口、风俗、气候、物产七目);卷三建置(城池、衙署、乡堡、仓廒、驿传五目),田赋(赋税、粮草、税捐、俸费四目),祀事(坛、庙、祠、寺四目),兵防(营制、警察、汛地、烽墩四目);卷四学务(学额、学款、书院、义学、学校五目),实业(商务会、农务会、林业会、农业试验场、棉业改良社、工艺传习所六目),官制(文职、武职、宦迹三目);卷五选举(科甲、五贡、省议员三目),人物(仕进、善行、绩学、忠义、孝行、方术六目);卷六烈女(节妇、贞烈二目);卷七艺文上(疏、传、记三目);卷八艺文下(序、赞、碑志、辨、书、文、诗、歌、赋、词十目);卷末杂录(灾异、祯祥二目)及修志收款。约二十二万字。

《陇右方志录》载:“高台旧志久佚,《肃志》所附又多略误。此志采摭颇详,于水利枝干纪载尤备。惟多用公牍旧文,时近肤浅。又《北史》《周书》均有《史宁列传》,宁为建康表氏人,家世显达,至宁为周勋臣,功伐甚盛,此志竟漏未采及。”①

此志于1998年由张志纯等校点,与《重修肃州新志·高台县》及《高台县要览》一起汇集成《高台县志辑校》,由甘肃人民出版社出版。此整理本操作方法科学合理,装帧设计典雅庄重,朴素大方,既严谨规范,又独出心裁,颇多创获,

① 张维:《陇右方志录》,北平大北印书局,民国二十三年(1934),第111页。

为旧方志的整理提供了可资借鉴的宝贵经验。尤其是，此志原印本多俗字、古字等怪僻异体字，辨认十分不易，然对照整理本，误释误用者极为罕见，说明整理者功力不浅，且治学态度严谨，使此整理本成为质量上乘的一部力作。又，该书《后记》可为研究高台三种旧志的一篇专论，有较高的学术价值。王野苹有专文《三部"旧籍"合一刊，一篇"后记"有风情——赞〈高台县志辑校〉》载《张掖春秋》第三集，标题概括精要，内容丰富，议论言之有据，值得参看。

高台县要览

一册，存石印本。冯周人编。成书于民国三十六年(1947)。分沿革、疆域、地形、气候、人口、民族、交通、物产、地亩田赋、水利、城镇、古迹与名胜、乡贤事略等十三章。卷首置冯周人《弁言》，卷末为高台县界碑。大抵依当时国民政府颁发的纲要编辑，所填写的内容也大多仅为民国三十六年当年的一些资料，内容苟简，且表与表之间数据多不吻合。但建置沿革记述较详，具有一定的参考价值。[①]

① 王野苹：《清水出芙蓉，天然去雕饰——简评清顺治杨春茂〈重刊甘镇志〉》，载张志纯主编《张掖春秋》(第二集)，第552页。

武威古旧方志

〔天启〕凉镇志

佚。明天启六年(1626)分巡道通许王顺行修。《重刊凉镇志序》载:“凉州旧志,修自蒲坂杨公,观成于西平王公。”《五凉志》载:“分巡道杨俊臣天启二年任,创修《凉镇志》;分巡道王顺行天启六年任,创修《凉镇志》。”《五凉志·张昭美序》载:“凉自前明改为卫所,旧有镇志,经始于蒲坂杨公、陈留王公。草创之初,规制未备。”据此,张维推断:“凉志、张序均云俊臣、顺行创修镇志,考其任期,则相去四年。疑俊臣草创而顺行成书,故录顺行。”①

〔顺治〕凉镇志

八卷,四册。存原刻本。清顺治十四年(1657)西宁道苏铣修纂。苏铣,河北交河人,清顺治三年(1646)进士。由卫辉府推官行取监察御史职,巡按山西。顺治十二年(1655)官西宁道,修纂《西镇志》八卷。

第一册图,第二册武威,第三册永昌、镇番、古浪,第四册疏、赋、诗。其中第

① 张维:《陇右方志录》,北平大北印书局,民国二十三年(1934),第19页。

二、第三册各分地理志七目，建置志六目，官师志二目，兵防志五目，岁计志五目，人物志七目，共三十六目。书口题“丁酉重刻凉镇志”字样。

该志是在《天启凉镇志》的基础上求遗补阙，重新编撰的。《陇右方志录》载：“此志所载，沿革时有错误，而兵防、岁计两志，颇为详备。”[①]

中国国家图书馆有存，已成孤本，迄今未见有整理本问世。

五凉全志

五卷，五册。存原刻本。清乾隆十四年(1749)武威张玿美总纂。张玿美，字昆岩，武威人。雍正元年(1723)应孝廉方正荐举，任广东惠来县知县，后升廉州府知府、雷琼道。因亲老辞官回家，携带书籍数千卷，曾赠武威书院“十七史”等九百五十五册。著有《濯砚堂诗钞》行世。生平事迹见潘挹奎《武威耆旧传·张氏三征士合传》。

该志全名为《五凉考治六德集全志》，包括武威、镇番(今民勤)、永昌、古浪、平番(今永登)五县的县志。各志内容均按地理、建置、风俗、官师、兵防、人物、文艺等七篇编写。记述了上自唐虞，下至清朝中期数千年间凉州地区历史沿革、天文地理、政治军事、经济物产、民族宗教、风土人情、文物古迹、文化艺术等方面的史实。体例得当，内容丰富，叙述别致。集资料性、知识性、可读性为一体，具有浓郁的地方特色，是凉州地区历史发展真实的反映，当时问世后即成为享誉很高的志书。

但也存在一些问题。清道光年间镇番知县许协谓其“略而不全，缺焉未备”[②]。张维在《陇右方志录》中也有详尽的讨论：“志列玿美总修，而义例则出凉庄道张之浚。之浚自序谓‘依《武功志》定为七篇’，惟水利、兵防稍为详尽，余皆简略已甚。沿革、建置尤多疏误。于凉州大事，如前凉、北凉建国始末，明代行都

---

① 张维：《陇右方志录》，北平大北印书局，民国二十三年(1934)，第20页。

② [清]许协《镇番县志序》，载《中国西北文献丛书·西北稀见方志》(第48卷)，兰州：兰州古籍书店，1990年，第3页。

司初驻庄浪，清武威、庄浪驻防制度及河西屯粮、累民之政皆无详悉纪载，或竟遗漏；而高自标榜，以为立治者展卷了然，即其类以求之，自必有得乎。最当者以是为敬事，以是为以道事君。玿美则极口称誉，以法宗先正，语本圣经，真不知与志乘有何相关也。至所谓考治六德者，盖将以是为考治之书。取《周礼》智、仁、圣、义、忠、和六德，卷系一字：武威为‘智’集，镇番‘仁’，永昌‘圣’，古浪‘义’，平番‘忠’，而以之浚所著学道编为‘和’集。然今行本皆五集，盖以迂怪太甚，印书者早弃置之矣。”[①]推断分析，入情入理。

原为木刻本，且存世较少。1996—1998 年，甘肃省地方史志办公室副主任、省地方史志学会会长张克复主持校注，1999 年 6 月由甘肃人民出版社出版。

凉州府志备考

四十卷。存原稿。张澍辑著。

张澍对地方志极为重视，不仅撰写过大量有关地方史志的文章，还在贵州、四川等地任职时，先后纂修有《续黔书》《蜀典》《大足县志》和《泸溪县志》等方志。嘉庆十三年至十五年(1808—1810)，他主讲兰山书院时，编纂《五凉旧闻》四十卷，晚年寓居西安时又作《凉州府志备考》。

全书包括地理、山水、物产、详异、古迹、职官、大事记、遗事迹、人物、流寓、艺文、西夏纪年等内容，共四十卷，凡四十余万言。搜集之详尽，内容之丰富，实为有关凉州、武威地方史志不可多得的珍贵文献。

该书成稿后未刊行，《陇右方志录》没有著录，冯国瑞于 1935 年编辑而成的《张介侯先生年谱》也没有提及，可能是当时都未能见到。1963 年，陕西博物馆入藏张澍未刊遗稿二十多种，其中即有《五凉旧闻》和《凉州府志备考》。[②] 1986 年，武威市市志编纂委员会办公室曾组织校点，与此事者有杨常青、田多

---

① 张维：《陇右方志录》，北平大北印书局，民国二十三年(1934)，第 19 页。

② 赵尔巽撰，李鼎文笺证：《张澍传》，《甘肃师范大学学报》1964 年第 1 期；又见李鼎文：《甘肃文史丛稿》，兰州：甘肃人民出版社，1986 年。

淑、党寿山、谢春峰、张长生等人。书成后简体竖排，分上、中、下三册印行，无版权页及工本费等内容。1988 年 8 月，三秦出版社又出版周鹏飞、段宪文点校本，繁体竖排，质量较佳。

五凉旧闻

四十卷。存原稿本。张澍著。《张介侯先生年谱》“嘉庆十三年戊辰，二十八岁”条载：“居兰州。主讲兰山书院。《五凉旧闻》成，凡四十卷。”引《二酉堂丛书自序》：“往予主讲兰山书院，谭艺之余，锐心文献，纂《五凉旧闻》四十卷，网罗放失，颇资考证。”又引《养素堂文集·五凉旧闻自序》：“凉州为金天奥区，自汉武开辟，刺史宣化，名贤鹊起。洎五代割据，张氏四世忠晋，多士翳荟，郁若邓林，往籍可按已。隋、唐之际，尚多伟人，迨宋、元则荒伧已甚。我朝文教覃敷，玉关以西，黉序莘莘。凉州甲科，鳞次不绝，人文蒸上，而读书士夫，莫规远大。乡贤之品高学茂，堪为师范者，不惟不率，而叩以姓氏，或且瞢如。余惧前哲芳徽，日就藟落，而学侣姱修，罔知考镜，因于翻阅所及，辄著录之。物诞事奇，扩益见闻，亦杂记焉。”[①]《陇右方志录》载：“此书原稿今存张氏后裔，清光绪中，甘督陶模欲索取刻行之，张氏不愿而止。(见模与李于锴书也)”[②]此稿现藏西安碑林博物馆，学者每以“无由得见”叹之。

秦音

张澍著。张澍，字介侯，甘肃武威县人。乾隆甲寅乡举后留京肄业。嘉庆己未进士，选翰林院庶吉士，散馆，授贵州玉屏知县。旋代理遵义，颇有政绩。澍以亲老欲迎养，不果，谢病旋里，主兰山书院讲习。嘉年十五年(1810)起病赴选，

---

① 冯国瑞：《张介侯先生年谱》，载武威政协市委员会《武威文史资料》(第一辑)，政协威武市委员会印行，1989 年，第 50 页。

② 张维：《陇右方志录》，北平大北印书局，民国二十三年(1934)，第 117 页。

援告近例，得铨选四川屏山知县。此后，调署大足、铜梁、南溪等县。丁艰归，起复，授江西永新、泸溪县。道光乙酉，丁母忧。服阕，改陕西武功县，有惠政。后卒于陕。澍性直方，博学强记，于书无所不读，精考据，为海内名家。所至辄征文考献，尝修屏山、大足、泸溪各县志乘。著有《续黔书》《二酉堂丛书》《姓氏寻源录》《辨误》《说文引经考证》《秦音》等二十多种书刊行于世。武威主事潘挹奎曰："其《姓氏寻源》、《辨误》二种，经学、史学、谱学一以贯之，前此未尝有也。"长安尚书允升谓"其宏材显学，唏渊颉云，一时讲汉学者，无不推崇云"①。

《秦音·小序》云："昔杨伯起作《关辅古语》，荀爽作《汉语》，惜其书不传。今去古尘邈矣，其事物称谓屡经变更，然寻其指归，多沿于往昔，亦有凡猥俗子随意杜撰，无复典实，究其极亦方言之绪也。"可知编著《秦音》的目的：虽古今称谓已殊，但"寻其指归，多沿于往昔"，对某一词语若作"历史渊源"的考释，便涣然冰释；虽凡猥俗子随意杜撰，无复典实，"究其极亦方言之绪也"——这些词语跟方言有非常密切的关系。这后者即关乎本书之命意所在："曰'秦音'，亦谓此吾秦人之语云尔。"依地域而言，张澍是河西走廊人，河西走廊在晋代就被称之为"西秦"——"西秦，酒泉、敦煌、张掖是也"②。按方言而言，"陇音"与"秦音"无甚相远，"陇音"蕴含在"秦音"之中。如甘肃镇远慕少堂(1875—1948)纂修的《甘宁青方言录》(民国稿本)序中说："清道光时武威张澍取群书，为秦陇人口吻者札记之，为一编目曰《秦音》，而陇音在其中矣。"

《秦音》收字八千五百余字，词条三百四十二条，涉及专著五十三部(册)。书的最后部分辑录了陕西《临潼县志》《延绥县志》等志书中的方言词语。

《秦音》辑录方言语词的体例很简单，大部分是直接抄录，不加按语，少数则加按语(原书作"桉")略作分析或增加书证。

《秦音》的价值表现在两个方面：一是文献学价值，一是语言学价值。文献学价值是辑录了众多的秦陇方言词语，为方言研究者搭建了一个资料平台，以

---

① 见《王烜诗文集》下册之《张介侯传》，有节缩。

② 见《方言》郭璞注。

免在上述五十多种文献中增翻检之劳。语言学价值表现在两个具体方面：一是从《秦音·小序》及诸多“按”语中反映出了作者对“秦音”总体特点的把握，如“秦地处仲秋之位，……色音中商，其言舌举而仰，声清而扬”(《小序》)是说地处西方的秦人，说话尖音较少，复元音多，开口度大，声音洪亮。这跟现今的甘肃方言亦多吻合，征之以秦腔说唱，更能说明其特征。一是在记录的具体语词中透露出了“秦音”的发音特点，如《秦音》引李肇《国史补》曰：“关中人呼‘稻’为‘讨’，呼‘釜’为‘付’，皆讹。所习亦曰坊中语。”“稻”为定母仄声字，这类今读塞音塞擦音的中古全浊字，今北京话是平声送气仄声不送气，而在今秦陇话中皆为送气音。从《秦音》引李肇《国史补》可知，关中话至少在唐代就是送气的。再如《秦音》引《临潼县志·方言》曰：“以父为达，以大为朵，以地为剃，以了为老。”其中“地”为定母仄声字，读“剃”。虽然今临潼人已不再发送气音了，但我们能确知在清代中前期临潼话还是读送气音的。这些资料，为我们研究关陇语音的历史演变提供了可靠的依据。①

《秦音》现见于《明清未刊稿汇编初辑》屈万里、刘兆佑主编之《张介侯所著书》第十七册，1976 年 7 月初版，据国立中央图书馆珍藏明清未刊稿本影印，联经出版事业公司 1976 年影印版。

陇右方言

十卷，一册。李鼎超著，成书于民国十八年(1929)。李鼎超(1894—1931)，字酝班，武威人。曾任甘肃省通志局分纂，撰《方言》《水道》二志，后又应兰州中山大学之聘，讲授文字学。民国十年(1921)，受父亲委托，编纂《武威县志》，至去世前，已完成者有《人物志》《艺文志》《金石志》《方言志》。其中《方言志》为鼎超先生得意之作，从草创到脱稿历时十年，“初名《武威方言》，然言不可以县

---

① 莫超：《〈秦音〉及清代方志中的甘肃方言》，《河西学院学报》2008 年第 3 期。

域，因更名《陇右方言》，盖李唐之初，武威隶陇右道也”[①]。

全书卷首有《自序》，卷末置《自跋》。正文体例依章太炎《新方言》，分释词、释言、释亲属、释形体、释器、释宫、释天、释地、释动物、释植物等十卷，共一千二百一十四条。

鼎超先生撰此方言志，不仅仅为志一方之言，而是治小学，喻大旨。他说：“治国学必习小学，小学之最切用者在方言”“樵夫牧竖之口，往往有三代雅辞存焉。”[②]而章太炎先生曾在《新方言序》中写道：“读吾书者，虽身在陇亩与夫市井贩夫，当知今之殊言不违姬汉。即升于皇之赫戏，按以临瞻旧国，其恻怆可知也。”[③]于此可知，鼎超先生研究方言，撰此方言志，不仅其体例依《新方言》，其学术精神亦与太炎先生一脉相承：为了证明姬汉的传统犹在，中华民族的优秀传统不会消灭。[④]

《陇右方言》即着力在甘肃（侧重河西）方言中考索保存至今的古代词语和古音，沿波讨源，运用古今声韵转变的规律，博采《尔雅》《方言》《说文》及经传典籍加以证明。其中考证精当、发前人之未发者，随手可举。如形容花儿“红丢丢”，太阳“红丢丢”，“丢丢”之本字，即《诗·桃夭》“灼灼其华”之“灼灼”，“灼”古音读如“丢”。又如“我们”之“们”，古无此字，实即“辈”字之声转。“辈”“伟”同在灰部，唐宋时有“儿郎伟”之语，宋楼钥《跋姜氏上梁文稿》云：“所谓‘儿郎伟’者，犹言‘儿郎懑’。”又云：“‘懑’本音‘闷’，俗音‘门’，犹言‘辈’也。”

著名语言学家黎锦熙对此书大加赞赏，曾力促出版之事。语言学家铁鸿业教授评价此书“对研究小学、字源，提供参考资料，价值尤为卓越”。天水师范学院雒江生教授则把李鼎超和李恭相提并论，视为章黄学派在甘肃的传人，将其成就置于民国时期国学研究的大背景下讨论，称此著与李恭《陇右方言发微》

---

① 李鼎超著，李鼎文校点：《陇右方言》，兰州：兰州大学出版社，1988 年，“自序”第 6 页。

② 李鼎超著，李鼎文校点：《陇右方言》，兰州：兰州大学出版社，1988 年，“自序”第 6 页。

③ 章太炎：《新方言》，载《章太炎全集》（七），上海：上海人民出版社，1999 年。

④ 伏俊琏：《〈梦槐庵丛稿〉后记》，载李鼎文《梦槐庵丛稿》，兰州：甘肃教育出版社，2005 年，第 333—334 页。

“皆有益于考证方言本字”[①]。

此著在鼎超先生生前未能刊行。至“文化大革命”，古槐堂三世遗稿荡然无存，唯此著手稿因鼎超子继福保存于天水师范寓所而未遭劫夺。1986 年，西北师范学院彭铎先生主编《陇右文献丛书》，将其列入计划，李鼎文先生即着手整理，“凡书中征引之文，皆逐条核对”[②]，校点后请著名文献学家胡道静先生作《跋》，鼎文先生写了《校点说明》和《后记》，约人用钢笔抄写，于 1988 年 1 月由兰州大学出版社影印出版。

武威县志

佚。《陇右方志录》：“《乾隆通志·风俗》引有《武威县志》。”[③]

〔乾隆〕武威县志

一卷，一册。存。张玿美修，曾钧、苏暻纂。曾钧，字万楼，湖广湘潭人。乾隆间任凉州府经历。苏暻，字元晖，武威人。雍正八年(1730)进士，曾任山西文水县知县。

此志系乾隆十四年(1749)刻《五凉考治六德集全志》本。其中地理志十四目：星野、沿革、疆域图并说、里至、山川、村社、户口、保甲、田亩、赋则、物产、水利图并说(井泉桥梁附)、古迹、祥异；建置志六目：城郭、公署、坛壝、学校、驿传、寺观；风俗志三目：士农工商执业、婚姻祭祀丧葬宾师岁时伏腊礼仪、番夷回类(仙释附)；官师志二目：官秩、名宦；兵防志五目：营堡、关隘、烽墩、军制(马匹、戎器附)、粮饷；人物志五目：乡贤、忠孝、节义、选举、流寓附；文艺志四

① 雒江生：《论国学与国学研究》，《天水行政学院学报》2000 年第 1 期，第 46 页。
② 李鼎超著，李鼎文校点：《陇右方言》，兰州：兰州大学出版社，1988 年，“校点说明”第 6 页。
③ 张维：《陇右方志录》，北平大北印书局，民国二十三年(1934 年)，第 106 页。

目:议疏、碑记、诗歌、技能附。

该书《地理志》中记载了当时全县人口二十六万三千三百六十口,耕地一百一十五万一千八百八十五亩。这些都是第一手的史料,值得珍视。《建置志》中记载了城郭、公署、学校、寺观等设置的情况。如大云寺、清应寺、罗什寺,在1927年武威大地震后,已全部荡为云烟,但在书中都有记述,特别写明"有塔",为以后重建提供了可靠的依据。《风俗志》中记载了"亲迎用妇人靓妆前导,送者亦如之"这一奇异的婚俗,为民俗学的研究提供了有用的资料。《官师志》中写了一些好人好事,如康熙时凉庄道武廷适捐资创立成章书院等。《兵防志》中写了营堡、关隘、烽墩等军事设施,反映了当时官方对边防的重视。《人物志》中记叙了许多本籍名人的事迹,至今仍有教育意义。《文艺志》中选录了许多篇诗文佳作,其中元人虞集的《亦都护高昌王世勋碑》,叙述回鹘人的起源和流派,史料价值很高。

此书在乾隆十四年(1749)编成之后,《人物志》部分又有续写,一次是道光五年(1825),一次是咸丰五年(1855),增加了诸多忠臣、孝子、烈妇甚至忠义仆妾。李鼎文认为这种陆续增添项目和人数,是对原书不负责任的做法,显然是不妥的。①

1996年,受武威市志编委会办公室副主任张长生委托,李鼎文先生校点了全书,并写出校勘记共105条,汇成专文《〈乾隆武威县志〉校勘记》,2005年由西北师范大学伏俊琏教授编入《梦槐庵丛稿》。

武威韩氏忠节录

一卷(附诗录一卷),清张澍纂辑。韩氏,指武威韩嘉业父子。韩嘉业之父韩增寿官凉标千总,在平定金川的战役中战死。韩嘉业累官至陕甘督标游击,于

① 李鼎文:《〈乾隆武威县志〉校点后记》,载李鼎文《梦槐庵丛稿》,兰州:甘肃教育出版社,2005年,第122—124页。

嘉庆四年(1799)在与四川农民军的战斗中阵亡。其兄韩自昌任庄浪协副将,后阵亡于盩厔。朝廷下诏在武威建双烈祠,以加旌表。《清史稿》卷八十九有《韩嘉业传》。张澍有感于韩氏一门忠义,遂辑录相关文献成《武威韩氏忠节录》。此书内容有三部分:公文,包括诰命、奏文等;韩氏家传;韩氏诗文。张澍另撰写有书序,对他人的祭文也有收录。韩嘉业之子韩振先在道光年间曾任川北镇总兵。张维《陇右著作录》将此书著录为韩振先撰,可能是张澍纂辑此著时,资料主要得之于韩振先之故。今人白玉岱《甘肃出版史略》又著录为"韩奉先撰",不知何据。[①]今存嘉庆年间韩氏刻本,《中国西北文献丛书》收录。

武威耆旧传

四卷,一册。存原刻本。潘挹奎著。潘挹奎(1784—1830),字太冲,号石生,又号凫波,武威人。嘉庆十四年(1809)进士,官至吏部考功司主事。平生著述较多,"如《论论语》《诗文集》《杂著》,不下百余卷",惜大多没有刊行,身后散佚不少。[②]独《武威耆旧传》赖张澍刻印,得以流传于世。另有《燕京杂咏》和《文集》二种曾在武威李氏古槐堂珍藏,后由李鼎文先生捐赠甘肃省图书馆。

《武威耆旧传》为清初至嘉庆间武威名人共六十人立传。晚清武威学者李于锴为《潘挹奎传》,云:"挹奎既以文学知名,久居京师不得调,益淬厉为诗、古文以自娱,而尤留意乡邦文献。尝所著刊行者,《武威耆旧传》六卷。武威自乾、嘉以降,彬彬多文学士矣,然无有捃桑梓旧闻,勒成一家者,辑录少,传信难也。或家牒私录,秘不示人,中更兵燹,沉失无可踪迹;或其人本有声绩,隐见史册,询其孙曾,乃不识何代人;或高躅绝轨,遗世独立,人轻东家丘,轻相訾謷。非挹奎仁心为质,一一掇拾而褟著之,草亡木卒,其何幸焉!"[③]《陇右方志录》载:"传

---

① 白玉岱:《甘肃出版史略》,兰州:甘肃人民出版社,1995 年,第 264 页。

② [清]李于锴:《潘挹奎传》,载李于锴《李于锴遗稿辑存》,兰州:兰州大学出版社,1987 年,第 18 页。

③ [清]李于锴:《潘挹奎传》,载李于锴《李于锴遗稿辑存》,兰州:兰州大学出版社,1987 年,第 18 页。

载清代耆旧，自李栖凤至挹奎家三学博传，皆详整有史裁。然李栖凤以故明总兵降清（见李于锴《栖凤别传》），挹奎略而不书。作书清时，难免避护，未若于锴奋笔易代之后，得以直道行也。”①张澍刻印此著时，曾为之作序。清代私家撰述的各类志书很多，梁启超在《清代学者整理旧学之总成绩——方志学》中，将这些著作区分为七类，其中第三类即专记人物者，如潘力田《松陵文献》、刘毓松《彭城献征录》、马其昶《桐城耆旧传》、徐世昌《大清畿辅先哲传》等，潘挹奎此著亦是其中质量上乘且独具特色者。

牛锦堂先生行略

一册，清张敏行撰。张敏行，生卒年不详，字勉斋，原名拱辰，陇西（今甘肃陇西县）人。道光二十五年（1845）进士，任四川隆昌令，有循良之誉，后在汉川书院主讲十余年。生平见光绪《甘肃新通志》卷六十七《人物志》、民国《甘肃通志稿》卷九十《人物八》。牛锦堂，即武威牛鉴，曾任两广总督。是书介绍牛氏的生平事迹。甘肃省图书馆藏有清同治二年（1863）刻本。

劲草知非琐记

一卷，清聂守仁撰。聂守仁（1865—1936），字景阳，镇番（今甘肃民勤县）人。清末廪生。有志改革，辛亥革命时任同盟会甘肃《大河日报》主笔，被捕入狱。其后执教兰州各大中学，曾任大通县长。辛亥革命后任甘肃省印刷局局长，参与《甘肃通志稿》的修撰。所著有《甘肃三十年事略》四卷、《景阳诗文集》《旅雁声诗草》一卷、《壮游纪程》一卷、《毋忘斋笔记》一卷、《劲草知非琐记》一卷、《书法训子录》一卷、《武技见闻录》一卷。《陇右著作录补》附张令瑄按语云：“守仁所著多稿本，未见刊行。又辑有《甘肃边防志稿》及《大通县风土志》各一卷，

① 张维：《陇右方志录》，北平大北印书局，民国二十三年（1934），第 119 页。

皆方志家言。”此书又称《知非斋琐记》，主要记录作者的人生经历及追求，“拉杂记录，编年为次”类似“自作年谱”。《陇右著作录补》著录稿本一卷，并附录聂守仁自序一篇。郭汉儒《陇右文献录》卷二十四著录为《知非琐记》，并附作者自序。

武威段氏族谱

四卷，目录一卷，段永恩纂。段永恩，字季承，武威（今甘肃武威市凉州区）人。光绪二十七年（1901）举人，在新疆为官多年，民国初年曾担任孚远县（今新疆吉木萨尔）知事，还担任过《新疆图志》的分纂。《武威段氏族谱》始修于光绪四年（1878），有民国三年（1914）武威段氏多寿堂铅印本四册，首载宣统三年（1911）段永恩自序，主要介绍甘肃武威段氏从起源至清末民初世系、分支、人物、古迹等情况。今甘肃省图书馆藏有民国三年武威段氏多寿堂铅印本。

〔民国〕武威县志

佚。《凉州府志备考·校印前言》云：“解放前武威地方人士唐发科、段永新、赵士达等，曾纂修了一部《武威新县志》，已经定稿，准备印刷，适值武威解放，遂被搁置。其后经历次运动和十年浩劫，书稿已全部遗失。”①

关于此志的纂修者，查阅相关资料可知：唐发科（1879—1955），字榴亭，清末为廪膳生员。1915 年起从事小学教育，办学有成就，影响较大。1951 年后任武威县副县长。②他曾于 1933 年秋在高昌乡石碑沟村访得《元亦都护高昌王世勋

① 武威市市志编纂委员会办公室：《凉州府志备考校印前言》，载张澍辑《凉州府志备考》，武威市市志编纂委员会办公室校印，1986 年，第 5—6 页。

② 田多淑：《武威历史上几位热心教育的人》，载《武威文史资料》（第四辑），政协武威市委员会印行，1996 年，第 81—94 页。

碑》,并移至民众教育馆。[①]该碑现存武威文庙,左侧有贾坛和唐发科刻写的跋文。段永新是武威望族段氏家族后人,“经历了清末、民国和中华人民共和国三个不同的历史时代,先后但任过许多职务……热心公益事业,募捐济贫,保护文献文物,撰修县志”,曾任甘肃人民政府委员和监察委员。[②]赵士达毕业于甘肃省文高等学堂,解放前曾在武威中学任教。[③]

民国时期,时局动荡,战事纷扰,但全国各地都有大规模的修志行动,河西地区亦不例外,包括一些地处僻远、新建不久的县份,如鼎新、民乐县,都曾留下新修志书,有的甚至不止一部。而武威向来文化昌明,人文荟萃,民国时期不可能没有修志活动,所以《凉州府志备考》《校印前言》所言当是可信的。

李鼎文先生也曾说:“入民国后,先兄酝班(鼎超)先生发愤编写县志,得到友人贾杏卿(坛)、唐榴亭(发科)诸位先生的支持。在去世前,已写成的有《人物志》《艺文志》《金石志》《方言志》。先兄去世后,县上曾成立武威县文献委员会,将县志稿借去,说是要继续编写,但直到解放前夕,并未完成。”[④]李先生还作有《关于武威八景的话》一文,中有“据民国重修《武威县志》稿,武威八景的名称如下”之语,[⑤]均可为民国时期武威有过修志举动之佐证。

镇番户族小识

王柱泰著。《镇番遗事历鉴》“英宗正统十二年丁卯”条载:“邑人王柱泰著《镇番户族小识》成,三十万言。统本邑实有户族姓氏,凡一百九十。如谓何氏:其族也,盖阶州原籍,因家与焉。初不过十余口,繁衍播迁,历传十世,遂成望族。今户八十,口六百五十余。一支居于川,一支居于湖。祖茔在川,宗谱在湖。

---

① 贾丛江:《元代畏兀儿迁居永昌事辑》,《西域研究》2002 年第 4 期,第 16—25 页。

② 宋振林:《武威段氏家族探源》,载《凉州文史资料》(第八辑),政协凉州区委文史委员会,2006 年,第 185 页。

③《武威一中历任教职工》,载 http://www.wwyz.net.cn/Read News.asp,2007 年 1 月 23 日。

④ 李鼎文:《武威市志序》,载李鼎文《梦槐庵丛稿》,兰州:甘肃教育出版社,2005 年,第 25 页。

⑤ 李鼎文:《关于武威八景的话》,载李鼎文《梦槐庵丛稿》,兰州:甘肃教育出版社,2005 年,第 105 页。

数代俱以武功显，英才辈出，与国有勋，造就地方，民社赖之。类佥如是而载之，人谓为‘志中之志，史外之史’，诚方家隽评也。”[①]《历鉴》并录有该书序言，罗列所记各户族姓氏。此外，“太祖洪武十九年丙寅”还引有一条：“是年，本营守墩驻军共三千五百二十名，农工牧商共五百四十户，三千五百又七人。”[②]可见，该书除户族姓氏外，还记载了明代前期镇番人口概况，十分珍贵。

镇番宜土人情略记

六卷。佚。杨大烈撰。杨大烈，字静野，万历十三年(1585)举人。由河南商丘县教谕历升湖广衡州府通判。从征四川，洞达戎机。万历二十一年(1593)，以运粮卒于军中。题赠卿衔，名冠洛中，推为一代名将，称为“河西杨夫子”[③]。

《镇番遗事历鉴》“神宗万历七年己亥” 条载：“邑人杨大烈修卫志未竟，经划三载，乃著《镇番宜土人情略记》。凡六卷：曰疆域、曰沿革、曰山川、曰形胜、曰古迹建筑、曰事功、曰风俗。嗣后，邑令江鲲编纂县志，多所采录。”谢广恩补记：“杨夫子所纂《镇番宜土人情略记》，即其子小泉厘订之《镇番记略》，后易名《边镇纪略》是也。”[④]

剿乱纪略

卷数不详，清朱运开撰。朱运开，生卒年不详，字文天，廪生，镇番(今甘肃民勤县)人。顺治五年(1648)，丁国栋等啸聚秦陇，攻陷镇番城，朱运开与同县何孔述设计收复镇番。《剿乱纪略》一书，内容似记录清军平定丁国栋叛乱之事，至少是记录朱运开参与的部分。丁国栋作乱，兵火连及甘州、兰州、岷州，不

---

① [清]谢树森、谢广恩等编撰，李玉寿校订：《镇番遗事历鉴》，香港：香港天马图书公司，2000年，第19页。
② [清]谢树森、谢广恩等编撰，李玉寿校订：《镇番遗事历鉴》，香港：香港天马图书公司，2000年，第4页。
③ [清]谢树森、谢广恩等编撰，李玉寿校订：《镇番遗事历鉴》，香港：香港天马图书公司，2000年，第113页。
④ [清]谢树森、谢广恩等编撰，李玉寿校订：《镇番遗事历鉴》，香港：香港天马图书公司，2000年，第103页。

知朱运开的记录是否系统全面。张维《陇右著作录》著录，云书"犹存"。王烜《大清甘肃文献录》著录为"剿回纪略"[①]。书今不详。

〔顺治〕镇番卫志

佚。孟良允著。《道光镇番县志》谢集成序言："镇邑旧有卫志，肇修于国初方伯孟公。"《镇番遗事历鉴》亦多次提及或引用《卫志》，即此。

孟良允，原名孟良胤，字元芳，镇番（今甘肃民勤县）人。明天启元年（1621）举人，历任户部、兵部主事，昌平道尹，仕清后历官河南按察使、浙江布政使。康熙二十四年（1685）卒，享年七十五岁。有诗文集《北窗集》二十四卷。王烜《大清甘肃文献录》著录有《最乐编》《念贫吟》，卷数存佚均不详。其治家格言"经书不可不读，骆驼不可不养"至今仍在民勤流传。[②]

〔雍正〕镇番县志

十卷。佚。清雍正十一年（1733），县人吴攀桂、卢生莲、卢生华等纂修。《道光镇番县志》谢集成序言："续修于雍正庚戌广文吴公、孝廉卢公。"《县志》载："吴攀桂，康熙十一年副榜，西安教授。尝继孟良允修辑邑志。""进士卢生莲与兄举人生华同辑县志。"《镇番遗事历鉴》"世祖顺治十五年戊酉"条亦记载："吴攀桂继孟良胤纂辑邑志。"[③]王烜《大清甘肃文献录》著录为"《镇番县志》十卷，镇番卢生华著。卢生华，字文锦，康熙五十一年举人"[④]。

---

① 王浚源主编，邓明校点注释：《王烜诗文集》（下），甘肃省人大办公厅印刷厂，1997年，第561页。

② [清]谢树森、谢广恩等编撰，李玉寿校订：《镇番遗事历鉴》，香港：香港天马图书公司，2000年，第159—235页。

③ [清]谢树森、谢广恩等编撰，李玉寿校订：《镇番遗事历鉴》，香港：香港天马图书公司，2000年，第211页。

④ 王浚源主编，邓明校点注释：《王烜诗文集》（下），甘肃省人大办公厅印刷厂，1997年，第571页。

〔乾隆〕镇番县志

一卷，一册。存。张玿美修，曾钧、魏奎光纂。此志系乾隆十四年(1749)刻《五凉考治六德集全志》本。奎光，又作魁光，字斗瞻，镇番县贡生。

〔道光〕镇番县志

十卷，五册。存原刻本。许协修，谢集成纂，道光五年(1825)成书。许协，山西平定州人，道光三年任镇番知县。《历鉴》说他任职期间“整饬庶务，政理刑清”。“镇邑旧惟孟公良允、吴公攀桂、卢公生华著有邑乘，仅于《五凉志》中转其遗稿，此外，概无传焉。公虑年湮代远，文献无征，遂捐廉二千缗，会集馆绅，搜罗采访，三阅月装订成帙。镇有县志，实自公始。”谢集成，字振之，镇番人，嘉庆三年(1798)举人，历任陕西富州州同、商州知州，代理砖坪厅(治所即今陕西岚皋)职八年，后招陕西汉阴厅(治所即今陕西汉阴县)通判，未履任而卒。与其父谢葆澍、兄谢集梧一起被称为“一门三知县”。“幼聪慧嗜学，为文本于经史，父子集美，自名一家。……时学宫倾圮，公倡捐修葺，亲督工作，规制重新。又偕同人捐立文社，助乡、会试川资，复以盈余主修邑志，事赅文简，镇于是始有专志焉。”①

此外，参与修志有功者还有敬联星、张西铭、谢庆祥等。“敬联星，字斗南，环县拔贡，道光三年官镇番教谕。……时值纂修邑乘，公考订遗缺，究诘疑难，赞称之力居多焉。”许协序亦有“同谢文园少府、敬斗南学博，集邑之绅士等，倡为义举，询谋佥同”之语。张西铭，皋兰举人，时任教谕。“适值创修县志，公以班马史笔，悉心校雠，至今犹脍炙人口。”谢庆祥，字文园，广东嘉应州人。嘉庆二十四年(1819)任镇番典史。道光五年(1825)，“襄修县志，公分掌庶务，秩序厘然”②。

---

① [清]谢树森、谢广恩等编撰，李玉寿校订：《镇番遗事历鉴》，香港：香港天马图书公司，2000年，第357页。

② [清]谢树森、谢广恩等编撰，李玉寿校订：《镇番遗事历鉴》，香港：香港天马图书公司，2000年，第397—398页。

此志卷首序、姓氏、凡例、目录、旧序、旧姓氏；卷一地理图考：疆域图、苏山图、疆域、沿革、形胜、山川、古迹、坟墓、风俗九目；卷二建置图考：城垣图、县治图、城池、公署、仓厂、公所、驿铺、兵防、关隘、烽墩、堡寨、坛壝、庙祠、寺观、坊表、村庄、桥梁十七目；卷三田赋图考：田制图、户口、田亩、赋则、丁赋、杂支、课税、储贮、物产附九目；卷四水利图考：四坝水利图、三渠水利图、河源、水道、渠口、灌略、牌期、水额、河防、董事、水案、碑例、蔡旗堡水利附十三目；卷五学校图考：文庙图、儒学图、书院图、庙制、儒学、开学、学额、书院、义学、文社十目；卷六官师年表：判官、通判、知事、经历、知县、教职、典史、镇抚、参游、守备、千百户把总十一目；卷七宦绩列传：文武秩官一目；卷八选举表：进士、举人、贡生、武进士、武举、附、功贡、例贡、例监、吏选、武宦、荫袭、封赠十三目；卷九人物列传：名臣、名将、忠烈、忠义、勇略、孝友、事功、学行、文苑、义行、隐逸、技术、耆寿、侨寓、列女十五目；卷十杂记：祥异、夷警、闯变、八景等五目。卷首有许协和谢集成序。

《陇右方志录》载："《五凉志》言镇番沿革，阔略多误，此志皆详加考证，而编次有法，可谓名志。地理不载星野，水利别为图考，列女编入人物，八景仅存旧目，艺文则分附各目，旧志原序及纂修姓氏则具录卷首，皆迥有卓裁；惜分目太繁，所附艺文亦嫌与正文无别，若稍减并分厘之，则庶乎无可訾议者矣。"①

镇番宜土人情记

曹燮纂。《镇番遗事历鉴》"神宗万历七年己卯"条载："广恩批曰：……然考此帙，竟非杨公所为，而系曹公燮所纂者也。此公为清道光时人，距杨公在世二百余年，故不可将其二书混为一谈。""广恩补记：今复得曹公燮所纂之《镇番宜土人情记》，视其名，竟与杨公书差似之，然究非一书。其间雷同者有，证引者有，而书体裁夺迥然有异。前者，志书之例；后者，《通鉴》例也。"②

---

① 张维：《陇右方志录》，北平大北印书局，民国二十三年（1934年），第105页。

② [清]谢树森、谢广恩等编撰，李玉寿校订：《镇番遗事历鉴》，香港：香港天马图书公司，2000年，第103页。

《镇番遗事历鉴》对此书多所引用，涉及镇番山川、泉泽、古迹、祠庙、人物、风俗等方面。从内容看，确具志书特征。

团勇纪略

二卷，蓝佩青撰。蓝佩青，生卒年不详，字海峰，镇番(今甘肃民勤县)人。蓝毓青之弟。同治元年(1862)由增生举孝廉方正，督办本县团防，捍卫桑梓，不遗余力。事平，以保安劳绩递蒙优奖。同治十三年补为湖北兴山县知县，兼理归州知州，后任随州知州，卒于官。著有《刑案汇览续编》三十二卷(光绪十三年刻本，板存湖北崇文馆书局)、《大清律例辑览判断看语》四卷、《归州审判要案录》四卷、《日记录》二十卷、《团勇纪略》二卷、《退思轩诗文集》六卷等。《团勇纪略》二卷，光绪《甘肃新通志·艺文志·著书目录》、张维《陇右著作录》均有著录，但今已不见，疑已亡佚。其书内容不详，但从蓝佩青生平事迹推理，应为同治初督办本县团防，守护乡土的纪实之作。

镇番县乡土志

一册。存写本。光绪三十一年(1905)，县长刘春堂辑。《中国地方志综录》载："清光绪末，作者刘春堂编《镇番县乡土志》，书二，书藏日本东洋文库。"[①]国家图书馆分馆编有《乡土志抄稿本选编》一书，全国图书馆文献缩微复制中心 2002 年 8 月出版，收录有《镇番县乡土志》，目录题名为"刘春堂、聂守仁纂修，抄本"。

"刘春堂，河北省肃宁县进士，清光绪三十一年调任镇番知县。……时值当年六月，清廷内务部催修甘肃各府、厅、州、县志与乡土志。他骑毛驴、坐牛车，体察民情，亲履勘验，绘制地图，民勤百姓有口皆碑。"[②]聂守仁生平见前录《劲草知非琐记》。

---

① 朱士嘉：《中国地方志综录》(增订本)，北京：商务印书馆，1958 年。

② 李万禄：《失落到日本东京的民勤文献》，载李万禄《西北角轶闻》，民勤教育印刷厂印，2001 年，第 172页。

〔光绪〕镇番县志

十一卷，六册。存抄本。常孝义修，彭汝翼纂。光绪三十四年(1908)成书。《镇番遗事历鉴》“德宗光绪三十四年戊申”条载：“知县常孝义奉文纂修县志。公励精图治，刻求旧资，阅数月纂成初稿。本欲付诸剞劂，惟应省府频促‘具承阅览’，遂以抄本奉呈之。”并录此志目录：“目录不分卷，只存三十五目：曰图考、曰星野、曰建置、曰疆域、曰山川、曰城池、曰公署、曰学校、曰关梁、曰祠祀、曰贡赋、曰兵防、曰水利、曰驿递、曰蠲恤、曰盐法、曰茶马、曰物产、曰风俗、曰古迹、曰祥异、曰陵墓、曰封爵、曰职官、曰隐逸、曰流寓、曰仙释方伎、曰列女、曰艺文、曰杂记。”又：“此志盖出自于教谕彭公之手，简明扼要，为文清新，凡有关涉时政利弊者，屡中核心，洵不失为大家手笔。”因其书未刊印，《历鉴》又全录其“城池”一节，以示全书之大局。《民国续修镇番县志》录有其修志姓氏。

镇番县志

佚名纂，宣统三年(1911)抄本。在《风俗卷》(卷六之一)中列有《方言》。该志在南京大学图书馆收藏。[①]未见原本，据其卷次，疑与《镇番宜土人情略记》有关。

〔民国〕续修镇番县志

十二卷，六册。存原印本。周树清修，卢殿元纂。民国八年(1919)成书。《镇番遗事历鉴》“中华民国六年丁巳”条载：“七月，周树清委邑人卢西洲等续修《镇番县志》。周公为主修，八年新任知事刘朝陛为评阅，邑人卢荫棠为监修，卢殿元为总修，李庆元、谢瀚南为纂修，赵汝珙、刘建谟等任采访。阅三载书成，九

---

① 莫超：《〈秦音〉及清代方志中的甘肃方言》，《河西学院学报》2008年第3期，第1—4页。

年夏月刊印。周公、卢公皆有序。"[①]"周树清,字韶武,安徽合肥举人,民国五年摄县篆。性和而介,政治体要。……筹集钜金葺文庙,纂县志,筑南门以固城防,东郊建立义冢。与夫注重教育,推广学校四十余处之多,文风为之丕变,皆其荦荦至大者。至维持现状,政平讼理,俾官民相安,地方静谧,尤见苦心。生平工书法,握管挥毫,所至有声,一时贤士大夫,无不目为孝廉。莅任四载,竟卒于官,人皆惜之。"[②]

该志卷首序(附旧序)、修志姓氏、凡例、目录;卷一地理图考:疆域图、苏山图、经纬度、疆域、沿革、形胜、山川、古迹、坟墓、风俗十目;卷二建置图考:城垣图、县治图、城池、公署、仓厂、公所、驿铺、兵防、关隘、烽墩、堡寨、坛壝、庙祠、寺观、坊表、村庄(附村落)、桥梁十七目;卷三田赋图考:田制图、户口、田亩、赋则、丁赋、课税、杂支、储贮、物产九目;卷四水利图考:四坝水利图、三渠水利图、河源、水道、渠口、灌略、牌期、水额、河防、董事、水案、碑例、蔡旗堡水利(附旧水利)十三目;卷五学校图考:文庙图、儒学图、书院图、高等小学校图、庙制、儒学、开学、学额、书院、义学、文社十一目;卷六官师年表:知县、教谕、典史、游击、千总五目;卷七宦绩列传:文武职官一目;卷八选举表:进士、举人、贡生、武进士、武举、功贡、例贡、例监、吏选、文武宦、荫袭、封赠十二目;卷九人物列传:名臣、名将、忠烈、忠义、勇略、孝友、事功、学行、文苑、义行、隐逸、技术、耆寿、侨寓、列女十五目;卷十杂记:祥异……八景三目;卷十一补录拾遗。

镇番轶事

四册。存铅印本。《三陇方志见知录》载:"系民国初年旅京、津、绥、包镇番同乡会所编,据称收录镇番(今民勤县)遗事轶闻,甚为可贵,将来新修县志,当

① [清]谢树森、谢广恩等编撰,李玉寿校订:《镇番遗事历鉴》,香港:香港天马图书公司,2000年,第506页。

② [清]谢树森、谢广恩等编撰,李玉寿校订:《镇番遗事历鉴》,香港:香港天马图书公司,2000年,第502页。

有所取材焉。惜兰州未见传本,不及寓目,实为憾事。”[①]《民勤县志·大事记》将书的编印付梓系于“民国25年”。张令瑄未亲见原书,《民勤县志》的纂修者中有见闻广博、治学严谨并终身致力于乡帮文献之研究整理的学人,如李玉寿等,故当以后者为可信。

镇番遗事历鉴

十二卷,存稿本。清道光二十八年(1848)谢树森纂辑,民国二十五年(1936)谢广恩补辑。谢树森,《民国续修镇番县志》有传:“原名播远,字建唐。才学冠时,制艺绝伦,少年选拔,学宪金器重调京,肄业数年,声振陇右。道光丙午应乡荐,屡踬礼闱。后设馆梓里,循循善诱,实繁有徒,每逢童子试,俗称‘谢半榜’。”[②]谢广恩为谢树森之后,民国年间在世,作有《镇番遗事历鉴补序》,对本书的编撰续修始末作了较为详尽的说明。

全书共十二卷,约四十五万字,是一部编年体地方历史著作,记载了明洪武三年(1370)至民国二十五年(1936)间镇番县所发生的历史性事件。全书征引了本地大量的族谱、日记和其他各类公私文书,内容十分丰富,“关系到政治、经济、文化、教育、民族、军事、地理、气候、人口、生态、民俗、考古、地名、语言、中西交通、地方建设等各个方面。所录资料十分丰富、广博,且多为其他史志书籍所不载,充分体现了本书在西北史地研究方面所具有的极高的史料价值”[③]。

此外,这部著作中的许多材料转录自本地的户籍家谱及邑人日记著述等,而这些著作多已亡佚。据不完全统计,《镇番遗事历鉴》提到的镇番籍学者著作二十余种,被大量引录的也有近十种。其中引录较多的首先是《镇番宜土人情记》。据谢广恩考证,同名书有两种,一成书于明万历年间,作者杨大烈,多记本

---

① 张令瑄:《三陇方志见知录》,载周丕显等《甘肃方志述略》,吉林省图书馆学会,1988年。
② 周树清修,卢殿元纂:《民国续修镇番县志》,民国八年(1919)。
③ 吴疆:《一部研究西北地方史的重要著作——〈镇番遗事历鉴〉》,《图书与情报》1990年第2期。

县风土事；一成书于清道光时期，作者曹燮，所记内容与杨书相类。其次是《奥区杂记》和《搜俎记异》，前者记事略与曹燮书同，后者以记“边方遗事趣闻为要旨”，两书大约均为笔记体书稿。相类的尚有查锦的《五凉景物杂录》、吴坤的《茶余漫笔》、刘荫芝的《仙圃躬穑录》，还有王柱泰《镇番户族小识》和《柳湖墩谱识暇抄》两书。前者总计“三万余言，统本邑实有户族姓氏百九十”，后者统柳林湖地“凡五十六族。十二族为浙江、金陵籍，五族为河南开封（汴京）、洛阳籍，二族为大都籍，十五族为甘州、凉州籍，一族为湟中籍，一族为金城籍，三族为阶州籍，四族为宁夏籍，五族为元季土著，八族为山西籍”。显而易见，这些都是极其珍贵的史料，均赖是书得以保存，故而弥足珍贵。所以，兰州大学地理系教授冯绳武先生对此书评价甚高，称之为“聚沙成塔，绝无仅有”。

还有，此书的体例也十分独特。它纵贯古今，束民勤五百年历史为一线，依时间次序铺陈事件，仿《通鉴》笔法，逐一胪列，眉目十分清晰。谓其为“志”，采用的却是“史”的编写手法，即以时间为经，以事件为纬，事不归类，时不横出，犹如大河之水，一泻而千里；然谓其为“史”，却沿用志的传统规制，时间起开县之初，人物限本县之籍，事体局一县之方，虽偶有追溯前代和涉及邻县外埠者，尽皆缘事而使然，非无拘束也。这种体例，创自明代，如黄克升《嘉靖长光县志》、颜木《万历随志》等，《万历随志》用《公羊传》《谷梁传》体式，不仅编年系事，而且自问自答，《四库全书总目》称其“编年之例，全仿《春秋》经文，称随为我，而以地之沿革、官之迁除、士之中会试贡太学者，按年纪载，皆地志未为之例也”[①]。后世极少采用，被志家目为“炫奇之作”[②]。

民勤县政协副主席李玉寿积十余年之勤，披阅旧籍，寻访遗存，请教专家，探幽发微，校订该书，2000年由香港天马图书有限公司出版，为学界利用该书史料提供了极大的方便。此校订本有两个突出特点：一是校订力度较大。原稿本文字驳杂，错字病句随处可见，内容亦每有舛误，校订者做了大量剔赘补脱、

① [清]永瑢等：《四库全书总目》，北京：中华书局，1965年，第641页。

② 黄燕生：《中国历代方志概述》，载来新夏《中国地方志综览（1949—1987）》，合肥：黄山书社，1988年。

纠讹易正的工作。二是在大胆纠错的同时又能谨慎从事,尽量避免以错纠错甚至以错改正的现象。订误时对有据可依的断然改之,“无以为榜”的,注以“存疑”“待考”字样,并且所有的改动都出了校记,使读者仍能看到原稿的面貌,符合古籍整理的规范。综观全书,虽不无瑕疵,但总体质量较好,可信度较高。

民勤县志

存抄本。民国十五年(1926)马福祥等修,王之臣纂。《甘肃省图书馆藏地方志目录》著录,为1970年台湾成文公司影印本。

〔万历〕永昌卫志

一卷。佚。明万历三十九年(1611)指挥同知赵光远、指挥佥事南魁纂修。《乾隆永昌县志》载:“指挥赵光远与邑绅纂志一卷,记万历以前事。”“赵光远,原香河人。其五世祖珍为卫左所千户,勤劳壁垒间,授佥事。至祖若父,相继死于战,进袭指挥同知。公固武家,而性耽经史,为政先文教。重修学宫,规模式廓;暇与邑绅纂志一卷,今万历以前事历,录然存者,皆其力也。”“南魁……掌本卫军政,升行都司佥书。万历中,捐资锓邑志,板藏于家。”①

〔乾隆〕永昌县志

一卷,一册。存。李炳文修,沈绍祖、谢谨纂。此志系乾隆十四年(1749)刻《五凉考治六德集全志》本。李炳文,字仲蔚,直隶蔚县人,举人,时任永昌县令。

---

① [清]李登瀛修,南济汉纂:《乾隆永昌县志》,乾隆五十年(1785)刻本,甘肃省图书馆西北地方文献室藏本。

〔乾隆〕永昌县志

十卷,二册。存乾隆五十年(1785)原刻本和民国七年(1918)石印本。李登瀛修,南济汉纂。李登瀛,字仙洲,号韦斋,蒲城(今陕西蒲城县)人。举人,乾隆四十六年(1781)任永昌知县。在任四年,清理"冒赈案",兴修水利,发展教育事业,主持编修《永昌县志》,深受民众爱戴。①南济汉(1762—1848),字汇东,号斗岩,南宫鼎之子,永昌(今甘肃永昌县)人。乾隆二十年(1755)举人,乾隆四十五年(1780)进士。初授礼部观政,待职在家,受李登瀛聘纂成县志。后任湖南安福、衡山等县知县,旋升牧丰州,循声颇著。嘉庆十二年(1807)辞官归里,主讲云川书院。嘉庆十八年至二十一年(1813—1816)再次主笔纂修县志。②

此志包括卷首:李登瀛序、修志姓氏、目录、图(邑域总图、水利图、县城图、学宫图、云川书院图、八景图等十三幅);卷一地里志:星野、沿革、疆界、山原、河泉、池井、户口、田赋(学租附)、水利总说、物产、祥异十一目;卷二建置志:城池、公署、村社、桥梁、坊表、古迹(墓附)六目;卷三风俗志:岁时、四民、四礼、吊贺、食物五目;卷四祠祀志:正祀、祭品、乐章、里祀、寺观五目;卷五兵防志:营制总说、关隘总说、诸营兵马粮饷军械烽墩三目;卷六官师志:官师表、循良传二目;卷七人物志:贤材、忠孝、节义、封赐、贞烈(贞婢附)五目;卷八选举志:选举表一目;卷九杂志:流寓、耆寿、仙释、蒙古、番、回六目;卷十艺文志:奏议、碑记、诗三目。约八万字。

《陇右方志录》载:"此志视《五凉志》颇为详赡,而沿革一目全钞《五凉志》,仅删去张祚置骊靬县一语。所云汉为鸾鸟,东汉改显美,北魏仍为焉支县,隶番禾郡,唐宋为嘉麟县,皆与史志不合。考《汉志》,番禾、显美、骊靬属张掖郡,鸾

① 何登焕:《永昌历史上的清官李登瀛》,载《永昌文史资料选辑》(第九辑),政协永昌县委文史委员会,2006年,第201—205页。

② 祝巍山:《两部县志主纂者——南济汉》,载《永昌文史资料选辑》(第九辑),政协永昌县委文史委员会,2006年,第208—211页。

鸟属武威郡。《后汉志》:显美、骊靬、番禾隶武威,前凉始分置焉支县,北凉始置番禾郡,北魏因之,至隋复为县,而唐以鸾鸟故地所置嘉麟县,则今武威地也。《五凉志》疏误,原不足异,此志编次较有法度,因仍不改,亦太疏矣。《山原》载:金山在县北二十五里,隆安中沮渠蒙逊既据临松,遂据兹山。考蒙逊所据,乃张掖东南之金山,非永昌北也。以《杂志》列《艺文》前,亦稍未安。"[①]

"杂志"为此志特设篇目。其中"流寓""耆寿""仙释"一般归入"人物","蒙古""番""回"按现代志书体例应入"民族",盖当时尚无"民族"之称,故统列入"杂志"。"碑记"一目中录有《亦都护高昌王世勋碑》,说明此碑在乾隆时已有人抄录并重视。但元设永昌路,治在今武威市北永昌镇,高昌王府及《亦都护高昌王世勋碑》均在该处,此志书纂修者所误之处。

〔嘉庆〕永昌县志

八卷,二册。存嘉庆二十一年(1816)绿云山房刻本和民国七年(1918)石印本。南济汉纂。卷首序、修志凡例、目次;卷一地理志:疆域、沿革、山川、星野、风俗、祥异、户口、土田、赋则、徭役、方产十一目;卷二建置志:城池、官署、学校、庙祠、坛壝、仓厂、驿塘、演武、书院、义学、寺观、粥厂、养济、市镇、堡寨、桥梁、古迹、墓十八目;卷三水利志:山水、泉水、释名、工作、灌略、董事六目;卷四兵防志:营制、关隘、兵马、粮饷、军械、烽墩六目;卷五官师志:藩封、镇守、指挥、教授、知县、典史、教谕、参将、副将九目;卷六人物志:文迹、武功、忠孝、义行、节烈、耆寿、流寓七目;卷七选举志:进士、举人、贡生、军功、掾吏、武进士、武举、将材、封赠九目;卷八艺文志:记、诗二目。

《陇右方志录》载:"初,乾隆时,知县蒲城李登瀛续修县志,济汉实搦管焉,既以义例未当,遂锢其板。至嘉庆时,济汉复为此志,于旧志类目颇有改正,去风俗、祠祀、杂志,别为水利志,史实亦有增改,视旧志较整严矣。然沿革、古迹,

① 张维:《陇右方志录》,北平大北印书局,民国二十三年(1934),第104—105页。

一因旧文于前志,谬误仍无纠绳也。”[①]此志编修距乾隆《县志》三十一年,内容与前志多有重复,无图表,志中人物、艺文占较大篇幅。

〔民国〕续修永昌县志

一册。存民国七年(1918)石印本。阎权修,王裕基编纂。阎权,民国六年(1917)任永昌知县。王裕基(1867? —1939),字伯余,永昌人。光绪二十七年(1901)举人。毕生在永昌从事教育事业,治学严谨,办学有方,声望很高。[②]

卷首置阎权、林棠序及序、续志姓氏、目次,正文于祥异、户口、衙署、蠲恤、仓厂、地丁、契税、实业、营制、镇守、知县、典史、教谕、副将、人物、忠节、孝义、节烈、耆寿、选举、将材、封赐、仙释、艺文诸目补入嘉庆旧志之后内容,极为简要。故《陇右方志录》说:“此志义例一仍嘉庆旧志,惟取嘉庆后建置、人物诸事,依类目分叙录之,见旧志者不复详焉,续志正轨也。”

以上三部县志均于民国七年(1918)石印。1983 年,永昌县政府又将民国七年的石印本汇集在一起重新翻印一千套,以保存流传。这次翻印没有改变原版式,但将繁体字过录为简体字,错误较多,如第一页李登瀛序中就将“簿书”误作“薄书”,“蒇事”误作“臧事”,不忍卒读。该翻印本目前已很难觅得,不利于进一步研究利用,亟待重新整理出版。

永昌赋役全书

三册。原书存甘肃省图书馆历史文献部。系官方所编。全书记述清道光三年(1823)至咸丰二年(1852)前后三十余年永昌县屯科和更名地亩,以及额外杂税、应征实征粮草、地丁银两数额和开支项目,是研究清代赋税收支情况的

---

① 张维:《陇右方志录》,北平大北印书局,民国二十三年(1934),第 115 页。

② 祝巍山:《从事一生教育者——王裕基》,载《永昌文史资料选辑》(第九辑),政协永昌县委文史委员会,2006 年,第 212—216 页。

重要资料。1983年,永昌县志办公室复印一套,存档备用。

永昌县乡土志

一册。存写本。《三陇方志见知录》载:"清宣统元年知县杨鼎新辑。现存台北伪中央图书馆。"

永昌县采访录

一册。存写本。《三陇方志见知录》载:"又题《永昌县史料》。系民国十九年编修《甘肃新通志稿》时采访册,今存职官、人物部分,大部抄录旧县志,仅补入近人数事而已,不足称也。"

永昌县志稿

一册。存稿本。民国三十五年(1946),县长李兆瑞组织,陈世增编纂。未成书,仅存两本志稿,一本草稿,一本誊写稿;原草稿本现存张掖市档案馆。

古浪县志

佚。许容监修、乾隆元年(1736)刻《甘肃通志》卷四《疆域》引有《古浪县志》。

〔乾隆〕古浪县志

一卷,一册。存。蔡青钱修,赵璘、郭建文纂。此志系乾隆十四年(1749)刻《五凉考治六德集全志》本。赵璘,字文璧,雍正四年(1726)举人,古浪县人。

〔民国〕重修古浪县志

九卷，八册。存铅印本。李培清修，唐海云纂，民国二十八年(1939)成书。卷首序言四篇、凡例、目录、衔名；卷一天文志：星野、京师中线、省城中线鸟道、太阳高度、经度分秒、纬度分秒、列宿躔次、古浪县天顶节气日出入时刻、世界标准时、中国标准时、标准时与地方时比较、气候、灾异十三目；卷二地理志：沿革、沿革表、疆界(附图一)、位置、形胜、关梁、地质、地势、风候、雨量、土脉、区划(附图三)、山脉、河流、城池、衙署、道路、堡寨、村庄、井泉、水利、祠祀、古迹、寺观、庙宇(会馆祠堂附)、陵墓二十六目；卷三财政志：田亩、粮草、地丁、仓储、盐法、驼捐、烟酒税、厘税、皮毛公卖所、印花税、杂税、官用、警款、公债、区署经费、户口、蠲赈、恤政、博济局、施医局、牛痘局、育幼所、卫生医院、烟民戒烟所、度支、农贷、地方公款委员会、财政局之成立改组与裁撤二十八目；卷四教育志：学额、兴文社、义学、教育会、劝学所、县视学员、高等小学堂、民国八年以前全县学校状况、国民学校、幼女学校、全县国民学校一览表、各区国民学校学田表、公众阅报所、讲演所、最近全县教育状况、学生毕业次数、历任高校校长名录十七目；卷五风俗志：种族、社会、宗教、汉俗、蛮俗、番族跑马会、清真教俗、天主教俗、方言九目；卷六实业志：物产、农业、工业、商业、矿业、林业、监犯习艺、实业局之创立与裁撤、县农事试验场与苗圃、县农会之成立与改组、县商会之创立与改组、杂录十二目；卷七兵防志：营制、烽墩、碉墩、驿传、邮政、电线、巡警、保卫团、防军、保甲、社训部、义勇警察队、长城(附图一)、军事汇记、古浪军用地理说十五目；卷八职官志：官制、文职、武职、名宦、循良五目；卷九人物志：封爵、乡贤、科甲、选举、武举、将校、褒奖、群材、忠节、孝义、列女、技艺、释道、流寓、杂人、补遗十六目。总计一百二十五目，约三十万字。

张令瑄《三陇方志见知录》载："此志卷目凌乱失当，天文志录袭陈言，毫无意义，又收入祥异，实非所当。交通、保甲入兵防志；民政、卫生入财政志；风俗志失于零乱；人物泛滥失检；职官为生人作传，以溜当道，皆其失也。若古浪为河西通衢，当兹轨车便利之时，专家、学人皆常往过，就教极便，而海云以数十年之力，修志如此，实为可憾！甚望绩学之士，依其资料，重为编辑，以成新编。又县志载清乾隆时县人四川阆中知县赵文璘璧，著有县志甚详，世远书遗，今莫能考，附录于此。”①

庄浪漫记

八卷。佚。明王崇古纂。《明史·艺文志》载：“王崇古《庄浪漫记》八卷。”王崇古（1515—1588），字学甫，号鉴川。山西蒲州（今永济西）人。嘉靖二十年（1541）进士。历任陕西按察使、兵部右侍郎、兵部尚书、刑部尚书等职，先后总督陕西、延绥、宁夏、甘肃军务及宣、大、山西军务，为安定边疆建立功勋。著有《庄浪漫记》《山堂汇稿》等。庄浪卫系永登县在明代的称谓，在明代为军事重镇，三边要冲，《庄浪漫记》即着重记述屯兵防守事。永登今为兰州市所辖郊区县，西汉时分属金城郡的枝阳、令居、允街、浩亹四县，东晋设广武郡治今永登城，北魏改置为广武县，隋改为允吾县，元至元元年（1335）置庄浪县，归永昌路管辖。明洪武五年（1372）改为庄浪卫，属陕西行都指挥使司辖。清雍正三年设平番县，隶凉州府。1928年改为永登县至今。隶属武威或凉州管辖时期居多，在地域上又属河西地区，故以武威属之。

庄浪汇记

八卷，八册。存原刻本。明万历十四年（1586）王之采纂。王之采，字心一，朝邑人。万历二十九年（1601）进士。除清苑知县，迁刑部主事。以明习边务，于万历、天启间总督三边。

---

①《靖远旧志集校》，兰州：甘肃文化出版社，2004年，第80页。

此书系王之采到任后，命有司收集整理军书文牍，调查各城堡防守情况，综汇成册，亲加裁订，编纂而成。凡八卷。卷一玺书、凡例、庄浪城，卷二松山堡、阿坝营、双井堡、裴家营，卷三武胜堡、岔口堡、镇羌堡、通远堡、西大通堡，卷四沙井堡、苦水湾堡、红城子堡，卷五至卷八事实考略。《玺书》收录皇帝敕谕；《凡例》记庄浪卫的规程条例，非同一般志书之“凡例”；《城堡》分记各城堡屯兵防卫情况。其中《凡例》《城堡》详记算赋、力役、戎行、器械、边垣、马政、茶马、盐法、屯田等明代边防制度。

《陇右方志录》载：“此记尽属当时官政，玺书、凡例记官师职守，各城堡以吏、户、礼、兵、刑、工六目分载所司事务，余列入事实，分款起行，款各冠以一字，如官署例案。考之近代志例，绝不相类。而记明代边防制度，详备过于甘宁诸镇志，此可贵也。此志《平馆志目》定为西宁道李作舟纂修，今考作舟序云：‘公以文武之宪，兼班、霍之才，志即史，史即政，其成劳不尽于记。’又云：‘公之先人襄毅，以策制虏云中、上谷，今公复以策制河西。’是作记之人当为甘肃督抚，而非作舟。首叶已佚，不见姓名。考王崇古于隆庆时总督三边，卒谥襄毅，明《艺文志》载其著有《庄浪漫记》。其子之采，万历、天启间复官总督，此记盖之采作也。”[①]此著分类时有不当，内容时有交叉重复。侧重记载军事方面内容，兼记防区农业、水利、贸易、手工业、教育等概况，有相当珍贵的史料价值。现存有万历原刻本，甘肃省图书馆1958年据以抄录，现藏西北地方文献室。

平番县志

一卷。佚。许容监修、乾隆元年(1736)刻《甘肃通志》卷四《疆域》、卷二十一《风俗》引有《平番县志》。

① 张维：《陇右方志录》，北平大北印书局，民国二十三年(1934)，第108页。

〔乾隆〕平番县志

一卷。存。张珆美修,曾钧、苏暻纂。此志系乾隆十四年(1749)刻《五凉考治六德集全志》本。

永登县志

三卷。周树清等纂。

此志为台湾成文公司1970年影印本,扉页上标有"据周树清等纂修、民国抄本影印"字样。易雪梅、刘瑛编《甘肃省图书馆藏地方志目录》有著录,并加注:"记事至乾隆年间。"

细察其内容,此志实为乾隆十四年(1749)刻《五凉考治六德集全志》之《平番县志》。后人仅在个别地方作了删改增补等技术处理。

该志署名为周树清纂修,时间为民国十六年(1927)。然考周树清生平履历,民国五年(1916)任镇番县知事,八年病逝于任上,曾主修《镇番县志》。而任平番知事在镇番之前。且民国十七年(1928),平番县始改为"永登"。凡此种种,均若可疑。台湾成文公司1970年影印大陆旧志,造成的版本问题很多,如《肃镇志》,此《永登县志》又是一例。

白银古旧方志

〔明〕靖虏卫新志

佚。张维《陇右方志录》载："《嘉靖陕西通志·风俗》引有《靖虏卫新志》。"[①] 靖虏卫设置于明正统二年(1437),去嘉靖时仅七十年。此既名"新志",亦可知靖虏卫前此已曾编修过卫志。

〔万历〕靖虏卫志

卷数不详,已佚。明万历十九年(1591)成书,王亮修,高冠等著。王亮,号楼峰,浙江临海人,进士。万历五年(1577)任靖虏卫兵粮道,后进太仆寺正卿。《〔康熙〕重纂靖远卫志》有传,称其"立教约以课士子,修地志以绍文献"[②]。编纂者高冠,靖虏卫(今甘肃靖远县)人,隆庆年间贡生,曾任山西浮山、漪氏、夏县等县知县,后居家著述以自娱。《〔康熙〕重纂靖远卫志》亦有传。

此志虽久佚,今不能详知其体例内容,然《〔康熙〕重纂靖远卫志》收录有时

① 张维:《陇右方志录》,北平大北印书局,民国二十三年(1934),第40页。

② 《靖远旧志集校》,兰州:甘肃文化出版社,2004年,第80页。

任会宁知县延论的《序》和主纂者高冠的《跋》,使我们仍可窥见纂修缘起及成书过程。延论《序》曰:“靖远故无志,己丑春(明万历十七年,公元1589年),上大夫临海王公以寰宇人豪秉宪兹土,再逾年而政洽。军民公暇叹曰:郡邑有志,犹国有史也,可以边鄙遂阙焉置弗讲哉?乃择卫之饱于闻见者,爰授厥事。佥曰:高君髯眉且白,庶几乡之宿儒也。遂举纂辑付之,凡山川、赋役、人物、风俗,悉令搜罗,裒益如传记故事,几阅月而草始具。公特手加校雠,始就绪焉。论以下邑吏读而卒业。”[①]高冠《跋》说:“万历乙酉(1585),参将李公方塘尝命学生薛尚志纂修矣,而未成。己丑(1589)春三月,楼峰王公祖……来莅敝土,下车即披搜往牒,谓无志将何以稽事考俗,更化善治哉?矧成是书,又风宪事也。爰命学宫焦子相以修纂厥志。志成进览,以弗备弗程,无以示惩劝。越三祀,辛卯(1591)元旦日,复命冠暨南子应吉、卢子茂再加参考,订补成书。……乃询诸耆老,搜诸故牒,偕房子凤时、张子惟一,分析门类,相为参考焉,订补焉。历四月而仅成稿,谨录以进。”[②]

〔康熙〕重纂靖远卫志

六卷,六册。存据康熙四十八年(1709)刻本之钞本。马文麟修,李一鹏、邹吉方等纂。

全书六卷,依次以六艺礼、乐、射、御、书、数命名,并无实际意义。卷一礼部,舆地志七目(分野、形胜、建置沿革考、疆域、山川、古迹、祥异),前附序二篇(石文焯、李一鹏)、图、凡例、纂修姓氏及总目;卷二乐部,城郭志五目(城池、公署、学校、祀典、寺观),财货志四目(户口丁徭、田赋、俸工、物产);卷三射部,武备志六目(兵制、营堡、军饷、边隘、侦候、职官);卷四御部,人物志六目(选举、

---

① 《〔道光〕靖远县志》,载《中国地方志集成·甘肃府县志辑(15)》,南京:凤凰出版社、上海:上海书店、成都:巴蜀书社,2009年,第364—366页。

② 《〔康熙〕重纂靖远卫志》,载《中国地方志集成·甘肃府县志辑(15)》,南京:凤凰出版社、上海:上海书店、成都:巴蜀书社,第295—296页。

贻封、名宦、乡贤、忠孝节义、隐逸);卷五书部,艺文志二目(诰敕、碑记);卷六数部,艺文志三目(诗赋、杂说、志铭)。不计卷首,共有三十三目。张维《陇右方志录》载:“靖远于明为边防冲要,志首《营堡图》十五叶及《武备》一志,形势险隘,防御分布,读之如在目前。惟《武备》分兵制、营堡、军饷、边隘、侦候、彝情六目,志于营堡后即接彝情,而军饷、边隘、侦候俱混入营堡,虚列类目,殊可不必。志为固原提督潘育龙所倡修,《人物》即为潘立传,生人入志,亦非志法。《沿革》叙及雍正八年改卫为县,则后所补入,非原文也。”①

关于此志的纂修经过及参与者,时任协镇陕西固镇路靖远等处地方副总兵蒋宏道在其《叙》中说:“余从粤东量移斯地……因索乘以希窥全豹,而旧志所载残缺失次,零落无征者几于过半……因与司牧马君文麟共商,所以补漏拾遗者而有志,未果。居无何,而绅衿以修志见告矣。余喜其实获我心,力嘉其成。始于己丑季夏,乃延学博李君一鹏以总厥事,偕豫章邹子吉方,及卫明经贺子福各出其经经纬史之才,如燕如许之手,分类编订,删繁存雅,而绅士李子筠复以宏才卓识,参互订考,以勘厥成,几阅月而缮本具矣。”②

除了时任知县马文麟、总纂李一鹏、编次邹吉方、增正贺福、校雠李筠外,李筠所撰《跋》还特别提到了“以大将军提督全陕,非所谓不世出之人”的靖远籍官僚潘育龙:“于是邑绅士乃请命于我公,公即慨然捐金,力任其成。”“稿脱授梓,三易寒暑而书成,邑绅士相与请序于公,兼谋列衔以冠简首”,公以“修志为吾邑公典,余岂敢以区区之赀,而居然首功耶”为由,坚辞弗从。文末,李筠特别强调:“我公虽奋迹鹰扬,而雅好诗书,留心典故。今年逾古稀,而公余之暇,手不释卷,故于邑乘独为惓惓。余故备述巅末,以俟后之君子,庶几有所感而兴起。”③由此可知,被张维批评违反志法,生人而入传的潘育龙,本传说他“弱冠

① 张维:《陇右方志录》,北平大北印书局,民国二十三年(1934),第41页。

② 李金财、白天星、张美泉等校注:《靖远会宁红水县志集校》,兰州:甘肃文化出版社,2004年,第7—8页。

③ 李金财、白天星、张美泉等校注:《靖远会宁红水县志集校》,兰州:甘肃文化出版社,2004年,第14—15页。

即负大志，投笔从戎"，可能是一介武夫，但他不仅颇具文化情怀，热心为乡里修志出力，而且也是一位深知礼义廉耻的将军。威望极高，捐金修志，却坚辞作序，不愿居功，这种精神风范确实值得表扬，这可能也是此志破例为其作传的一个原因。

《〔康熙〕重纂靖远卫志》六卷本，是靖远现存年代最远的地方旧志，经白银市地方志办公室校注，编入《靖远旧志集校》，于2004年10月在甘肃文化出版社出版。2012年1月，凤凰出版社出版《中国地方志集成》，影印此志原刻本，收入《甘肃府县志辑》第十五册中，为需要见到原书面貌的专业研究者提供了一个可靠的文本。

〔乾隆〕续增靖远县志

一卷，一册，存乾隆四十年(1775)原刻本。那礼善修，李林、潘绍尧等纂。此志体例依《〔康熙〕重纂靖远卫志》目，视其事之有无，续编至乾隆时，附旧志后，无单行本。主修者那礼善，为时任县令，《武备志》"职官"目专列"县令"条予以详细介绍——其实这是变相为生人立传："字在亭，满洲厢(镶)白旗人。廉明清正，弭盗安民，捐修河工，建立黑城桥梁，行商便之。滚子井一带地方，久为中卫占据，力加清厘，始得更正。大宪褒奖，邻封折服，豪强为之敛迹。"潘绍尧，字升闻，靖远(今甘肃靖远县)人。乾隆时荫生，候补光禄寺署正。

《乡贤》为潘育龙列专条，然仅录康熙己丑上谕，无事迹传略，与旧志形成互补，可谓得法。

2004年，经白银市地方志办公室校注，编入《靖远旧志集校》出版，为社会各界阅读利用提供了极大的便利。2012年1月，凤凰出版社出版《中国地方志集成》，影印此志原刻本，收入《甘肃府县志辑》第十五册中，又为需要见到原书面貌的专业研究者提供了可靠的文本资料。

〔道光〕靖远县志

八卷，八册。存道光十三年（1833）原刻本及民国十四年铅印本。知县陈之骥编纂，张联弟、范冈协修。卷首序、叙录附旧志衔名、衔名、图考、凡例，卷一诰敕、分野、建置沿革、沿革表、世纪、国朝辑略，卷二方域、形胜、山川、古迹、城池、公署、坊表、祀典、学校、寺观，卷三职官、名宦、宦迹，卷四乡贤、武功、科甲、贡生、行伍、杂途、貤封、恩荫、忠孝、节烈、义、流寓、隐逸、乡耆、仙释、冢墓，卷五武备、粮饷、户口、田赋、风俗、物产、史传，卷六碑记，卷七序、诗、赋，卷八杂说、杂记、跋、义粮。

张维《陇右方志录》载："此志史实概仍旧志，以乾隆后事补之，而新定类目移并颇繁。其《凡例》首云：'志以纪事，条目之繁简，视乎其事之有无。旧志以一纲统数目，臆为增损，而疵累以生。如边隘即形胜之属，营堡即城池之属，一事而两门分见；列祥异于舆地，系职官于武备，其说皆不可通。故不如据事直书，存目去纲之为得。'其移并之意如此。然其分目既近琐碎，而卷四尤甚。且《世纪》既标一目，自须博载大事，作志纲领。今仅就彝情、祥异编列为篇，亦名未符实也。又云冢墓为人究竟，故附于人物之末。靖远有名冢墓皆为乡人，故可云然耳，若皋兰有肃王墓，合水有黄帝陵，皆古圣往贤，附之人物，于义戾矣。建置、沿革于旧志错误沿于《〔道光〕会宁县志》者，皆未有所考证。至职官、人物，既列名于职官、选举两目，复为之传，亦足矣，乃名宦、宦迹、乡贤、武功，如娄师德、王进宝等，一见再见。又取正史传文录为史传，叠床架屋，虚汙简册。而《世纪》'天顺三年''成化九年''二十二年''弘治十年''正德二年''嘉靖元年''十三年''四十年''四十一年''隆庆元年''三年'，皆云'匈奴寇攻'，匈奴亡近二千年矣，明人訾北虏为匈奴，文移辞章无妨偶用，以是为史志之文，岂不谬甚？虽云沿录旧志，而均无改正，则其所以议旧志者，盖文人喜新之习，非真于志，法有深识别裁也。"①

① 张维：《陇右方志录》，北平大北印书局，民国二十三年（1934），第43页。

此志民国十四年曾重印，以铅印本行世，刘尔炘、陈国钧、王清海为此次重印各序一篇冠于卷首。1976年，台北成文出版社影印出版。2002年，白银市地方志办公室校注，编入《靖远会宁红水县志集校》再版。2012年，又影印收入《中国地方志集成》之《甘肃府县志辑》第十五册中。

〔道光〕续修靖远县志

一册。存道光二十五年(1845)写本。李怀庚修，赵诵礼纂。张令瑄《三陇方志见知录》载："此编去前志仅十余年，所补道光十五年以后职官、科名、节孝、义行、艺文各事。全册仅三十页，而兴文社捐款人名，竟占五页；寥寥薄册，而修撰者多至九人。此册倡于知县山西李怀庚，既录其诗文，又为之佳传，盖宦途之标榜，每多如此。"①

打拉池县丞志

一卷。存钞本。廖丙文修，陈希魁等纂，张维补辑。打拉池位于甘肃白银平川区境内屈吴山正北山脚下，北临虏寇冲突之地，南控居民耕牧之场，是丝绸之路东段北线上的重镇，宋代所建古城至今犹存。廖丙文，湖南巴陵人，光绪三十一年(1905)以县丞理打拉池事。陈希魁，打拉池贡生。志前有廖炳文作于光绪三十四年(1908)的《序》载："打拉池县丞，设自光绪元年，旧未有志，叠奉宪札二十七条，饬令访编，因即遵令辑修，数月而成此书。其于条目所未载，所已载而无事可录者，俱从缺焉。是役也，编次者贡生陈希魁、训导谢文俊、廪生杨希贤，采访者附生赵子绅、魏崇文、杨文舒，缮录者附生徐德俊、陈祖虞、陈重德、董元辅，例得备书。"张维辑本《序》载："打拉池旧属海城，入民国后改隶靖远。三十年冬，江右赵敦甫得此编于书肆，顾不少凌乱缺遗，爰略为订正补录而

---

① 张令瑄：《三陇方志见知录》，载周丕显等《甘肃方志述略》，吉林省图书馆学会印行，1988年，第34页。

存之，仍以原稿归敦甫，并记撮录原委于此。”张令瑄《三陇方志见知录》载：“此稿记述甚简略，全稿三十一页，而所录清奋威将军王进宝碑志占十七页之多。盖山城事少，以此增益篇幅也。”[①]

靖远县地理调查表

一册。存写本。宣统元年（1909）沈潮云编。

打拉池县丞地理调查表

一册，仅一叶。宣统元年（1909）喻增荣编。

〔民国〕续修靖远县志

二册。存民国四年（1915）石印本。刘可宗修，牛树勋等纂。张令瑄《三陇方志见知录》载：“此稿续道光志旧例，重订为三十二目，分：舆图轶、沿革、形势、山川、城镇、关阨、祠宇、祀典、古迹、衙署、户口、赋税、农田、水利、礼俗、物产、学校、选举、仕宦、袭爵、武功、恩荫、乡贤、宦迹、忠义、氏行、方技、艺文、大事记。盖为当时油印征求各方意见草稿，编辑分类，凌乱芜杂，如‘人物’一节即分九目之多，其内容仅以人物、艺文、物产为主，余篇均缺略。惟王志继序例多有见地。志创于牛树勋，见成于王志继、刘可宗等多人，当时距同治兵燹才五十年，遗志乡存，故记清道光以后史事颇详。范振绪《靖远县新志稿》多取证于此。”[②]

---

① 张令瑄：《三陇方志见知录》，载周丕显等《甘肃方志述略》，吉林省图书馆学会印行，1988 年。

② 张令瑄：《三陇方志见知录》，载周丕显等《甘肃方志述略》，吉林省图书馆学会印行，1988 年。

〔民国〕靖远县志

八卷，已佚。民国十年(1921)刘可宗、王继志编纂。

〔民国〕靖远县新志

五编，十四册。存稿本。民国三十一年(1942)县人范振绪著。第一编图，三幅图、历代大事、民国大事；第二编表，官职、选举、仕宦；第三编考，地舆、地质、气候、物产、民族、方言；第四编略，政事、赋税、户口、礼俗、文化、军事、兵役、司法、水利、农业、矿产、畜牧、商业、合作、交通、卫生、森林；第五编传，名宦、耆旧、忠义、仕女；外编：杂俎、文存。

此志体例颇多创新，其《凡例》称："方志之书，在昔博采陈迹为多。政革以后，兼重建设，事增类目，学采专门，或补或创，皆当务之急，故定名曰新志。书既名为志，故书内目次，不再以志称，以示区别。疆域为一邑界线，河渠为农事本源，绘疆域、水道、城市图冠首焉。班史均列《世纪》，旧志亦多仿效。章学诚《和州志》《永清志》皆以皇恩、皇言为纪，然时代变迁，不能取法。师古曰：'纪，理也。理众事而系之以年、月者也。'如是，则皇言、皇恩亦不能全志。方志大纲，一邑之大事而已。故采《史记·三代世表》及东莱吕氏《大事纪》，为《历代大事年表》，建置沿革附注表内。职官、选举、仕宦，均以受事之日为断，统依班书《百官表》，用年经事纬之法，分列收入。至科目一目，以其为过去陈迹，另附表于《文化略·教育门》。地舆、地质、气候、物产系自然生存者；民族、方言系自昔流传者，均须考证，以传后信，今故列之《考》。凡以人力所经营而与政教有关者，依《迁史》八书、《固史》十志、《周官》六典例为政略。十七略仿信刘歆、郑樵、裴之野之义，概取略模之义，尽量搜罗，有闻必录。史传体例，生人不得入传，凡名宦政绩列入《循吏传》。本籍耆旧，载在史乘，或事功确有可传者，另列《耆旧传》，盖采《益部》《襄阳》之义。至同治之乱，为靖远古今大劫，殉难者不下二十万人，故参照《忠义录》列《忠义传》。其乡贤女妇,轶行有节可传者,仿《华阳国志》例,列《仕女传》。流寓附《耆旧》后,仙释附《仕女》后。凡轶事之可录者,仿《酉阳杂俎》例,列入《杂俎》。靖远迭经兵燹,经籍作者缺焉失考,故《艺文》一目最少,著作数部附入《文化略》。古迹有记载者,亦附于《文化略》。有关文献之诗文、碑记,则编入《文存》。至风雷月露,咏怀遣兴之作,概从割爱。”

张令瑄《三陇方志见知录》载:“此志本章学成之说,复就商当代学人,参以新义,体例殊佳。于新各目,详论发凡起例之由,大事表、氏族、礼俗各考入十七试略,考录精覈,能纠旧志之谬。传纪文字虽是严谨,惟所标考、略之名,实则一也;年表中沿革、政事、军事、事变多有相混,年表及杂俎所录秦、凉、西夏各事,多无关靖远县,当可省去。耆旧、仕女宜合卷,仕宦表应附此;物产、森林只须注明本县产地、品种及产量,不必广引古籍;方言应注入拼音符号,并现代语法,作为考证,不必泥于训诂;氏族仍着重于本县迁徙居住人氏,无须远溯上古。拙见所及如此,尚在于刊印时有所参择。”①

此志为靖远旧志中卷秩最为浩繁者,字数多达五十余万。2004年,白银市地方志办公室校注后编入《靖远旧志集校》出版。

〔明〕会宁县志

佚。张维《陇右方志录》载:“《嘉靖陕西通志·风俗》引有《会宁县志》。”②

〔万历〕会宁县志

卷数不详,已佚。明高拱辰修,栗在庭纂。高拱辰,河津(今山西河津市)人,万历五年(1577)任会宁知县。栗在庭,生卒年不详,字应凤,会宁(今甘肃会宁

① 张令瑄:《三陇方志见知录》,载周丕显等《甘肃方志述略》,吉林省图书馆学会印行,1988年。
② 张维:《陇右方志录》,北平大北印书局,民国二十三年(1934),第52页。

县)人。隆庆二年(1568)进士,历任中书舍人、吏部、户部给事中、山东右布政使、河南布政使等职,以年老归养,卒于家。乾隆《甘肃通志》卷三十四《人物》有传,称其“有诗文、县志等书”。《〔道光〕会宁县志》毕光尧序云:“会志自明万历间前县令高公曾经纂修,沦失无存。”

〔清〕会宁县志

一卷,一册。存民国二十一年(1932)钞本。清初修。佚名。《北平图书馆方志目录》载:“《会宁县志》,不分卷,清纂修,传钞清初本一册。”《陇右方志录》载:“此志不载撰人,亦未著时代。考其类目,略同于康熙时应征诸志,盖亦官辑备征之书。所载沿革,多与《道光志》同误。《道光志》:后魏置乌水县。此作‘乌兰’,较为近是。乌水在会宁南,不能再析其南以置会宁,盖道光志援据此志,而又益增其误也。”①

〔道光〕会宁县志

十二卷,四册。存道光十一年(1831)原刻本。毕光尧修纂。卷一图象志(星野、邑全图、县城图、县署图、学宫图、枝阳书院图),卷二舆地志九目(沿革、疆界、里甲、山川、市廛、关、堡、镇、古迹),卷三建置志八目(城池、廨署、仓储、兵防、铺舍、驿递、桥梁、楼阁),卷四风土志三目(风俗、时令、物产),卷五赋役志八目(户口、丁粮、起运款、外支款、征支款、驿站款、杂赋、恤政),卷六学校志八目(学宫、学额、藏书、祭器、乐器、舞器、书院、义学),卷七典礼志五目(祠祀、坛、庙、乡饮、讲约事宜),卷八秩官志七目(官制、州县、儒学、典史、宦迹、监司、流寓),卷九人物志六目(乡贤、忠义、武功、孝友、烈女、隐逸),卷十选举志十目(进士、举人、孝廉方正、选拔、恩贡、岁贡、武进士、武队、吏员、恩荣),卷十一艺文志

① 张维:《陇右方志录》,北平大北印书局,民国二十三年(1934),第52页。

六目(碑记、传、铭、诗、赞、歌),卷十二杂记志七目(祥异、古墓、寺观、仙释)。

《陇右方志录》载:“会宁设县,始于金之西宁,其后会州尝徙治之,明时定名会宁。此志沿革以会宁为陇西郡地,犹近事实。乃云汉徙陇西郡治,秦即今秦州,以古陇西置襄武县,武帝置凉州治陇,即今陇西,分襄武置枝阳县。东汉废枝阳置祖厉县,后魏废置乌水县,又析乌水南置会宁,县名自此始。宋改会宁为西宁县,皆羌无故实,随意杜撰。且枝阳在逆水之侧,地属金城,去郡治允吾不远,为今永登县南部地。考之《水经注》,明白可见。《通典》以会宁为汉枝阳县,遂肇错误。然《通典》犹指会州之会宁即今靖远县也,今复移之巩昌之会宁,强以相去四五百里之地当之。《古迹》《流寓》相因附会,盖稽古之难如此。会宁去襄武,中隔勇士一县,天水分郡后是否仍隶陇西,自属疑问。志以襄武廉褒列冠《人物》,亦近附会。又《秩官·黄显祖传》:前明邑志沦散无稽,显祖求得邑人王守基、范长儒所辑草本,删存其略。盖光尧复就黄本参证编辑,以成此志也。”①

2002年,白银市地方志办公室校注,编入《靖远会宁红水县志集校》出版。

〔道光〕续修会宁县志

二卷,二册。存道光二十年(1840)原刊本。徐敬修,周西范纂。徐敬,字信轩,临川(今江西抚州市)人。监生,道光十七年(1837)任会宁知县。周西范(1782—1854),字禹锡,号莲峰,会宁(今甘肃会宁县)人。嘉庆十五年(1810)举人,历任陕西澄城、府谷县教渝。归里后兴办地方公益事业,人称“周善人”。著有《读史摘余》《子腋》等书。

此志修成于道光二十年(1840),上距毕光尧志仅九年时间,所以内容较少,仅二卷。其体例依《毕志》门类,当续者则续之,不续者则仍抄录其小序。所续条目有建置、学校、秩宫、人物、选举、艺文六门。徐、周二人均有才名,但其续志却失之简陋,且对于毕志中诸沿革考证中颇多错乱,职宫、选举有误漏,人物也有

---

① 张维:《陇右方志录》,北平大北印书局,民国二十三年(1934),第53页。

附会等问题，概未加厘正。张令瑄说此志："自谓依前目，而多有目无续文。所续建置志五条，学校二条，职官七条，烈女四十二人，科口六人，艺文录知县徐敬诗文数篇，巧宧标榜风雅，借著作以自炫者，类多如此。"①可谓中肯之论。

会宁县乡土志

一册。存写本。撰者及编纂时间均不详。户口等目记事至同治兵燹后二十余年，故可推测其编纂时间当在清光绪年间。

该志分历史、政绩录、兵事录、人类、户口、氏族、宗教、实业、地理、山、水、道路、物产、商务等目，其中一些目下内容空缺，当是依部颁条例采集，尚未完成之稿。

〔民国〕会宁县志稿

八册。存稿本。张令瑄《三陇方志见知录》载："此稿依《新通志稿》例目编次，记近事亦详。会宁县志年久失修，望县人合参两稿订伪补缺，早成新志。"②

〔民国〕会宁县志续编（样本）

十卷。存稿本。民国十五年修。卷一至卷十二署"皖北段燕萍督修"，卷十三至卷十六署"中州牛培章督修"。卷一舆地志九目（舆地总分图、沿革图表、晷度表、疆域、山水、地质、气候、物产、古迹），卷二建置志十一目（城池、廨署、仓库、县市、村里、关梁、坛庙、祠宇、寺观、临时机构、特别机关），卷三民族志十目（种姓、移徙、户口、宗教、文化、生计、农工商、矿林牧、风俗、方言），卷四民政志

---

① 张令瑄：《三陇方志见知录》，载周丕显等《甘肃方志述略》，吉林省图书馆学会印行，1988年。
② 张令瑄：《三陇方志见知录》，载周丕显等《甘肃方志述略》，吉林省图书馆学会印行，1988年。

六目(议会、自治、警政、水利、赈恤、保甲),卷五财赋志九目(贡赋、税捐、仓储、市籴、差徭、公债、官产、会计、货币),卷六教育志八目(学制、学宫、书院、学校、文化机关、学田、留学、社会教育),卷七军政志四目(军制、兵防、铺舍、边防),卷八交通志五目(驿传、道路、陆运、邮务、电政),卷九秩官志四目(官制、文职、武职、名宦),卷十选举志七目(文科目、考职、武科目、吏员、恩荣、学校毕业、议员),卷十一人物志十一目(贤达、监司、武功、节义、孝友、隐逸、艺术、烈女、殉难、仙释、流寓),卷十二艺文志十一目(记、碑、传、序、铭、表、颂、檄文、赞、诗、歌),卷十三金石志八目(石器、陶器、金器、石刻、造相、摩崖、砖瓦、范泥),卷十四纪事志二目(历代戎事、历代割据),卷十五变异志二目(历代变异、民国变异),卷十六杂记志三目(拾遗、轶闻、考证)。

张令瑄《三陇方志见知录》载:"记清道光以后事甚详,文字简畅。惟当时未能付印,今所见存稿,仅卷九职官,分官制、文职、武职、名宦、监司;卷十选举,分文武科目、考职、武阶、吏员、荣恩、学校毕业、议员;卷十一人物,分十目。"[1]今见甘肃省图书馆藏稿本比张令瑄所见在志目上略有出入。

2002年,白银市地方志办公室校注,编入《靖远会宁红水县志集校》出版。

红水县丞赋役全书

存咸丰三年(1853)刊本。该书分三册装,第一册道光三年起至道光十二年止,第二册道光十三年起至道光二十二年止,第三册道光二十三年起至咸丰二年止。每册均只有六叶。

红水县采访志

仅存第五册《人物》,无撰人及时间。所记人物事迹最晚为光绪二十一年

① 张令瑄:《三陇方志见知录》,载周丕显等《甘肃方志述略》,吉林省图书馆学会印行,1988年。

(1895)。

皋兰县红水分县采访事略

一册。存写本。光绪三十一年(1905),县丞李国华辑。此册现存台北中央图书馆,未悉其篇目。《中国地方志联合目录》记为清宣统元年稿本。

2002年,白银市地方志办公室校注,编入《靖远会宁红水县志集校》出版。

红水县丞地理调查表

一册,五叶。存写本。宣统二年(1910)刘秀石编。

〔民国〕创修红水县志稿

十二卷,八册。存稿本及1963年油印本。民国十九年(1930)红水县政府修,佚名纂。卷一图;卷二表:沿革、职官、选举;卷三舆地:星野、疆域、关隘、山川、水道;卷四风俗、方言、物产;卷五经政:建置、田赋、户口、税课、差徭、仓储、恤政;卷六典祀、武备、驿运、邮电、纪事;卷七灾异、蠲赈、教育;卷八古迹;卷九宦绩;卷十、卷十一人物、列女;卷十二艺文。

今甘肃省图书馆存一油印本。检索卡片上标注曰:"1963年7月据景泰县文化馆藏稿复制油印。"该油印本笔者所见有第二、第三、第四、第五册,每册卷首扉页上均有内容相同的一段说明文字。然笔者逐一翻检查核,该油印本各册实际所存为:第二册表,有沿革、职官、选举三目。第三册卷三,志卷一舆地,有星野、疆域、形胜、关隘、山川、水利六目;卷四志卷二,有风俗、方言、物产三目。第四册卷五,志卷三经政,有建置、田赋、户口、税课、差徭、仓储、恤政七目;卷六志卷四,有灾异、蠲赈、教育三目。第五册卷七,志卷五,有祀典、武备二目,其中武备下又列营制、粮饟、塘泛、驿递、历代兵事和营制六小目。

张令瑄《三陇方志见知录》载:“红水为皋兰县丞地,民国二年置县,今改名景泰。此稿多取皋兰旧志增益近事,文辞简洁。惟详于县城而忽于各乡。地图及科学专目均未齐备。其卷六、卷七、卷八各目,次序欠当,应予调理,如‘纪事’宜列卷首为妥。景泰县志尚缺,极望县人据此稿早日编印新志,以重一邑历史。”①

2002年,白银市地方志办公室校注,编入《靖远会宁红水县志集校》出版。缺卷一。

红水县各项调查表

一册。存写本。民国十六年(1927),红水县政府编。

红水县改名移治划界案

一册。存钞本。民国二十二年(1933)编。

① 张令瑄:《三陇方志见知录》,载周丕显等《甘肃方志述略》,吉林省图书馆学会印行,1988年。

青海古旧方志

沙州记

二卷。南朝宋新亭侯段国著。佚。关于此著，张澍辑本序言有考证：“《魏书》：阿豺立，自号沙州刺史。部内有黄沙，周回数百里，不生草木，因号沙州。宋新亭侯段国所纂《沙州记》，即《唐志》之《吐谷浑记》也，原二卷。”[①]因此著“亡佚甚多”，张澍“特就所见钞之。又录《太平寰宇记》吐谷浑始末，以补其阙”，成新的辑本，收在《二酉堂丛书》中。

1992 年，西北师范大学王晶波撰《二酉堂丛书史地六种》，收张澍辑本《十三州志》《凉州记》《凉州异物志》《西河记》《西河旧事》和《沙州记》六种。针对张氏辑本的特点，王晶波主要做了以下几方面的工作：一一为张氏所辑条目找出出处，订正异同；对辑本中张氏所加按语也找出出处，订正异同；将张氏辑本与王谟辑本、陶宗仪辑本、汤球辑本相参照，并一一指明其异同。这些工作扎实细致，为这六种历史地理著作的保存、流传和学者们研究利用提供了极大的方便。

① [清]张澍辑，王晶波校点：《二酉堂丛书史地六种》，兰州：甘肃人民出版社，1992 年，第 165 页。

《二西堂丛书》辑《沙州记》凡二十二条，后附《寰宇记·吐谷浑传》。王晶波考证，张氏所辑二十二条中三条为误记。[①]

此《沙州记》即《隋书·经籍志》（张澍误为《唐志》）所载之《吐谷浑记》，记沙州一带地理物产。此“沙州”在今青海省，一般读者望文生义，往往误为敦煌之沙州。

吐蕃黄河录

四卷。贾耽著。佚。贾耽（730—805），唐代地理学家。一生嗜读书，尤其酷爱地理学，对关中、山南等道均有亲身了解。在鸿胪卿任上，利用职务之便，从少数民族、外国使者及唐朝返国使臣口中搜集各地、各族及各国的山川地势等情况，撰写了不少地理学著作，绘制了一些地图。主要有《关中陇右及山南九州等图》《吐蕃黄河录》四卷、《关中陇右山南九州别录》六卷、《贞元十道录》四卷、《皇华四达记》十卷、《古今郡国县道四夷述》四十卷及《海内华夷图》。

《吐蕃黄河录》又名《河西戎之录》，成书于贞元十四年（798），是《关中陇右及山南九州等图》的文字说明，包括《关中陇右及山南九州别录》六卷和《吐蕃黄河录》四卷。此书图文并茂，记载吐蕃境内“诸山诸水”的“首尾源流”[②]，是我国第一部以黄河命名的著作，也是研究河源地理的重要资料，惜已失传。

青唐录

三卷，一册。李远撰。存。李远及其《青唐录》，陈振孙《直斋书录解题》卷七有记载：“《青唐录》一卷，右班殿直李远撰。元符中取邈川、青唐，已而皆弃之。

---

① 王晶波：《二西堂丛书史地六种校点说明》，载［清］张澍辑，王晶波校点《二西堂丛书史地六种》，兰州：甘肃人民出版社，1992年，第2页。

② ［五代晋］刘昫等：《旧唐书》卷一三八《贾耽传》，北京：中华书局，1975年，第3784页。

远，绍圣武举人，官镇洮，奉檄军前，记其经历见闻之实，灿然可观。”[①]《宋史·艺文志》著录也作一卷。

此著今存，被陶宗仪《说郛》收录，但仅有九百五十八字，内容主要是河湟地区的地理形势和青唐城内的情况，看不到北宋与吐蕃部落战争的痕迹，与陈振孙“其经历见闻之实，灿然可观”之说不相符；并且，李焘《续资治通鉴长编》卷五百一十二中保留有一段文字：“(元符二年七月戊申)毕斯布结兄弟三人及首领、仆从二百余人，并所管蕃兵六千一百四十八人来降。(以下李焘自注)此据汪藻《青唐录》，蕃兵六千一百四十八人。李远《青唐录》云：‘毕斯布结以错鉴、嘉木卓、一公、丹巴四城降。四州在河州之南，重山复岭。’”其中李远这一段文字是《说郛》本《青唐录》所没有的。据此，有学者推断：“《说郛》本中的现存《李录》是一个经过别人删修或节选了的本子，而不是全文。”[②]

青唐录

三卷，一册。汪藻撰。佚。汪藻，字彦章，绕州德兴人。聪明颖悟，年少得意，名扬江左。宋徽宗时，有“江左二宝：胡伸、汪藻”[③]的说法。他博极群书，老不释卷，一生著述极多，除《青唐录》外，还撰有《元符日历》《徽宗实录》《浮溪文集》和《裔夷谋夏录》等书。《宋史》有传。

汪藻所撰《青唐录》，《宋史·艺文志》和晁公武撰《郡斋读书志》都有著录，唯前者为三卷，后者为二卷。另外，孙觌《鸿庆居士集》卷三十四《汪公墓志铭》也有记载。但“自《宋史·艺文志》后，明清各家私人藏书及四库书目均不见此书”，现在“我们只能从李焘《长编》和杨仲良《长编纪事本末》中见到这本书的一些断简残牍”，故可断定此书“亡佚比较早”。[④]

---

① [宋]陈振孙著，徐小蛮、顾美华点校：《直斋书录解题》，上海：上海古籍出版社，1987年，第215页。

② 汤开建：《李远、汪藻及〈青唐录〉》，《敦煌学辑刊》1983年第3期，第129—132页。

③《宋史》卷四四五《汪藻传》，北京：中华书局，1977年，第13130页。

④ 汤开建：《李远、汪藻及〈青唐录〉》，《敦煌学辑刊》1983年第3期，第129—132页。

以上两书同名且同朝代，又都被《宋史·艺文志》所著录，这一现象自然会引起学者的关注。早在南宋时期，李焘就做出了自己的解释："汪藻删修，遂没憝、远姓名。"[①]但今人汤开建并不同意这种说法。他在经过详尽的考证之后得出结论：北宋对青唐的战争分两个阶段，一是在元符年间由王赡领导的，一是在崇宁年间由王厚领导的。而现存李远《青唐录》只记载了前一阶段，对后一阶段只字未提。汪藻虽然没有参加过北宋对青唐的战争，但他因参加过宋徽宗日历、实录等的编纂工作，奉诏收集寻访过各种故家文书，对这一时期的文献是熟悉的。加之元符以后，由于宋对青唐的战争，故边臣将帅无不注重于青唐的历史（这方面的著述除李远《青唐录》外，仅现见存目的就有高永年《元符陇右录》、郑骧《河陇人物志》和《蕃谱系》、赵挺之《崇宁边略》等），但这些史籍全为武臣所修，文字难免粗糙。在这种情况下，由名扬江左的大文豪汪藻来再修一部宋对青唐战争的历史也就不足为奇了。[②]

两种《青唐录》主要记载的是北宋和唃厮啰建立的青唐政权之间的关系，或战争，或朝贡，或赐封等，但也记载了青唐政权与西夏、回鹘、契丹之间或战争，或联姻等关系，记载了青唐政权的疆域、政治、经济、文化及唃厮啰家族成员的各种活动等，对研究宋代西北民族历史及当时青海政治、经济情况都有较高的价值。

这两种《青唐录》均由马忠辑注，收入《青海地方旧志五种》，于 1989 年由青海人民出版社出版。

河源纪略

三十六卷。纪昀、陆锡熊编纂。存。

乾隆四十七年（1782）春，"以中州有事于河工，特命侍卫阿弥达祭告西宁

① 《续资治通鉴长编》卷五一六。

② 汤开建：《李远、汪藻及〈青唐录〉》，《敦煌学辑刊》1983 年第 3 期，第 129—132 页。

河神，因西溯河源，绘图具奏。言星宿海西南三百余里有阿勒坦郭勒水，色独黄。又西有阿勒坦噶达素齐老，流泉百道，入阿勒坦郭勒，是为黄河真源，为自古探索所未及"。乾隆皇帝"因考征实验，参订旧文，御制《河源诗》一章，详为训释，系以案语。又御制《读〈宋史·河渠志〉》一篇，以正从来之讹误。复命兵部侍郎纪昀、大理寺卿陆锡熊等，寻绎史传，旁稽众说，综其向背，定其是非，辑为一书"，即《河源纪略》。《四库全书总目提要》详述此书体例及内容："首冠以图，凡开方分度，悉准钦定舆图，而以河流所迳及诸水之潜通显会者，各依方隅绘画，以著其详。次列以表，以分、合、伏、见四例，该水道之脉络。俾旁行斜上，经纬相贯，纲目相从，以提其要。次曰《质实》，详核水道之源流，兼仿《水经》及郦道元注之例，旁支正干，一一疏通证明。次曰《证古》，凡载籍所陈，与今所履勘相符者，并条列原文，各加案语，以互相参订。次曰《辨讹》，凡旧说之纰缪，亦条列原文，各为纠驳，以祛惑释疑。次曰《纪事》，凡挞伐所经，部族所聚，职贡所通，及开屯列戍与灵源相值者，一一胪载。其前代轶闻，亦以类附见。次曰《杂录》，凡名山、古迹、物产、土风，介在洪流左右者，皆博采遗文，以旁资稽核，而恭录御制诗文，弁冕全书，用以挈纲领，定权衡焉。"[①]此书系据阿弥达等人上溯河源，实地勘察经过及结果撰成，资料翔实，内容丰富，成为研究河源的重要文献，也是研究青海省历史地理的重要文献。

《河源纪略》记："星宿海西南有一河，名阿勒坦郭勒，蒙古语'阿勒坦'即黄金，'郭勒'即河也，此河实系黄河上源。"[②]从其附图看出，阿勒坦郭勒即三河居中的一条，应是玛曲正源。此书影响很大，后世论河源，大多采用此说，并且这一结论在当代经过了多次科学考察后也被确认。[③]

---

① 《四库全书总目》卷六九，北京：中华书局，1965年，第613—614页。

② ［清］纪昀、陆锡熊等撰：《河源纪略》，影印文渊阁《四库全书》本第579册，上海：上海古籍出版社，1987年，第1页。

③ 王玲等：《关于黄河源头的界定》，《人民黄河》2009年第1期；王玲等：《再谈黄河河源的界定》，山东水利网：http://www.cqvip.com/qk/95810X/200901/29338137.html.

河源图说

吴省兰著，清光绪十七年(1891)成书。存上海著易堂刻本。又名《河源纪略承修稿》。1987年天津古籍出版社影印出版。

河源异同辨

范本礼著，清光绪十七年(1891)成书。存上海著易堂刻本。1987年天津古籍出版社列入《西北开发史料丛编》影印出版。

西宁水道流经考

丁耀奎著，成书于清末。存抄本。

青海志

四卷，一册。存抄本。清末康敷镕纂。康敷镕，字陶然，宣统三年(1911)至民国二年(1913)任丹噶尔厅同知、知事，曾平定李旺"黄表会"之乱，主持整修地方道路，平抑粮草市价，建县立规，颇得民众拥戴。

此志分四卷，卷一蒙古名称和番种族分住址所在、户口、畜牧三目，卷二矿产、垦地、森林、出产、名山、水源六目，卷三路程、寺院二目，卷四名酋、古迹、气候、方域、蒙番强弱五目。

1968年，台湾成文出版社收入《中国方志丛书》，影印出版。该丛书中还影印有康敷镕《青海记》，不分卷，细核内容，为《青海志》别一抄本。1995年，上海古籍出版社又有影印本出版。

青海地志略

三卷，一册。存抄本。清末康敷镕纂。志后附《喀尔喀地志略》二卷、《西套厄鲁特地志略》一卷。志首云："青海，一名西海，土名呼呼脑儿。古西戎。三代为西羌。汉为张掖、武威、金城、陇西四郡之西塞。"[①]说明青海与河西之关系。1968年，台湾成文出版社收入《中国方志丛书》，影印出版。

青海图说

一卷，一册。章光庭纂。存抄本、民国石印本。卷端题《青藏界图说》。该书体例为章节体，凡分族类之变迁、界址、关于边界之地形及险要、关于边界之山脉、关于边界之江河、市会及村落、物产、习俗等八章。

青海志

不分卷，一册。白眉初纂。存抄本。白眉初（1876—1940），名月恒，河北卢龙县（原直隶永平府）人，满族，我国近代著名地理学家。主要著作有《中华民国省区全志》《最新物质建设精解》等。此著记事至民国十四年（1925），可能是《中华民国省区全志》之部分。

青海风土记

一册。民国十七年（1928）杨希尧纂。存民国二十二年（1933）新亚细亚学会铅印本。杨希尧，字子高，民国时曾任青海省教育厅长。民国二十四年

---

① 《青海地志略》，台北：台湾成文出版社，1969年，第1页。

(1935),侯鸿鉴游西北,著《西北漫游记》,其中记曰:“杨厅长有《青海风土记》,四年前所刊印,余向詹科长处借来一阅。所有奇异之番人与土人之风俗,殊堪浏览。”[①]

最近之青海

一册。青海省政府民政厅编。存民国二十三年(1934)新亚细亚学会铅印边疆丛书本。

青海

一册。中华西北协会纂。存民国二十二年(1933)铅印本。

青海

一册。王慎余、邹国柱纂。存民国二十五年(1936)蒙藏学校铅印本。

青海

一册。周振鹤纂。民国二十七年(1938)长沙商务印书馆铅印本。

青海省人文地理志

一册。张其昀、李玉林编。存民国三十一年(1942)油印本。

① 《西北漫游记/青海考察记》,兰州:甘肃人民出版社,2003 年,第 65 页。

青海志略

不分卷，一册。许崇灏（公武）纂。存抄本、民国三十二年（1943）上海商务印书馆铅印本。

青海（上）

吴钧著，存民国三十六年（1947）国立西宁师范学校印本。

青海省志

四册。又名《青海历代纪要》。青海省通志编纂委员会纂修，存民国三十六年（1947）稿本。

青海省各县风土概况调查记

十四册。民国十九年（1930）青海各县县政府辑。存写本。《三陇方志见知》载："此记为民国十九年新修甘肃省通志时，各县汇报资料，凡有西宁、贵德、循化、化隆、乐都、门源、民和、大通、湟源、同仁、共和、互助、都兰、玉树十四县。每册分：一疆域、沿革（七目）。二种族、人口（四目）。三宗教、风俗（四目）。四人情、习惯（五目）。五山川、气候（四目）。六名胜、古迹（四目）。七政治、实业（七目）。纲目凌乱，内容简略，每县多者计万余字，略者仅二千字，盖为应付之册。惟大通县册，文用语体，异于旧志。及循化杨希尧所编《青海风土记》，则较此为详实云。"[①]按：张令瑄所记有误。当时各县册纂辑完成时间不一，详见后文分述。

---

① 张令瑄：《三陇方志见知录》，载周丕显等编《甘肃方志述略》，吉林省图书馆学会，1988 年。

〔嘉靖〕西宁卫志

卷册不详。张莱撰。佚。

〔万历〕西宁卫志

卷数不详，一册。刘敏宽、龙膺撰。明万历二十三年（1595）十二月成书。佚。刘敏宽于万历二十三年（1595）始任西宁兵备副使，二十五年（1597）迁按察使。龙膺于万历间先任西宁卫监收通判，嗣迁同知。[①]《西宁卫志》的纂修当在此时。

此志不见于明人著录。万历间及万历后编定的明代公私目录，如张萱的《内阁藏书目录》、焦竑的《国史经籍志》、黄虞稷的《千顷堂书目》、高儒的《百川书志》、徐𤊹的《红雨楼书目》等均无。清修《明史·艺文志》及《四库全书总目》亦不录。张维《陇右方志录》首次正式著录："《〔万历〕西宁卫志》，佚。明万历二十三年兵备道安邑刘敏宽修。"并引《〔乾隆〕西宁府新志》："万历二十三年十二月，兵备刘敏宽、同知龙膺修《西宁卫志》成。今不特无刻板，即当年印行者，遍觅仅得《宦迹》及《艺文》数卷。使其尚存，必不似现行《西镇志》之陋劣舛错也。惜哉！"[②]

西北民族大学王继光教授稽考《天下郡国利病书》所录《西宁卫志》，发现万历二十三年以后明确纪年的材料三条，从而判定《西宁卫志》的成书年代绝不会早于万历二十四年。[③]

该志撰修时期，恰逢明政府派兵部尚书郑洛经略青海，整饬兵备防务，招抚番族，以御"海虏"，并相继取得"湟中三捷"的战绩。故志中反映明代青海军备防务的内容特别突出，尤其是"堡寨""峡榨""番族""四卫""海虏"等几部分，

---

① 参见《西宁府新志》卷二五《刘敏宽传》《龙膺传》，《明神宗实录》卷二九一、三〇九。

② 张维：《陇右方志录》，北平大北书局，民国二十三年（1934），第17页。

③ 王继光：《辑本〈西宁卫志〉序》，《西北民族研究》1990年第2期，第227—240页。

甚为详尽。

1993 年,王继光据《天下郡国利病书》原编第十九册辑抄进行辑注整理,成辑本《西宁卫志》三卷十篇。卷一地理志:疆域、山川、古迹、城池(铁厂附)四目;卷二兵防志:堡寨、峡榨、番族、四卫、海虏五目,前有小序;卷三纲领志。该辑本与《西镇志》合刊,1993 年由青海人民出版社出版。徐晓萍撰写《〈西宁卫志〉及其史料价值》一文,运用王继光辑本序言的内容,评价辑本《西宁卫志》有三个方面的价值:历史价值、史料价值、创始价值。①

〔顺治〕重刊西镇志

七卷,二册。明万历二十三年(1595)刘敏宽修,清顺治十四年(1657)苏铣重辑刊印。存顺治十四年刊本。该志分列地理、建制、官师、兵防、岁计、人物等志和艺文考,其下列有沿革、水利、物产、烽墩、户口、屯田等二十四个类目,附舆图三幅。书口题《丁酉重刊西镇志》。

《四库全书总目》载:"铣,交河人。顺治丙戌进士。由卫辉府推官行取监察御史,巡按山西。裁阙改补西宁道。又调岭东道。是编即其顺治十二年官西宁道时所作。西宁在国初为军民指挥使司,本临边之地,文献罕征,故其书潦草冗杂,绝无体例,盖创始者难工也。"②《陇右方志录》说:"铣以顺治十二年作《西宁志》,而旧《西镇志》重刻于顺治十四年,疑即一书而称名者微误尔。"③此说甚是。

《三陇方志见知录》载:"此志当为苏铣辑刊刘敏宽原本,纲目芜乱,浮论冗多,人物分为忠烈、甲第,尤为失当。至可异者,苏铣自序其志,而无一字涉及修志事,而两序皆泛泛空文。惟于兵防言之甚详。盖西宁为明、清两代边防要镇也。艺文志所录奏疏、碑记,亦多有裨明代史实。"④

---

① 徐晓萍:《〈西宁卫志〉及其史料价值》,《图书与情报》1997 年第 1 期,第 73—75 页。

② [清]永瑢等:《四库全书总目》卷七四《地理类存目》,北京:中华书局,1965 年,第 647 页。

③ 张维:《陇右方志录》,北平大北书局,民国二十三年(1934),第 17 页。

④ 张令瑄:《三陇方志见知录》,载周丕显等编《甘肃方志述略》,吉林省图书馆学会 1988 年印行。

王继光则认为，该志“为立国之初，满清统治者出于对比较陌生的西北边镇的了解而指令编纂的。内容或出于‘上意’，体例自不得随意。仓促属稿，拼凑成书，不免疏漏谬误”①。学者讥其“潦草冗杂，绝无体例”“时有错误”②“亦多阙略”③，盖有因也。

该志原刻本仅存天津市图书馆，不分卷。甘肃省图书馆存其中的《艺文志》，并有全书抄本。1959年，青海省图书馆据抄本翻刻，油印数册，书名题为《西宁志》。1993年，青海人民出版社出版王昱、马忠校注本，析为七卷。

〔乾隆〕西宁府新志

四十卷，十二册。西宁道佥事杨应琚修，乾隆十二年(1747)成书。存乾隆十二年(1747)初刻本和二十七年(1762)改订补刊本。

杨应琚，字佩之，号松门，辽海(今辽宁开原)汉军正白旗人。雍正十一年(1733)，承祖、父之荫，出任西宁道，次年转任临巩道。乾隆元年(1736)由甘肃巡抚黄廷桂保荐，再任甘肃西宁道按察使司佥事，前后历十五年，建树颇多。④

该志列星野、地理、建制、祠祀、田赋、武备、官师、献征、纲领、艺文等十志，其下分列一百零五个子目，共约三十万字。卷首附有西宁府，西宁、碾伯二县，巴燕戎、贵德两厅，大通卫、黄河和五峰山等舆图十幅。

张维评价此志：“整严有法，而议论驰骤，高瞻远瞩，多经世之言。凡例引孙樵语：职官、山川、地理、礼乐、衣服，宜直书，一时制度。又言：人物宜存警训，不当徒以官大宠浓。讲文张字，又创为《纲领》一志。依编年泐志，大事皆卓见也。

---

① 王继光：《辑本〈西宁卫志〉序》，《西北民族研究》1990年第2期，第227—240页。

② 张维：《陇右方志录》张维按语，北平大北书局，民国二十三年(1934)。

③ 《〔顺治〕凉镇志》张昭美序。

④ 关于杨应琚在西宁的政绩，可参阅毛文炳《清代西宁道杨应琚》(《青海社会科学》1982年第3期)、汪受宽《杨应琚和他有关西北的著作》(《兰州学刊》1985年第3期)、张得祖《以湟水作桐乡的西宁府佥事杨应琚》(《青海社会科学》1996年第1期)、陈亚艳《从〈西宁府新志〉看杨应琚的民族关系思想及其实践》(《青海民族研究》2006年第4期)等文。

然亦间有微误。《沿革表》第一栏列汉令居县以为今西宁县，于汉为令居地。考令居在永登县西北，其后讹为廉川，今连城土司地也。令居之西为破羌，分破羌之西始置西都，即今西宁。此相去远矣，不得越破羌而仍为令居地也。又《古迹》载宋倚郭县故城在西宁县西南四十里今伏羌堡。考《宋史》，元符二年建鄯州，三年弃之。崇宁三年收复，改置西宁州，又置倚郭县。五年罢县。倚郭即附郭，附郭之县何以远在县西南四十里？无此理也。贵德所地，于汉为河关县。周之浇河，隋之河津，皆在此地，而志佚不载。山川以古今名杂列，时有一山川而两三见者，于稽考为不便。'纲领'二字盖有取于《通鉴》'纲目'之意。然彼以《通鉴》为主，义意自明。今云《西宁志》《纲领志》，则骤莫知其涵义，不如改为《纪事》较为质实。"[①]

乾隆十二年(1747)十一月，时任西宁知县的陈铦在为《新志》所作《跋》中说："杨公莅宁一十余年，兴利除弊，善政嘉猷，不可胜举。而一切民风土俗、官方戎政、四至版图、方书断简，悉罗胸中。乃于公余之暇，将旧志详加考订，略者详之，缺者补之，讹者正之，应续者增之，纂成《新志》。"[②]杨应琚也自述编纂这部志书的情况说："湟中旧志久佚，而见存者荒谬不雅驯。且大通本系新疆，贵德又属改隶，皆应汇入郡志。而边陲质野，文献无征……遂忘其固陋，于乾隆丙寅秋七月搦管，至丁卯夏五，历十一月而脱稿。举典期可征诸事，载言期可施诸用……凡为总志十，分目得百有五，计两函四十卷。撰次校对，咸出余一人之手。"[③]但现代有学者在对比辑本《西宁卫志》与《西宁府新志》的篇目和内容之后发现：尽管杨应琚序声称刘敏宽、龙膺《西宁卫志》"今不特无刻板，即当年印行者，遍觅仅得《宦迹》及《艺文》数卷"，并且颇为自负地说"纲领一志，余之并例"，可种种证据表明，《西宁府新志》"系摭取《〔万历〕西宁卫志》并加续补而成书，则是不容置疑的"；杨氏所说乃"为避掠人之嫌而有意释放的一个烟幕"，其

① 张维：《陇右方志录》，北平大北书局，民国二十三年(1934)，第18页。
② ［清］陈铦：《西宁府新志跋》，载《西宁府新志》，西宁：青海人民出版社，1982年，第1047页。
③ ［清］杨应琚：《西宁府新志序》，载《西宁府新志》，西宁：青海人民出版社，1982年，第54—55页。

目的是“以此抬高《新志》的创修地位”。[①]

但此志“精笔削，密鉴裁”“经世大业出其中”[②]，为清代方志中的上乘之作，在青海也是“现存地方志中部头最大，内容最丰富，编写最得法的一部志书”[③]，则是不争的事实。

因此志的价值，当代学者多有研究成果问世。20世纪80年代初，校点本《西宁府新志》重印之际，青海民族学院李文实先生为之撰写了一篇很长的《弁言》，其中详论此志在体例上的创新，有如下几点：一是践行唐人徐坚“方志直文”的思想，对地方官褒贬兼施，“间有论断，使是非判然”[④]，以达到劝善惩恶的目的。二是在《武备志》中列入明塞外四卫、青海、西藏三目，统括西陲边塞，山川路径，以突出西宁府当时在国防上所居的战略地位。因地因时自立名目，切合边情，为一般方志所未有。三是特立《纲领志》，“编年著其事功”，将西宁两千多年的大事叙列成篇，起到了提纲挈领的作用。又仿《晋书·载记》体例，将历史上活动在本地区的部族和少数民族所建立的独立政权或割据政权，诸如西羌、吐谷浑、南凉、西秦、吐蕃、唃厮啰，分别编为《载记》六篇，附于《纲领志》后，符合青海地区历史时期的特殊情况。四是从事实地调查并取得成效。[⑤]

兰州大学汪受宽先生也曾论及《杨应琚和他有关西北的著作》，说这“是一部纲目该备、资料丰富、考证慎严、文字古雅的通纪体方志”，指出其三个重要特点：一是继承和发扬清代史学“经世致用”的传统，把方志的编撰与探索治国治民的方法紧密结合在一起；二是体例的因时因地制宜和创新；三是资料丰富，考证严谨，从而赋予此志以较高的史料价值，为当时及后世学者所重。[⑥]

2006年，青海民族学院陈亚艳发表文章《从〈西宁府新志〉看杨应琚的民族

---

① 王继光：《辑本〈西宁卫志〉序》，《西北民族研究》1990年第2期，第227—240页。

② 杭世骏：《西宁府新志序》，载《西宁府新志》，西宁：青海人民出版社，1982年，第53页。

③ 吉林省方志编纂委员会、吉林省图书馆学会：《青海地方志书介绍》（中国地方志详论丛书之二十、吉林省图书馆学会丛书之四十二），1985年，第27页。

④《西宁府新志·凡例》，载《西宁府新志》，西宁：青海人民出版社，1982年，第61页。

⑤ 李文实：《重刊〈西宁府新志〉弁言》，载《西宁府新志》，西宁：青海人民出版社，1982年，第16—22页。

⑥ 汪受宽：《杨应琚和他有关西北的著作》，《兰州学刊》1985年第3期，第73—78页。

关系思想及其实践》,从该志编纂的时代背景、纲目结构设计,以及杨应琚在治理西宁的政绩等三个方面探讨了杨应琚"大一统"民族关系的思想与实践,并指出其不足和局限——对西宁的寺庙,包括塔尔寺、佑宁寺、文惠寺、瞿坛寺等重要寺庙的记载过于简略,也没有为格鲁派创始人宗喀巴及其他重要宗教人物如章嘉、土观、固始汗等立传。[①]

此志现存有两个刻本:一是乾隆十二年(1747)初刻本,全文分用大小正楷字刻出,字体饱满圆润,笔画完整,印刷墨色匀称,清晰爽朗,青海民族学院图书馆有收藏。一是乾隆二十七年(1762)西宁府知府刘弘绪改订补刊本,卷首有著名学者杭世骏和刘弘绪序言各一篇。此刊本在大部保留原版的情况下,除采取一些措施补入教育等方面的新资料,并将西宁府地方建置变化反映出来以外,还有两大改动:一是删去了《艺文志》中的部分诗作,主要是杨应琚本人及对其酬答之作;一是严重避讳。杨氏初刻本并不避讳,而至乾隆二十七年,受文字狱和收毁禁书浪潮的冲击,载笔者噤若寒蝉,深恐被累,因而刘弘绪改版时严重避讳,造成很大的混乱。

1954年,青海省人民政府文史研究馆以青海省图书馆藏刘刻本为底本,经整理、增补后重印此志。1982年,青海人民出版社又将1954年文史馆重印本与《西宁府续志》合订校点后出版。

〔光绪〕西宁府续志

十卷,五册。邓承伟修,来维礼纂。成书于光绪九年(1883)。存写本。卷一舆图,卷二地理志(七目),卷三建置志(八目),卷四祠祀志(五目),卷五田赋志(七目),卷六武备志(四目),卷七官师志(五目),卷八献征志(六目),卷九纲领志,卷十艺文志(五目)。

---

① 陈亚艳:《从〈西宁府新志〉看杨应琚的民族关系思想及其实践》,《青海民族研究》2006年第4期,第125—129页。

该志由兵备道邓承伟于光绪三年(1877)邀请邑绅来维礼、兰山张澍滋主笔纂修,次年脱稿。其后又间有考订,至光绪九年(1883)始编定成书,但未刊刻。所记起自乾隆十二年,止于光绪四年,多记同治年间事迹。来维礼(1833—1903),字敬舆,一字心耕,号辰生,又号椒园,西宁朝阳人。他在西宁文化教育史上有着重要的地位,在诗歌创作上也有卓越的成就,所作诗词辑为《双鱼草堂诗钞》。

邓承伟序:"宁郡旧有新志,杨公应琚所撰。惟自乾隆至今,百有余岁,其中版图之廓,官制之增,如贵德、丹噶尔改设同知,循化厅隶入郡治,与夫继起之名宦,特出之将才,闾阎户口之繁衍,学校仓廪之添设,以及一切变更事宜,皆应续入郡志。……爵帅左宗棠檄遣京卿刘锦棠率师击贼,克定宁郡,而阵亡将弁,遇难士女,浩气丹心,尤足为郡邑生色。若不及时勒为成书,必至久而无闻。此续志之修所由,不容以已也。乃商之青海大臣豫师,本道张宗汉协同绅士来维礼、杨大柯、莫自恕等,设局纂修,体例一遵杨志。纂自光绪丁丑,阅戊寅而始就。"

张维按语:"此志义例一仍杨志,杨志阙遗,亦间有补缀。《星野》一志,以已见旧志,不复再续。而于丹噶尔、循化两厅,则以杨志所无,纪载较详。吾所见写本有周希武校语。校证详审,议论能见其大,依此再加修辑,则佳志也。明时河州设二十四关,清同治后变更区划,以大小马家滩、麻山、唵哝四关划归狄道、河州,陡石、沙马两关皆南界洮州,与西宁无与。此志依《循化志》全录二十四关,误矣。周校亦未摘及也。"①

〔民国〕西宁府续志

十卷,二册。邓承伟原本,基生兰续纂。存民国二十七年(1938)铅印本。基生兰(1870—1944),字香斋,号半隐山人,西宁人。基生兰曾任西宁县教育局局

① 张维:《陇右方志录》,北平大北书局,民国二十三年(1934),第18—19页。

长、青海省建设厅科长、省政府秘书处科长。1936年青海省志略编纂委员会成立，基生兰与余人、马霄石主持其事，校订了《西宁府续志》，又编纂《志余》一卷，记光绪四年至民国十七年主要事迹，附于《续志》之后，删除原书卷首舆图，仍为十卷，铅印行世，此即《〔民国〕西宁府续志》。1985年，青海人民出版社出版铅印本。

西宁县风土调查记

一册。民国二十一年(1932)纂。存抄本。

〔道光〕大通县草志

道光六年(1826)县儒学训导问昙编著。佚。《〔民国〕大通县志·艺文志》载有问昙《大通县草志叙》，介绍草志的大略，另收录传记七篇。

问昙《叙》云："大通原无志乘。道光六年，昙司训是邑，欲为创修，乃以枵腹孤掌，难卜成功。旋于课士勤咨之下，得《西宁府志》，披而阅之，有大通卫，分载于其中。采集旧闻，备得建县之所由始。因得作此一卷，备为实录，凡于立论寓意，无取于文。盖以羌番边徼之地，得承皇清列圣之恩，衣冠文物，渐与华同，不可不辩也。"①

该草志是问昙就地征集资料和摘录西宁府志有关大通史料而成的一部志稿，没有刊刻，成为后来编纂《大通县志》的重要资料来源。

采录大通县乘帙稿

一册。清光绪三十四年(1908)邑人梅汝调辑编。存抄本(温州市图书馆)。

---

①《青海地方旧志五种·大通县志》，西宁：青海人民出版社，1989年，第637页。

此为大通县第二部志稿，内容比较丰富，计有：大通县考、疆域、山川、建置、城池、公署、学校、关梁、祠祀、寺观、贡赋、仓廪、兵防、水利、驿传、物产、风俗、古迹、祥异、名宦、选举、人物、忠节、节烈、孝义、仙释方伎、续写节烈后等二十七目。

《三陇方志见知录》录作《大通县考》，说："此册系光绪末年采访之作，所记甚简略，编修大通县志，多所取材。"①

1984年，大通县志办公室曾做校注整理，油印成册。

〔民国〕大通县志

六卷，六册。刘运新修，廖傒苏等纂。存民国八年(1919)甘肃政报局铅印本。卷一图考、天文志(七目)、地理志(八目)，卷二建置志(八目)、赋税志(一目)、职官志(四目)、种族志(二目)，卷三、卷四人品志(五目)，卷五物产志(五目)，卷六艺文志(四目)，前附刘运新、廖傒苏、陈之凤、牛培炯序各一篇。总计约十五万字。

大通于清雍正三年(1725)筑大通、永安、白塔三城堡，设营驻兵，置大通卫。乾隆二十六年(1761)改卫置县。道光时训导问昙、光绪时邑人梅汝调先后拟纂修县志，未成。民国八年，县长刘运龙始邀廖傒苏终其事。廖傒苏就前人原志草稿，并搜访所得资料，考证编纂成志。《凡例》第一条胪列修志诸人，声明："傒苏谬居撰席，地非故土，一切事实，盲无所见，爰集众知，以为罗织，至诸材悉备。"②实事求是，态度诚恳，不掩他人之功。第二条又追述前人修志经过及资料来源，不掠前贤之美。其序亦云："爰采此间旧集，所见前训导问昙、邑绅梅汝调先后汇具草册，然罅漏尚多，未为完本。既合省府及乡土各志并诸绅采访，略

---

① 张令瑄：《三陇方志见知录》，载周丕显等编《甘肃方志述略》，吉林省图书馆学会，1988年。
② 《青海地方旧志五种·大通县志》，西宁：青海人民出版社，1989年，第425页。

加详考，罗而织之，以成一帙。”[①]高风亮节，值得今人学习。

廖傒苏为湖南湘潭人，他的同乡、清末名儒王闿运于光绪十五年(1889)修成《湘潭县志》，“凡为文，简而断，详而明，其为志也亦然”[②]。廖傒苏编纂此志，即以此为鹘的。但志修成后，他自谦：“是不过综核众闻，备诸实录，以待来者。如其云志，律之先正简断详明，失之远矣。”[③]而张维评论说：“傒苏颇自负，于山脉总列三干，于水源分统两派，叙山叙水各从其属。此于条理甚整饬，顾所载多有凌乱，未能如其所言。又云‘以图为纲，以表为领’，于是有不必图之图，如八景；有不必表之表，如各目表。且文繁意复，不类史志。盖犹是文人之作也。《沿革》以大通为唐米川县。考《唐志》，米川县初在河南，后移黄河北，为河州属县，盖今循化、乐都沿河之地，去大通尚远，志亦失之。”[④]

此志1970年台湾成文出版社出版影印本。1987年大通县志办公室进行校注整理，铅印行世，1989年青海人民出版社收入《青海地方旧志五种》出版。

甘肃大通县风土调查录

一册。县知事聂守仁编于民国十五年(1926)。存写本。

此《调查录》体例遵照当时《甘肃风土调查录》统一规定，分为八类，即聂守仁序言所谓：“起例发凡，提纲挈领，庶政聿修，有条不紊，编第一类总纲；修明内政，巩固家邦，凡百政务，庶几改良，编第二类内务；天不爱道，地不爱宝，因利利民，惠而不废，编第三类实业；任土作贡，富国利民，上下相益，端赖会计，编第四类财政；十年树木，百年树人，育才养士，开通民智，编第五类教育；稽古司寇，维掌邦禁，诘奸刑暴，法令持平，编第六类司法；徒杠舆梁，各因时成，披荆刈棘，通商惠工，编第七类交通；招携以德，怀远以礼，世界大同，环球重泽，

① 寥傒苏：《大通县志弁言》，载《大通县志》，台湾成文出版社影印本，1970年，第3页。
② 寥傒苏：《大通县志弁言》，载《大通县志》，台湾成文出版社影印本，1970年，第3页。
③ 寥傒苏：《大通县志弁言》，载《大通县志》，台湾成文出版社影印本，1970年，第4页。
④ 张维：《陇右方志录》，北平大北书局，民国二十三年(1934)，第102页。

编第八类外交。"

聂守仁还吹嘘说:"凡兹八类,纲举目张,足以敷政布治,循序渐进之涂辙者。试证之《周礼》,乃愈信其概括靡广矣。"[①]而张令瑄说该录"撮录甚简,乃为一时汇报册簿,不足以称为志乘也"[②],可谓一语中的。

1984年,大通县志编纂委员会曾标注油印。1985年,青海人民出版社收入《青海风土概况调查集》出版。

〔康熙〕碾伯所志

一册,不分卷。碾伯所千总李天祥纂修于康熙四十六年(1707)至五十年(1711),西宁儒学教授梁景岱鉴定。存抄本。清康熙时期的碾伯所包括今青海乐都、民和二县及化隆等县的部分地区,雍正三年(1725)改所置县。该志分列名称、沿革、疆域等三十二目,内容涉及今乐都、民和二县及化隆县部分地区。纪事起自周秦,迄于康熙十三年(1674)。

《三陇方志见知录》载:"志仅十五页,分三十二条,亟为简略,甚至有一条仅两句者。盖官辑簿册,不足称志也。碾伯今改乐都县,当兰、青孔道,而久无志,亟愿县人奋起而成编也。"[③]

1959年北京师范大学图书馆曾油印刊行。1987年,由景朝德校注整理,1989年由青海人民出版社收入《青海地方旧志五种》出版。

碾伯新志

佚。《〔乾隆〕甘肃通志·疆域》引有《碾伯新志》,《风俗》引有《碾伯志》。乾隆去康熙未远,此《碾伯新志》《碾伯志》疑即《〔康熙〕碾伯所志》。

① 《甘肃大通县风土调查录序言》,载《大通县志·附录》,台湾成文出版社影印本,1970年,第721—722页。
② 张令瑄:《三陇方志见知录》,载周丕显等编《甘肃方志述略》,吉林省图书馆学会,1988年。
③ 张令瑄:《三陇方志见知录》,载周丕显等编《甘肃方志述略》,吉林省图书馆学会,1988年。

乐都县风土概况调查录大纲

一册。民国二十一年(1932)纂。存抄本。

乐都县风土调查记

一册。民国二十一年(1932)纂。存抄本。

〔乾隆〕循化厅志

八卷,八册。清乾隆五十七年(1792)同知龚景瀚著,李本源校。存龚氏双骖亭稿本及原刻本。龚景瀚,字海峰,福建闽县人,乾隆五十七年以平凉知县调署循化。卷一舆图、建置沿革、分野、形胜、疆域,卷二山川、古迹、关津、城池,卷三营汛、兵粮、官署、仓廒、学校、义学、驿站,卷四族寨、工屯,卷五官师、土司,卷六祠庙、寺院、人物,卷七水利、农桑、盐法、茶法、经费、风俗、物产,卷八夷情……共三十二目。

张维《陇右方志录》叙其沿革及民族构成演变颇详:"循化自元明以来为河州边外地,清乾隆二十七年始移河州同知治循化。除营汛、士兵,其属民大半番回族也。志载:雍正九年,回民韩哈控营诉状自称,从哈密来三百六十一年,考之即明太祖洪武四年。越三十四年永乐四年,都指挥使刘钊奏调中左千户一所,贵德居住,共分十屯,而保安有四屯,兵皆拨自内地。有曰吴屯者,江南人,而人亦以番民视之。独撒拉回民日以繁衍。今各屯工有所谓番庄者,盖均昔之番族而化于回者,夫等三百余年耳。江南河州之人则化于番,而番则反化于撒拉,此亦民族史上一大可研究事也。回族昔建撒拉森王国,故哈密迁回取以自号。循化旧名撒拉川,地以人种名也。志谓为人以地名,非也。"又指出其中历史地理的失误:"志考证地理颇详,惟指循化城北河北石山谓即《水经注》之唐述山，唐人谓之小积石山，山实与《水经注》不合。《水经注》唐述山东去风林不远，风林今临夏唵哥集，则唐述山自当在积石关附近；或以丙灵寺当之，似亦近是。总之，不在循化可断言也。又晋惠帝置狄道郡，领狄道、临洮、河关等九县，见于《晋志》。此志云'《晋志》无狄道郡'，亦为微误。"①

1968年台湾成文出版社影印出版。1981年青海人民出版社据甘肃省图书馆所藏嘉庆刻本仿刻翻印，书名《循化志》，竖排，过录为通行简体字，无标点，卷首舆图亦为临摹，较粗糙。

循化地理调查表

清末任肇新编。存抄本。

循化县风土调查记

一册。民国二十一年(1932)循化县政府编。存抄本。1985年，青海人民出版社收入《青海风土概况调查集》出版。

青海省循化县乡土教材参考

一册。民国二十六年(1937)韦杰撰。存抄本。

湟中杂记

一册。那彦成著于嘉庆十七年(1812)。存抄本。

内容包括西宁府、碾伯县、大通县、贵德厅、巴燕戎格厅、丹噶尔城、西宁

① 张维：《陇右方志录》，北平大北书局，民国二十三年(1934)，第103—104页。

城、公署等的设置时间，历任西宁办事大臣衔名，西宁、循化各营额设官兵，黄河源、星宿海、查看河源情形、西海、湟水、青盐池、昆仑山、积石山、小积石山、红崖山等山水情形，郭隆寺、果莽寺、塔尔寺、各寺匾额等寺庙情况，各地札萨克，各地所属熟生各番，青海各族户口，西司每年额引并征收茶课银两，西宁镇属标路各营原额马步兵饷粮数目。西宁大臣衙门原额养廉工食并酬赏喇嘛硃红纸笔银两数目。

《三陇方志见知录》载："此册不著撰人，所记清雍、乾间西宁、青海蒙番事务，甚为简要，可备修志之参证。宣统三年，上虞罗振玉收印于玉简斋丛书。"①

甘肃省图书馆藏有抄本，为小本手册，首页右下角钤有"陇人张维"阴文篆印及隶书"维之"闲章。

丹噶尔乡土志稿

一册。张于福、郭振新编。佚。丹噶尔即今湟源。地边青海，故为羌戎地。王莽时置西海郡，唐开元时置白水、振威等军，其迹今俱不可考。清雍正中青海事平，始筑丹噶尔城，"自是商旅骈集，夷夏殷阗，为西边要地"②。道光九年(1829)置丹噶尔厅，民国元年(1912)十月，改名为"湟源"。

此志稿为修纂《西宁府续志》而编。据《湟源县志》记载：光绪三年(1877)，西宁道张价卿为修纂《西宁府续志》，曾派西宁县孝廉(举人)张于福和明经(贡生)郭振新来丹城，会同乡绅采访，编辑成丹噶尔《乡土志》稿一部，带回西宁。《续志》纂成之后，此稿便藏在明经王炬南家中。以后时局多变，草稿也遗失大半，仅存数十页约万余言。此为湟源方志编纂之始。③

① 张令瑄：《三陇方志见知录》，载周丕显等编《甘肃方志述略》，吉林省图书馆学会，1988年。

② 张维：《陇右方志录》，北平大北书局，民国二十三年(1934)，第103页。

③ 《〈丹噶尔厅志〉与杨治平》，载《青海地方旧志五种》，西宁：青海人民出版社，1989年，第128页。

丹邑新志稿

一册。杨治平编于光绪三十一年(1905)。存稿本。杨治平(1866—1936),字景升,号痴屏,晚号潜园老人。青海湟源县人。为清宣统时邑贡生,民国时任湟源县教育局长。著述较丰,除《丹噶尔厅志》外,还有《潜园笔记》《青海开设新省政策全稿》《痴屏随笔》等六十四种。

光绪三十一年(1905),甘肃省颁布了部檄《乡土志例》,令省属各府、州、县编纂乡土志。经靳学书推荐,新任厅同知邓尔康委邑廪生杨治平纂修。杨治平即从王炬南处要来光绪初年辑成的《乡土志》残稿,用其材料,并搜集补充,按要求于同年冬辑成初稿四十余页,约万余言,名为《丹邑新志》。此志不分卷,内容包括历史、政绩录、镇海协营副将、兵事、人类、户口、民族宗教、实业、地理、山脉、城内祀庙、湟水、道路、物产、商业等十五目。内容简略,但较为完整。后收入《青海省风土概况调查大纲》之《湟源县风土调查大纲》中。

〔光绪〕丹噶尔厅志

八卷,四册。张庭武修,杨治平纂。光绪三十四年(1908)成稿。存稿本(在台湾)及宣统二年(1910)甘肃官报书局铅印本。光绪三十三年(1907)秋,甘肃省成立"通志局",通令各地编修《乡土志》。新任厅同知张庭武即邀请杨治平在《丹邑新志稿》的基础上重新编辑。杨治平乃远绍史传,旁稽存档,广为搜罗,字斟句酌,补充修改,于次年六月完稿,名为《丹噶尔厅志》。

与《丹邑新志》相比,《丹噶尔厅志》篇目增多,内容丰富,资料翔实,记载详尽,且能因地制宜,各有所重,高屋建瓴,如实地记载了清代湟源的自然和社会风貌,成为湟源乃至青海一部宝贵的方志。成书之初即受到多方赞誉,有论者以之与杨应琚《西宁府新志》等同视之。张庭武序言说:"余以为邑志者,合历史、政绩、人文、地理、教化、风俗、实业,而与吏治有密切之关系也。……余他日回莅斯土，披斯籍也，求丹地之利病，问民间之疾苦，则所以佐吾政治者，将于是籍有赖焉。”[①]孚慧序称是志：“卷分八帙，目列二十有七，合九万千余言。……予披读是书不已，敬服拜服，拳膺于兹，助余佐治，奉为圭臬，衡权之有方耳。”[②]王矩南赞：“所缉几十万言，则博矣。”[③]靳学书序赞：“今观是志，其政绩、兵事、地理、山水、人物、风俗，历历如绘。”[④]岁贡生谈良善更赞称：“凡丹邑之民风、土俗、山川、物产，俱详载于其内。”[⑤]后世论者亦称此志“虽属简略，但条贯流晰，且因地制宜，不拘常规，对地方特色和民族贸易，多存信史”[⑥]。

由于湟源地当青藏交通要道，地理位置独特，著者不拘成例，将青海湖、倒淌河、茶卡、柴达木、湟水源头、黄河两岸、玛沁雪山等地的物产和地理状况收录进去，还记载了一些有关西宁、碾伯（乐都）、威远（互助）、大通的物产和内省各地的一些名产。在《人类》中，还记载了青海蒙古二十九旗和环海八族藏族情况。越域而书，广为记载。其理由正如撰者所言：“《丹志》不列，更无有记其事者。”而且这些地区“向为本境直接之大交涉，非越组而过事铺张也”[⑦]。保存了较为丰富的资料，对于研究青海历史，尤其是蒙藏回族的历史有一定的参考价值，也成为此志一大特色。

此志在体例上还有一个显著特点，即在各目之后或文中根据行文需要，往往加按语，或追述历史，或阐发事理，或分析问题，或预测未来发展之方向，言简意赅，文采斐然，足有可观者。

民国十六年（1927），马鹤天赴青海考察，至湟源，论及当地民众时还记载了这样一件趣闻逸事：“继至教育局长杨某处，知彼于清末编《湟源县志》，县中曾大起风潮，宣统三年，民众聚集数百人，搜毁其家，谓彼编县志，使人知青海

---

① 《丹噶尔创修新志叙》，载《青海地方旧志五种》，西宁：青海人民出版社，1989 年，第 142—143 页。
② 《丹噶尔创修新志序》，载《青海地方旧志五种》，西宁：青海人民出版社，1989 年，第 145 页。
③ 《丹邑新志图书总序》，载《青海地方旧志五种》，西宁：青海人民出版社，1989 年，第 147 页。
④ 《丹噶尔厅新志序》，载《青海地方旧志五种》，西宁：青海人民出版社，1989 年，第 149 页。
⑤ 《丹噶尔厅志序》，载《青海地方旧志五种》，西宁：青海人民出版社，1989 年，第 152 页。
⑥ 景庆凤：《青海地方志编纂史话》，《青海工作》2006 年第 10 期。
⑦ 《青海地方旧志五种·丹噶尔厅志》，西宁：青海人民出版社，1989 年，第 231 页。

有盐，并知其所在地，以致利源外溢，故群起而反对之，渠逃避始免。”[1]此《湟源县志》即《丹噶尔厅志》。

1989年收入青海人民出版社铅印《青海地方旧志五种》。

湟源县风土调查录

一册。民国二十一年(1932)湟源县政府编。存抄本。记事至民国十八年。1985年，青海人民出版社收入《青海风土概况调查集》。

民和县风土调查记

一册。民国二十一年(1932)民和县政府编。存抄本。1985年，青海人民出版社收入《青海风土概况调查集》。

互助县风土调查记

一册。民国二十一年(1932)互助县政府编。存抄本。1985年，青海人民出版社收入《青海风土概况调查集》。

巴燕县风土调查概况

一册。民国十九年(1930)巴燕县政府辑。存写本。巴燕县今为青海省海东市化隆回族自治县。《三陇方志见知录》载：“清乾隆十年，于西宁府属之巴燕戎格地方，设置抚番通判厅。民国二年改置巴燕戎县，十八年改名巴燕县。此册仅

---

① 马鹤天：《青海考察记》，兰州：甘肃人民出版社，2003年，第165页。

二千余字,记述太简,又多错误,为当时上报应付之册,不足称为志也。”①1985年,青海人民出版社收入《青海风土概况调查集》。

亹源县风土调查概况

一册。民国十九年门源县政府编。存写本。《三陇方志见知录》载:“民国十八年甘肃划分为宁夏、青海三省后,宁、青两省,竟增裂县治,青海于七月十三日,划大通县北大通营地区,建制门源县。此册为当时赍报之册,全稿约四千字,极为简略。新县史料无实。”②

同仁县风土调查记

一册。民国二十一年(1932)同仁县政府编。存抄本。1985年,青海人民出版社收入《青海风土概况调查集》。

创修贵德县志

四卷,四册。民国十九年(1930)姚均修,赵万卿纂。存稿本。姚均(1886—1968),字衡甫,天水人。清末庠生。民国十八年(1929)任贵德县长,后任青海省民政厅长。解放后任青海文史馆馆员。

此志体例分天文、地理、人事、艺文四目,向为人所诟病。宋挺生说:“乍看颇甚严整,盖天地人文无所不统,约已囊括无遗,但细绎之,实谬不然。其一,天文所可志者寥寥,无论内容、篇幅均无与《地理》《人事》《艺文》三志相埒。虽东拼西凑,勉强成篇,亦尚多寡悬殊,肥瘠非类。其二,天地人文分类漫无准的,难

① 张令瑄:《三陇方志见知录》,载周丕显等编《甘肃方志述略》,吉林省图书馆学会,1988年。
② 张令瑄:《三陇方志见知录》,载周丕显等编《甘肃方志述略》,吉林省图书馆学会,1988年。

期详确。……夷考《志稿》编次之芜杂,全无条理,皆其体例之失。”[①]

《三陇方志见知录》对其类目设置之得失更有详尽的分析:“此志分为天、地、人、文四卷。当兹科学昌明之世,而犹首列星野旧说,又以方舆、地图、灾异入天文志。地理志尽著政治、交通、教育、财赋、民族、宗教。人文志则列户口、盐茶、钱法、兵防、武备。职官各目,既有乡贤志、节烈妇女志、循良志,而又有人物志(举贡、流寓、隐逸、群材)。而所列堡塞、仓廪、祠祀、祠庙、庙坛、寺院、番寺、仓储、田赋、番贡、户口、岁榷、盐法、茶马、钱法、武备、兵制、番兵、营伍各目,或凌乱失当,或寥寥数语。所记蜀汉昭烈三年,烧当羌请降贡马为陇西马厂,南北朝时为阿干地,皆与史未合。古迹列邓愈墓,艺文录黄河赋、河源记、平罗卜藏丹津记,名宦列霍去病、马援、梁毗、史昭,又尽录生人历履,皆其大失。”[②]

此外,此志史料基本取材于《西宁府新志》和《甘肃新通志》,但误谬较多。其中既有征引之史料原本不误,但因“事有贸迁,而言无变革”[③],胶柱调瑟,刻舟求剑而致误者;亦有因信手节改而致谬者。[④]

然亦有可称道者:《艺文》所收之碑文,于研究贵德地方历史尚属原始史料,具有一定的参考价值;原石多已不存,幸赖《志稿》以传,弥足为珍。

1987年,宋挺生作校注整理,1989年由青海人民出版社收入《青海地方旧志五种》出版。

贵德县风土调查大纲

一册。存抄本。民国二十一年(1932)张祐周编。

---

① 宋挺生:《〈贵德县志稿〉标注本序》,载《青海地方旧志五种》,西宁:青海人民出版社,1989年,第676页。

② 张令瑄:《三陇方志见知录》,载周丕显等编《甘肃方志述略》,吉林省图书馆学会,1988年。

③ 刘知幾:《史通·因习》,载浦起龙《史通通释》卷五,上海:上海古籍出版社,1978年,第136页。

④ 宋挺生:《〈贵德县志稿〉标注本序》,载《青海地方旧志五种》,西宁:青海人民出版社,1989年,第676—679页。

共和县风土调查记

一册。民国十九年共和县政府编。存写本。《三陇方志见知录》载:“民国十八年七月十一日,划分西宁县之下郭密,湟源县之恰布恰等区域,建置共和县。所属蒙古、藏民族为主。此册为建治后一年所编,仅四千余字,简略殊甚,盖于民族地区历史及社会状况,未能深入调查也。”[①]1985年,青海人民出版社收入《青海风土概况调查集》。

果洛调查报告

一册。佚名纂。今有1963年青海省图书馆油印本。

玉树调查记

二卷,一册。周希武著。存稿本,民国八年(1919)上海商务印书馆铅印本。周希武,字子扬,甘肃天水人。民国三年(1914),陇、蜀共争玉树,周希武随特派员周务学前往玉树查勘界务。至玉树后,勘察舆地,了解土俗民情,著成此书,为解决玉树归属问题起了很大作用。封面姚明辉题签“玉树土司调查记”。卷首有林传甲、张广建序言及周希武自序各一篇,另附《玉树二十五族简明图》《玉树在青海之位置》二图,甚是精美。卷上部落、山脉、水道、地形、政治,卷下宗教、风俗、实业、掌故、考证。附周希武《宁海纪行》一书及摄影二十六帧。

林传甲序言谈到土司制度时说:“酋长政体,过于专制;封建世袭,无异君主。兹当共和进化之时,传甲笔端遂大有扫灭土县蒙旗之势不自知也。玉树土司,决不能永久保存。中华开青海省,则必为玉树道,中坝、格吉,皆他日之县

① 张令瑄:《三陇方志见知录》,载周丕显等编《甘肃方志述略》,吉林省图书馆学会,1988年。

也。我不经营之，人必经营之。英图西藏，以青海为势力范围，南北当轴，果有良心上之觉悟乎？请三复周子之书，共图拓殖之计乎！”[①]保持边疆安宁，维护国家统一，实现共和理想之情怀，跃然纸上。

1968 年，台湾成文出版社影印该志抄本，以《玉树县志稿》为题出版。

玉树调查志略

一册。曹端（瑞）荣编。存抄本，民国十七年（1928）甘肃印刷局铅印本。

玉树县风土概况调查大纲

一册。民国十八年（1929）佚名纂。

玉树州近事记

上、下编，一册。民国二十二年（1933），青海南部边区警备司令部附设边事月刊社编印。

此书内容较丰富，书前附有《导言》、青海全图、玉树二十五族图、青海省主席马麟、青海南部边区警备司令马步芳、玉树宣慰使马驯、玉防司令马彪等肖像四帧及战时战地状况照片三十六张；正文分上下编，上编记民国元年至二十一年事，下编记二十一年至二十二年事；书后附录二：附一收玉树山脉、山脉高低比较表、西宁玉树间地势高低表、玉树河流、玉树地形、玉树边地要隘、玉树内地要隘、津渡、道路、二十五族区分表、二十五族寺院表、玉树寒暑比较表、玉树可垦田地面积略数十三目，附二收录关于战事之电文若干及《马骙玉树旅行日记》。

① 林传甲：《玉树调查记序》，载《玉树调查记》，上海：商务印书馆，1919 年，第 2 页。

《导言》叙青海、西藏、西康地理形势，认为三区“各有地理上之特色与天然之界限”“国家设官分区，因势利导。清季以川滇边务大臣治康，以西宁办事大臣治青，民国均为镇守使，十七年均改为省，故行政区划上康青与藏截然毫无关系；其有关系者，厥为种族与宗教”。并总结历史经验：“近世以来，蒙弱藏强。在前清之际，羁縻政策失败，驯致西藏几于瓯脱。珠崖可弃，后患无穷。于是青康安危，势成唇齿矣。”这些认识和观点在今天看来仍然是十分正确的。导言作者还在此背景上叙述了玉树的地理位置：“玉树在青海南部，纵狭横广，杂曲鄂、穆曲二水之间，西康昌都之北，河源星宿海之南，通天河南北二源合流之西，咱曲河东源尽处。面积约四十万方里，占青海全部四分之一。东与西康之石渠、邓柯、同普、昌都为界，南与类乌齐及前藏纳书克等三十九族为界，东北与果洛番族毗连。”并一一列举玉树二十五族名。最后点出作此著之目的：“自清季以来，设防玉树者率于结古驻节，虽无城郭以资防守，而营房建置悉同内地。互市居民日趋繁盛，故其地不仅为青海之省防所重，抑且为西南边防之重要矣。当此风雨鸡鸣，国难方殷，乘虚图逞，大有人在。方痛东北之失陷，鹰瞵所及，玉树版图，国人注意，岂国家不足重轻之地耶？”①

此著及其《导言》，虽产生于民国时期，距今已有七十多年，但在今天，对于如何认识和处理西藏问题，仍具借鉴价值。

青海玉树、囊谦、称多三县调查报告书

一册。民国三十年（1941）蒙藏委员会调查室编。存铅印本。为《边疆调查报告》之四。

---

① 《玉树近事记导言》，载《玉树近事记》，青海南部边区警备司令部附设边事月刊社编印，民国二十二年（1933），第1—2页。

佑宁寺简志

桑木吉珠门巴·洛桑坚巴措成著。存藏文木刻本。

佑宁寺在青海互助土族自治县，是藏传佛教格鲁派寺院之一。明万历三十二年（1604）创建，原名郭隆寺。清雍正元年（1723）因僧众参加罗卜藏丹津叛乱，翌年为清将岳钟琪焚毁。雍正十年（1732）重建，改今名。康熙时达到鼎盛，被誉为“湟北诸寺院之母”。

《佑宁寺简志》全名《讲修佛法源地郭隆弥勒洲大寺志——召唤贤明意根之使者》，对安木多下部地区佛法弘扬建立讲修寺院的最初众议，于众生福地胜利建成郭隆弥勒洲大寺的史实作了比较详细的叙述。其中关于霍尔人（即今日之土族）的记述，是十分可贵的史料。[①]

该志原为藏文，木刻本现存，共九页，最后一页为手抄本。1989 年，毛继祖进行了译注整理，后收入《青海少数民族古籍丛书》之《佑宁寺志（三种）》，由青海人民出版社出版。

佑宁寺志

土观·洛桑曲吉尼玛著，成书于 1775 年。土观·洛桑却吉尼玛（1737—1801），青海互助境内佑宁寺五大活佛系统之一——土观活佛第三代转世。清代甘肃、青海、内蒙古等地区著名的史学家、文学家和佛学家通晓汉语、蒙语、藏语，功著誉盛。著作有《三世章嘉传》《宗教流派镜史》《佑宁寺志》《贡扰饶萨传》《什嘉措及其弟子合传》《俄旺曲吉嘉措传》等。

《佑宁寺志》全名《佛法讲修圣地郭隆弥勒洲目录智者悦心之使者》，是洛桑却吉尼玛的重要著作之一。全书四万余言，共分四章，即创建经历、历任法台、

① 毛继祖：《译者前言》，载《佑宁寺志（三种）》，西宁：青海人民出版社，1990 年，第 3—4 页。

主要建筑及施主庄园等。书前有简短的序，书尾附嘉色活佛所著《圣地颂》。该书是一部反映佑宁寺早期历史的专门著述。作者在参阅大量文献史籍，采录口碑资料的基础上，依据自己的见闻对该寺创建者的生平、创建经历、前四十任法台的宏法业绩，以及与周围部落（族）、寺院等的关系、该寺名僧与中央王朝、西藏地方政府的关系等一系列问题进行了较为详尽的阐述和考证。这对我们了解和研究佑宁寺早期历史、十七至十八世纪安多（尤其是华热）地区宗教发展状况及各部落（族）间关系等都有着较高的参考价值。同时，对该地区的社会、政治、经济、文化等也多有涉猎。值得一提的是对罗卜藏丹津反清事件的叙述，作者不仅用一定的篇幅交代了这次事件发生的原因及发展过程，并且毫不保留地提出了自己的看法。这在今天对于维护祖国统一，促进民族团结，仍然有着积极的现实意义。此外，该志以历任法台任职先后的顺序加以记述，结构严谨，条理清晰，使人一目了然，且语言简练、流畅、优美；既为历史著述，又可作文学品赏析，表现出作者丰厚的文学造诣。①

1988 年，青海人民出版社出版了藏文版《佑宁寺志》，1990 年又将朵藏翻译、星全成和朵藏注释的汉文本收入《青海少数民族古籍丛书》之《佑宁寺志（三种）》出版。

佑宁寺志

五世王佛阿旺钦绕嘉措著。存抄本（南赛本）。五世阿旺钦饶嘉措（1906—1963），土族。曾两度出任佑宁寺法台，擅长历史、书法，约于 1923 年写成《佑宁寺志》。

《佑宁寺志》全名《专言郭隆弥勒洲大寺历任法台和佛像、佛经、佛塔及其所在殿堂目录妙音法板》，现存抄本（南赛本）是后来根据原稿抄录的。为三十

① 尕藏：《译者前言》，载《佑宁寺志（三种）》，西宁：青海人民出版社，1990 年，第 17—18 页。

二开日记本，共九十页，除结束语，其余全用藏文正楷抄出，字体工整清晰，约二万四千字。全书共分五章：(一)郭隆寺的兴建情况；(二)前辈历任法台(指土观所记第一至第四十任法台)的兴佛活动；(三)后辈历任法台(指第四十一至第一百零九任法台)的兴佛活动；(四)郭隆寺的密宗学院及其历任堪布；(五)郭隆寺主要佛像、佛经、佛塔及其所在殿堂介绍。

该志是土观《佑宁寺志》的补志，也是对《安多政教史》的一个极好补充，保存和记录了一些有价值的资料：(一) 佑宁寺的兴建史及该寺负责修建者七世嘉色·端悦却吉嘉措及其转世系统简况；(二)雍正元年(1723)青海罗卜藏丹津反清、雍正二年(1724)佑宁寺被毁、雍正十年(1732)重建的有关资料和同治五年(1866)佑宁寺再次被毁概况；(三)1609—1931 年佑宁寺一百零九任法台总表和主要法台简况；(四)1710 年二世章嘉阿旺罗桑却丹、一世加木样阿旺宗哲、二世土观罗桑却吉嘉措等首建佑宁寺密宗学院，罗卜藏丹津之乱后二世土观重建密宗学院概况，以及重建后至 1932 年该院七十三任堪布表；(五)佑宁寺大经堂、密宗学院经堂、嘉色活佛寝宫、释迦佛殿、土地神殿、护法殿等主要建筑，以及"贝域嘎布姜"、白马寺等处的主供佛像文物等。总之，该志全面地反映了佑宁寺从 1604 年建成到 1932 年三百三十多年的历史，是一部有价值的历史文献，对于佑宁寺的综合研究及安多地区藏传佛教史的研究都有着不可替代的作用。①

1984 年，蒲文成译注此志，1990 年收入《青海少数民族古籍丛书》之《佑宁寺志(三种)》，由青海人民出版社出版。书后附《佑宁寺历任法台一览表》《佑宁寺主要活佛系统表》。

---

① 蒲文成：《佑宁寺的王佛和五世王佛的〈佑宁寺志〉》，《青海民族学院学报》(社会科学版)，1985 年第 3 期，第 64—70 页。

塔尔寺志

色多·罗桑崔臣嘉措著。成书于光绪二十六年(1900)。藏文。今存。塔尔寺为藏传佛教格鲁派寺院之一,藏语称“公本”,意为“十万佛像”。在青海湟中鲁沙尔镇东北。明嘉靖三十九年(1560)建于格鲁派创始人宗喀巴诞生地。内设显宗、密宗、时轮、医学四大扎仓(经学院)。今为全国重点文物保护单位。《塔尔寺志》全名《塔尔寺历代座主活佛及庙堂僧院佛像经塔等目录专辑具义美妙梵音》。色多·罗桑崔臣嘉措,系塔尔寺第六十三代赤钦大主座。此志由青海人民出版社于1982年出版藏文版,1986年出版郭和卿汉译本。

塔尔寺志略

却西·洛桑华旦隆日嘉措著。1982年12月,青海省社会科学院塔尔寺藏族文献研究所翻译印行。

文都寺志

帏巴·嘉祥智华、噶丹嘉措、嘉祥罗哲、昂旺更登著。文都寺亦称“边都寺”“边垛寺”,藏语称“文都贡钦扎西曲科尔朗”,意为“文都大寺吉祥法轮洲”。位于循化县境内。1282年由元代帝师八思巴法王授记,作为四大法王之一的第一任噶尔哇创建。1696年改建为格鲁派寺院,是西藏地区唯一的萨迦派和格鲁派合一的佛教寺院。该寺是班禅幼年出家学经的母寺,也是大师在青海从事佛事活动的重要场所,现在还建有十世班禅纪念塔。

《文都寺志》详细记述了寺院建造的过程、寺内各种设置、规模及该寺历代住持的生平事迹。1991年,青海人民出版社出版藏文版。

隆务寺志

吉迈特却著。隆务寺位于青海省黄南藏族自治州府所在地隆务镇镇西山脚下，地处隆务河中游河畔。在安多地区，其规模、地位、影响仅次于甘肃省拉卜楞寺和青海省的塔尔寺。今为全国重点文物保护单位。《隆务寺志》系统地介绍了该寺建造、发展，以及在历史上所起的重要作用，还介绍了享有盛名的五屯绘画艺术和该寺的著名学者。1988 年，青海民族出版社出版藏文版。

夏琼寺志

才旦夏茸著。夏琼寺，亦称“夏群寺”“夏仲寺”“沙仲寺”等，藏语称“夏琼贡特钦云丹达吉林”，意为“夏琼大乘功德兴旺洲”。位于青海省化隆县境内。该寺于元至正九年（1349）由宗喀巴大师启蒙老师曲结顿珠仁钦创建。原为藏传佛教噶当派寺院，后改属格鲁派。采用色拉寺学经教程，属于色拉寺系统。为青海省文物保护单位。

才旦夏茸（1910—1985），全名才旦夏茸·久美柔贝洛珠。青海化隆县人。藏传佛教格鲁派高僧，现代著名藏学家。毕生致力于藏族传统文化研究，对藏传佛教文化、藏族语言和藏族历算尤为见长。主要著作有《堪仓全传》《喇嘛教等称谓正误辨》《藏族历史年鉴》《藏文文法论》《藏区各教派名称考》等。

《夏琼寺志》详细记载了该寺的创建与发展、寺内各扎仓专业设置、规模和历代学者们的生平事迹等。1984 年，青海民族出版社出版藏文版。

夏琼寺文殊殿志

夏日东·洛桑夏珠嘉措著。该志记述了夏琼寺的各殿堂内供奉的珍贵佛像、装饰等的建造和修复过程。1989 年 10 月,青海民族出版社出版。

瞿坛寺志

著者及卷帙均不详。瞿昙寺,藏语称“卓仓拉果丹代”,亦称“卓仓多杰羌”,意为“乐都持金刚佛寺”。位于青海省乐都县境内。由三罗喇嘛桑杰扎西创建于明洪武二十五年(1392)。原属藏噶玛噶举派寺院,后改宗格鲁派。寺内有明太祖朱元璋赐名书匾“瞿昙寺”。为全国重点文物保护单位。

附录

《陕西行都司志》存佚考

都司卫所为明代地方军事机构,在不设府、州、县的地区也兼理民事,具有行政职能,为明代地方行政制度的组成部分。终明一代,先后设立5个行都司,即山西行都司(洪武八年置)、福建行都司(洪武八年置)、四川行都司(洪武二十七年置)、湖广行都司(成化十二年置)和陕西行都司。陕西行都司于洪武七年(1374)设于河州(今甘肃省临夏市),原名西安行都卫,翌年改为陕西行都司(全名为"陕西行都指挥使司")。洪武九年(1376)罢撤。洪武十二年(1379)在庄浪(今甘肃省永登县)恢复其建制。洪武二十六年(1393)从庄浪移治甘州(今甘肃省张掖市甘州区),先后辖甘州左、右、中、前、后五卫及肃州卫、山丹卫、永昌卫、镇番卫、庄浪卫、西宁卫、凉州卫共十二卫,并直辖镇夷、高台、古浪三个守御千户所。

明代各行都司中,只有陕西行都司曾编修志书,这就是诸多传世文献著录或引述的《陕西行都司志》,有时简称《行都司志》。关于此志,从未有学者进行专门的研究和讨论。前辈学者邵国秀曾撰文略述甘肃地方志,有所涉及,但仅略引《四库全书总目》而已。[①]近年,上海大学郭红谈明清卫所方志,也曾论及《陕西行都司志》:"陕西行都司在洪武二十六年后控制今甘肃、青海的大部分地域,全为实土卫所,是明朝西北的门户,该志应是人们了解陕西行都司的一

① 邵国秀:《甘肃省地方志考略(续完)》,《图书与情报》1994年第2期,第47—51页。

部重要文献，惜已散佚。”[1]对其价值有所认识。吴浩军“河西古旧方志研究”系列之二《张掖古旧方志存佚及研究整理考述》[2]一文将其列为条目考述，但限于体例和篇幅，没能展开讨论。本文首次全面考证它的保存和散佚情况，并兼述其体例内容和史料价值，以引起学界关注，并请方家教正。

一、包节、《甘肃志》与《陕西行都司志》

《陕西行都司志》《四库全书总目》有录：

> 十二卷(浙江巡抚采进本)。
>
> 不著撰人名氏。《千顷堂书目》作包节撰。考节字元达，华亭人，占籍嘉兴。嘉靖壬辰进士，官监察御史，出按湖广。劾守陵大珰廖斌不法，反被诬下诏狱。谪庄浪卫，卒于戍所。隆庆初，追赠光禄寺少卿。事迹具《明史》本传。此书纪事止于嘉靖，且庄浪卫正陕西地，当即节书矣。凡分《地理》《建置》《官师》《兵防》《岁计》《人物》六门，而以所属各卫分载其中。能阙所不知，故简陋而不荒谬。凡例谓学校、祀典不立类，以建置大端，惟此二事，故统置于《建置》之下，例殊未允。自郡县、山川、人物以外，无一不从建置起，能全附之《建置》乎？[3]

关于包节生平，除上引《四库全书总目》简介之外，张世美《包侍御集序》所叙较详：“少负俊才，总角游乡校，弱冠取甲科，有大志，欲以文章勋业名天下。”“少孤，与其弟南侍御吴石君鞠于母氏。母教甚严，自少学以至于长，有内程以督其课业，无外交以引其心志。故君与弟皆早成于学，踔厉振发，视天下事无不

① 郭红：《别具特色的地理单元的体现——明清卫所方志》，《中国地方志》2003年第2期，第80—84页。

② 吴浩军：《张掖古旧方志存佚及研究整理考述》，《图书与情报》2007年第6期，第117—120页。

③［清］永瑢等：《四库全书总目》，北京：中华书局，1965年，第643页。

可立就，故立志太锐，任事太勇，嫉恶太严，竟为谗者中伤，远戍以卒。”[①]从其《苑诗类选后序》“余戍湟中之明年丁未，得友从所寄楚刻《苑诗类选》”[②]之语可知，他谪戍庄浪在嘉靖二十五年(1546)。《明史》本传称其在庄浪戍所，虽居“败屋颓垣，处之甚安”[③]。大约于嘉靖三十五年(1556)卒于戍所，终年五十岁。两年后，其子包杞等刊刻《包侍御集》。该集共6卷，“前二卷为《台中稿》，官御史时作；后四卷为《湟中稿》，戍庄浪时作。二编皆兼载诗文”[④]。

《包侍御集》卷五收有《甘肃志六序》。甘肃，为元代所设行省，治在甘州。明初废，于其故地置甘肃镇和陕西行都司。正统元年(1436)，置甘肃巡抚，驻甘州卫。辖甘肃一镇，统甘肃兵备、西宁兵备、庄浪兵备三道，陕西行都司之甘州左右12卫、镇夷等3所城堡，赤斤蒙古等6卫，朵甘等卫及宣慰招讨等司，西海丙兔诸部贡市。

明代著名学者胡缵宗《鸟鼠山人集》也收有《甘肃志序》。胡缵宗，秦州秦安县(今甘肃省天水市秦安县)人。正德三年(1508)进士。嘉靖十八年(1539)从河南巡抚任辞职，归田著书。《鸟鼠山人集》刻印于嘉靖三十三年(1554)，有原刻本存世。从序文可知，此《甘肃志》为甘肃巡抚赵锦、傅凤翔先后编修，分巡西宁道(驻甘州)钟鉴纂辑。以纂修者仕履考察，约成书于嘉靖二十四年(1545)。此志虽久佚，但据胡缵宗序言可约略知其体例和内容：凡置《地理》《建置》《官师》《人物》《田赋》《兵防》《祀纪》《祥异》8志，所记为河西事。[⑤]

包节卒于戍所，去赵锦等纂修《甘肃志》已有11年。他所序《甘肃志》，凡分《地里》《建置》《官师》《兵防》《人物》《岁计》6门，与胡缵宗所序《甘肃志》有异，而与《四库全书总目》所录《陕西行都司志》同；其中《建置》一门，除“署宇”“邮置”及附载“禅释”而外，还有“庠校”“祠祀”2小目，亦与上引《四库全书总目》

---

① [明]包节：《包侍御集》卷一，《四库全书存目丛书》集部第96册，济南：齐鲁书社，1997年，第588页。
② [明]包节：《包侍御集》卷五，《四库全书存目丛书》集部第96册，济南：齐鲁书社，1997年，第678页。
③ [清]张廷玉等：《明史》卷二〇七，北京：中华书局，1974年，第5478页。
④ [清]永瑢等：《四库全书总目》，北京：中华书局，1965年，第1587页。
⑤ [明]胡缵宗：《鸟鼠山人集》卷二，甘肃省图书馆西北地方文献室藏(嘉靖三十三年)鸟鼠山房刻本。

“凡例谓学校、祀典不立类，以建置大端，惟此二事，故统置于《建置》之下，例殊未允”之语相合。所记内容均为河西即今之甘肃省河西走廊和青海省湟水流域，与陕西行都司辖境也大体相同。并且序中无一语及他人；玩其语气，也属本人撰著，与他人无干。[①]凡此种种，均可证明，包节《甘肃志六序》所序《甘肃志》非赵锦等修《甘肃志》，而正是《陕西行都司志》。

二、《陕西行都司志》已经散佚

《陕西行都司志》最早见录于明代黄虞稷（1626—1692）的《千顷堂书目》，其后张廷玉修《明史》，其《艺文志》系据《千顷堂书目》删减而成，也著录：“包节《陕西行都司志》十二卷。”[②]乾隆时修《四库全书》，四库馆臣撰《四库全书总目》，将其列在“史部地理类存目”中。据此可知，该志于此时尚存于人世，并为原 12 卷，唯已“不著撰人名氏”。此后诸家目录即不见载，到民国时期，西北著名方志学家张维撰《陇右方志录》，即标以“佚”字。[③]朱士嘉《中国地方志综录》、中国科学院北京天文台《中国地方志联合目录》亦不著录。经远程检索全国各大图书馆，如中国国家图书馆、上海图书馆及甘肃省图书馆西北地方文献室等都没有此书。

乾隆时编纂《四库全书》，除抄录收入的 3461 种，以及被明令禁毁的以外，还有一部分书籍只给它撰写了提要，收入同时编纂刊印的《四库全书提要总目》，这部分书籍总数为 6793 种（据文渊阁《四库全书》）。到 1993 年，国务院古籍整理出版规划小组批准立项，编纂《四库全书存目丛书》，至 1997 年出版面世。该丛书共收书 4508 种，比原《四库全书》列入存目类的少了 2285 种。这少了的 2285 种书籍，除“由于种种原因未能及时拍摄制版的，约有一百多种”外，

① ［明］包节：《包侍御集》，《四库全书存目丛书》集部第 96 册，济南：齐鲁书社，1997 年，第 680—683 页。

② ［清］张廷玉等：《明史》卷九七《艺文志》，北京：中华书局，1974 年，第 2410 页。

③ 张维：《陇右方志录》，北平大北印书局印，民国二十三年（1934），第 116 页。

"绝大部分已找不到,恐怕已经失传了"[①],《陕西行都司志》即其中之一。

另外,从对《陕西行都司志》引用的情况看,1891年,陶保廉著《辛卯侍行记》时已无片言只语提及。而陶氏精研西北史地,光绪辛卯年随父西行,随行大车十辆,装书籍五车,沿途随时翻阅前人地理著作,仔细观察,广采博闻,认真记录,撰成西北史地学名著《辛卯侍行记》。陶氏西行,途经故陕西行都司辖境各地,详记其建置沿革、城池山川、村镇道路、驿站津梁、祠庙寺观和民族人口,征引资料宏富,可以说搜罗广博,巨细靡遗,却独不见《陕西行都司志》。[②]

近年来,有不少学者将关注的目光投向明代西北边防及都司卫所制度,撰写和发表了一批论文。如陈梧桐《明太祖与明成祖对西北民族地区的经营》[③]、梁志胜《洪武二十六年以前的陕西行都司》[④]《"碾伯守御千户所"辨析》[⑤]、田澍《明代甘肃镇边境保障体系述论》[⑥]郭红《明代卫所移民与地域文化的变迁》[⑦]《明代都司卫所建置研究》[⑧]等,都没有引用到《陕西行都司志》。其中北京大学历史系博士研究生马顺平称:"(2004年)整个暑期我泡在北图,搜集了相当可观的关于明代卫所的史料,打算以都司卫所制度为契入点,对以河西走廊为中心的明代西北地区作一政治、经济、文化诸层面的综合考察。"[⑨]但在其硕士学位论文《明代陕西行都司及其卫所建置考实》和公开发表的同题论文[⑩]中也无引用《陕西行都司志》。

凡此种种均表明,《陕西行都司志》的亡佚是确定无疑的了。

---

① 黄永年:《谈〈四库全书存目丛书〉》,《中国典籍与文化》1998年第2期,第70—72页。

② [清]陶保廉:《辛卯侍行记》,兰州:甘肃人民出版社,2002年,第233—364页。

③ 陈梧桐:《明太祖与明成祖对西北民族地区的经营》,《民大史学》(第一辑),中央民族大学出版社,1996年,第365—396页。

④ 梁志胜:《洪武二十六年以前的陕西行都司》,《中国历史地理论丛》1993年第3辑,第165—175页。

⑤ 梁志胜:《"碾伯守御千户所"辨析》,《兰州大学学报》2000年第2期,第98—104页。

⑥ 田澍:《明代甘肃镇边境保障体系述论》,《中国边疆史地研究》1998年第3期,第27—38页。

⑦ 郭红:《明代卫所移民与地域文化的变迁》,《中国历史地理论丛》2003年第2辑,第150—155页。

⑧ 郭红:《明代都司卫所建置研究》,复旦大学历史地理学博士学位论文,2001年。

⑨ 马顺平:《明代陕西行都司卫所建置考实·跋》,中央民族大学历史系硕士学位论文,2005年。

⑩ 马顺平:《明代陕西行都司及其卫所建置考实》,《中国历史地理论丛》2008年第2辑,第109—117页。

三、《陕西行都司志》被引录保存情况

但又没有尽亡。首先，明万历年间创修，清顺治十四年重刊的河西各镇志多有引用。包节编纂《陕西行都司志》几十年之后的万历末年，陕西行都司所辖卫所曾经有过一次大规模的修志活动，产生了一批地方志书，但由于明政府很快处于风雨飘摇的灭亡阶段，这批志书没有能够普遍刊行。清朝初年，出于借鉴历史经验，经营西域的需要，于顺治十四年（1657）重新刊刻印刷了这批志书，这就是保存至今的《西镇志》《凉镇志》《甘镇志》和《肃镇志》。这批志书都没有以其军事和行政建制为名，而均以“镇”为名，乃因甘肃镇为明代九边重镇之一，在西北边防中具有重要的地位，而各志所记地域均在甘肃镇管辖之内。[①]既统一创修于明万历四十年（1612）前后，又统一重刊于清顺治十四年（1657），故有整齐划一的名称。这批志书对《陕西行都司志》的内容有不同程度的移录和保留。如《甘镇志》卷一《地理志·沿革》第一句即“陕西行都司：《禹贡》：雍州之域。”在这一部分中包括了“武威郡县十”“酒泉郡县九”“敦煌郡县六”。[②]《疆域》一目则有“东界黄河，西阻弱水，南跨青海，北据居延，广一千七百四十五里，袤一千五百七十五里，加以羁縻之地，无虑数千里”，“本司内辖甘州左、右、中、前、后五卫，外辖山、永、凉、镇、庄、西、肃七卫。镇夷、古浪、高台三千户所，隶右军都督府”等语。[③]此外，《物产》一节中多有涉及西宁、酒泉、武威的内容，如“梨：河西皆有，唯肃州、西宁独佳”“红花：各卫皆有，唯西宁者佳”“锁阳……出镇番”“无鳞鱼……各卫俱有，唯镇番与西宁碾伯多”[④]等从整个河西及青海的角度记载的材料。这些内容应该都是《陕西行都司志》原文，而《肃镇华夷志》李

---

① 高启安：《〈肃镇华夷志〉的名称及版本考辨》，《酒泉职业技术学院学报》2008年第1期，第68—70页。

② ［清］杨春茂撰，张志纯等校点：《重刊甘镇志》，兰州：甘肃文化出版社，1996年，第15—17页。

③ ［清］杨茂春撰，张志纯等校点：《重刊甘镇志》，兰州：甘肃文化出版社，1996年，第22页。

④ ［清］杨茂春撰，张志纯等校点：《重刊甘镇志》，兰州：甘肃文化出版社，1996年，第96—100页。

应魁序言正有“披阅再四,总之不离《行都司志》者”[①]之语。

其次,顾炎武《肇域志》《天下郡国利病书》陕西部分大量引录。正如复旦大学王文楚先生所言,顾炎武编纂《肇域志》“悬的甚高,力求完备,故征引史料浩瀚,数量之多,超过《寰宇通志》《明一统志》”“凡阅志书一千余部,所摘录的明代及清初方志至今有不少已失传,由于《肇域志》的转引,赖以保存下来”[②],所以被誉为“明代方志资料的大集成”[③]。《肇域志》大量引录地方志虽然多未加注,但大多都能辨真资料来源。其中出自《陕西行都司志》的就有原书第二十六册之《陕西行都指挥使司》和《陕西行都司》两部分,共27目(其中内容不同而目题重者6目),2万余字。原陕西行都司所辖十五卫所俱全,并有关外六羁縻卫所之沙州卫。[④]

再次,〔乾隆〕《甘肃通志》多有所引。〔乾隆〕《甘肃通志》于雍正七年(1729)由甘肃巡抚许容等监修,乾隆元年(1736)刊刻竣工,由川陕总督查郎阿等具表上之。“其书虽据旧时《全陕志》为蓝本,而考核订正,增加什几六七,与旧志颇有不同。”[⑤]增加部分中很多内容即来自于《陕西行都司志》。

其他如胡渭《禹贡锥指》、冯焌光《西行日记》等史地著作也都多有所引。前者成书于康熙三十六年(1697),是一部地理学名著,在考证白亭海时引《陕西行都司志》:“白亭海,一名小阔端海子,五涧谷水(石羊河)流入此海。盖误以休屠泽为白亭海也。”[⑥]后者撰著于光绪三年(1877)冯氏出塞伊犁,负父灵柩东归途中。其“八月二十一日癸卯”条记述到达乌鞘岭时引《行都司志》:“岭北接古浪界,长二十里,盛夏风起,飞雪弥漫。”[⑦]“九月初一日癸丑”条述及黑河时再引

① [明]李应魁撰,高启安、邰惠莉校注:《肃镇华夷志》,兰州:甘肃人民出版社,2006年,第1页。

② 王文楚:《点校本〈肇域志〉前言》,载顾炎武撰,谭其骧等点校《肇域志》,上海:上海古籍出版社,2004年,第2页。

③ 吴杰:《顾炎武〈肇域志〉的内容及其抄本的流传》,《古籍整理出版情况简报》1982年第94期。

④ 顾炎武撰,谭其骧等点校:《肇域志》,上海:上海古籍出版社,2004年,第1525—1537、1558—1574页。

⑤ [清]永瑢等:《四库全书总目》,北京:中华书局,1965年,第608页。

⑥ [清]胡渭著,邹逸麟整理:《禹贡锥指》,上海:上海古籍出版社,1996年,第321页。

⑦ [清]冯焌光:《西行日记》,载《西北行记丛萃·宁海纪行》,兰州:甘肃人民出版社,2002年,第126页。

《行都司志》:“河径祁连山下,积雪消融,其流益盛,傍合黎山,出羌谷口,北入居延海。”[①]这些都不同程度地保留了《陕西行都司志》的内容。

而对该志最晚的征引见于杨守敬、熊会贞《水经注疏》。该著卷四十“合黎山”条引《行都司志》:“合黎山在甘州卫北四十里,迤逦至镇夷所,同石硖口三百里。一作合离。”卷二考证湟水流经区域及鄯州时引:“今西宁府治,即宋之州城,明之卫城。考《陕西行都司志》,谓自卫城西至南,迤东约八里余乃古城,信矣。”卷三亦有引用。[②]杨守敬是清末民初杰出的历史地理学家、金石文字学家、目录版本学家、书法艺术家、泉币学家、藏书家,有83种著作传世,《水经注疏》是他最具代表性的著作。该著初成于光绪三十一年(1905),后经其门人熊会贞及熊会贞同乡好友李子魁继踵其事,至1948年才有第一卷刊出。如前所述,《陕西行都司志》在《四库全书总目》之后即不见录于公私目录,冯氏所引,当为转引自他书,或者此时尚有存世者,亦未可知。众所周知,杨守敬是著名的藏书家,储藏之富,当代罕俦。1880—1884年又曾东渡扶桑,致力于搜集国内散佚书籍,以廉价购古籍3万余卷而归,并撰有《日本访书志》15卷。日本是海外收藏中国地方志最多的国家之一。早在9世纪中后期已有地方志在日本流传,明末至清咸丰间,即日本江户时代,中国方志更是大批量地输出日本[③]。杨守敬是严谨的学者,撰著《水经注疏》,博采群籍,相互参证,对前人之失多所指正,凡郦氏所引之书,皆著出典。于此可推知,他自己所引诸书,当非道听途说,都是有本可据的。那么,杨守敬在引用《陕西行都司志》时,手中可能是有原书的。只是杨氏藏书命途多舛,虽其大部已于1914年由当时的国务院收购,庋藏于故宫博物院,成为我国历史文献宝库的重要组成部分,但流散亦不少,其中或即有《陕西行都司志》一书。

① [清]冯焌光:《西行日记》,兰州:甘肃人民出版社,2002年,第128页。

② [北魏]郦道元注,杨守敬、熊会贞疏,段熙仲校:《水经注疏》,南京:江苏古籍出版社,1989年,第3357、169、219页。

③ 巴兆祥:《明清时期地方志东传日本的历史过程》,《中国历史地理论丛》2008年第3辑,第151—159页。

由上可知,《陕西行都司志》于乾隆年间以后,就不见于人世。查《清代禁毁书目》,无该志信息,故其亡佚与《四库全书》的编纂有没有关系,详情不得而知。但清康熙、雍正两朝编纂《古今图书集成》,其《方舆汇编·职方典》中有《陕西行都司部汇考》。与诸书所引《陕西行都司志》核对可知,此即据其所窜改删减者。《陕西行都司志》原12卷,入《陕西行都司部汇考》后归纳为第五百七十七、五百七十八两卷。原书分《地理》《建置》《官师》《兵防》《岁计》《人物》六门,被改编为第五百七十七卷的沿革、疆域、星野、山川、城池、关梁、公署、学校、赋役、风俗、祠庙诸考和第五百七十八卷的驿递、兵制、物产、古迹、艺文考。其他方面的改动还有:纪事下限由明嘉靖年间延至康熙年间。历史沿革加"皇清因之"四字,删去回鹘据有河西的历史;对吐蕃亦略有提到;"番""夷""戎""虏"四字全部改以他字,如将"镇番卫"改作"镇边卫","镇夷所"改称"镇彝所"等,但又没改彻底,有些地方仍作"镇番"和"镇夷"。[①]1932年,余姚陈登原著《古今典籍聚散考》谈及乾隆年间修《四库全书》的情况时说:"当时改易之风,几于凡违皆改,无碍不易。馆臣为谨慎将事,免于得罪,亦采宁枉毋纵之手段,宁可多所改易而得旨更正,不敢不改而转陷于文字之嫌。"[②]以《古今图书集成》对《陕西行都司志》的窜改删减来看,这种情况在康熙、雍正朝就开始了。故此,若论《陕西行都司志》的亡佚,《古今图书集成》的编纂者实为罪魁祸首。

如前所述,陕西行都司是有明一代所设五个行都司中唯一编修过志书的行都司;《陕西行都司志》相当于当时甘肃行省的通志,因其侧重于军事方面,是我们了解明代行都司军事和行政职能、内部结构、运作机制等方面的情况都是无可替代的第一手资料,其史料价值自不待言。所幸上述诸书对《陕西行都司志》内容多有移录和征引。近年来,古籍整理成绩斐然,新一轮的古书辑佚热潮正在兴起。与《陕西行都司志》相关的旧志,如〔万历〕《西宁卫志》,由西北民

---

① 参阅《古今图书集成》卷五七七、五七八《方舆汇编·职方典·陕西行都司部汇考》,北京:中华书局影印本,第12911—12933页。

② 陈登原:《古今典籍聚散考》,上海:上海书店,1983年,第126页。

族大学的王继光教授辑佚成书,[①]这为河西地区明代其他卫所散佚志书的辑佚积累了宝贵的经验,提供了成功的范例。相信在不久的将来,我们会看到辑本《陕西行都司志》的成书出版,这将成为西北史地研究、西北民族关系研究、明代西北边镇边备和都司卫所制度研究,以及河西方志史研究领域中新的材料。

(曾刊《中国历史地理论丛》2010年第2期)

① [明]刘敏宽、龙膺纂,王继光辑注:《〔万历〕西宁卫志辑注》,西宁:青海人民出版社,1993年。

《甘州府志》体例及纂修者考辨

《甘州府志》成书于乾隆四十四年(1779),是张掖地区在中华人民共和国成立以前的历史时期所有旧志中卷帙最为浩繁、保存资料最多、影响也最大的一部力作。该志成书后即刻印流传,至今尚有原刊本存世。[①]从1992年10月开始,原张掖地区志办主任张志纯先生组织本地一些学者校点此志,1995年3月由甘肃文化出版社出版,使这部古老的方志焕发出新的生命力。

一、《甘州府志》的体例

《甘州府志》卷首4篇序、修甘州府志告示、凡例、舆地图;卷一世纪上;卷二世纪下;卷三国朝辑略;卷四天文(星野1目)、地理(疆域、形胜、沿革表、山川、古迹、名胜、风俗7目);卷五营建(城郭、街衢、公署、坛庙、关梁、村堡、驿塘7目);卷六食货(赋役、户口、度支、水利、市易、物产6目);卷七学校(祀享、乡饮仪、学校源流表、三学藏书表、书院公业考5目);卷八戎兵(军门、镇汛、古今兵制沿革表、口隘、墩铺、番贡6目);卷九官师上(两汉至元、明);卷十官师下(国朝);卷十一人物(乡贤、忠节、孝义、文学、材武、技艺、烈女、流寓、仙释9

---

① 张民林:《张掖修志举要》,载王国华主编《金张掖风情》,兰州:兰州大学出版社,1998年,第60页。

目);卷十二选举(两汉洎元、明、国朝);卷十三至十五艺文;卷十六杂纂。全志共16卷,另有卷首1卷,分为10册,计56万字。

该志采用类目体,基本遵循了清朝自康熙至乾隆年间首次纂修《大清一统志》志所拟定的体例:“每省皆先立统部,冠以图表。首分野,次建置沿革,次形势,次职官,次户口,次田赋,次名宦,皆统括一省者也。其诸府及直隶州又各一表,所属诸县系焉。皆首分野,次建置沿革,次形势,次风俗,次城池,次学校,次户口,次田赋,次山川,次古迹,次关隘,次津梁,次堤堰,次陵墓,次寺观,次名宦,次人物,次流寓,次列女,次仙释,次土产,各分二十一门。”[①]同时又能借鉴始纂于明代万历年间、重刊于顺治十四年的《重刊甘镇志》[②],根据当时甘州府的实际情况加以增删,十分得当,是方志发展至清代完全成熟定型的一个范例。如“风俗”一目,仍置于《地理》之下,列于“山川”“形胜”之后,而“物产”则既不同于《一统志》无所归属,聊置于卷末的做法,也不同于《甘镇志》置于《地理》之下,而是与“赋役”“户口”……“市易”等并列于《食货》中,凸现其与国计民生息息相关的性质。

该志体例有一个较为突出的特点是注重文征,收录历代诏、书、表、奏、疏、序、议、赋、碑记等124篇,历代诗词292首,占全书五分之二的篇幅(张志纯点校本共793页,艺文即占296页)。其实,这种志例,远在宋代就已开创。朱长文纂《吴郡图经续记》,即将本地诗文辑为《吴门总集》,附于志后。但元明以降,志家多将诗文收入志中,或为各类附注,或为艺文、题咏单列,《重刊甘镇志》即是这种体例。由于所占篇幅较多,故四库馆臣有末大于本之讥。章学诚认为撰述之体不合间杂文辞,因之“略仿《国风》遗意,取其有关民风流俗,参伍质证,可资考校,分列诗、文、记、序诸体,勒为一邑之书,与志相辅”[③]。《甘州府志》仍将

---

① 《四库全书总目》,北京:中华书局1965年版,第597页。

② 高启安:《〈肃镇华夷志〉的名称及版本考辨》,《酒泉职业技术学院学报》2008年第1期,第68—70页。

③ [清]章学诚:《答甄秀才论修志第二书》,载张树棻纂辑,朱士嘉校订《章实斋方志论文集》,山东省地方史志办公室印行,1983年,第42页。

诗文列于志后，以《艺文》三卷统之，成为全志有机组成部分，但仍嫌篇幅过大。显然，章学诚“三书体”[①]理论对《甘州府志》的影响是很大的。

对于《甘州府志》的体例，民国时期西北著名方志学家张维早有十分中肯的评论：“《纪事》一目，诸志或从阙如，或附于杂记、志余之末。吾人读志已竟，而不能知其地之历代大事者，盖常有之。此志用诸史例以《世纪》置卷首，纲举目张，甚得条理。《食货》诸表，尤有史表遗意。章实斋修《湖北通志》，以田赋三十余册约为五卷，简而能详，惟能制表也。”[②]

二、《甘州府志》纂修者

关于这部志书的纂修者，似乎并无异议。因为原刊本完整保存于世，且标注了纂修者——时任甘州知府的钟赓起。钟赓起，《甘州府志·官师》有载：浙江长兴人，辛酉举人。先后任城武、沂水、诸城、昌乐、莱阳等县知县。乾隆三十七年(1772)四月任甘州知府，四十三年(1778)十二月，七年俸满，又计典卓异，入觐，卸事，四十四年七月回任候升。[③]该志前还有四篇序言及《修甘州府志告示》。陕甘总督兼甘肃巡抚勒尔谨序言称：“岁戊戌，甘守钟子赓起以七载报最，鞅掌余暇，厘成新志十六卷，请弁语于余。”甘肃布政使王廷赞说：“长兴钟君迈亭守甘泉，七易寒暑，鞅掌之暇，详诹陈迹，博考宪章，提纲举目，巨细靡遗，兹以计典卓荐，又届部限俸满，行将入觐天颜，而属稿未就，问序于予。”甘凉兵备道王曾翼也记载：“钟太守迈亭，毅然以编辑为己任，乃集庠士诸老成，分诣城乡，遍加采访，近村远堡，梵院羌巢，或石镌、或木表、或笺题，苟有字迹一二行，

---

① 章学诚编纂《湖北通志》等书，将方志分为志、掌故、文征三部分，在志体创新上独树一帜，形成三书体。章学诚认为：“凡欲经纪一方之文献，必立三家之学，而始可通古人遗意也。仿纪传正史之体而作志，仿律令典例之体而作掌故，仿文选文苑之体而作文征。三书相辅而行，缺一不可，合而为一，尤不可也。”(《方志立三书议》)

② 张维：《陇右方志录》，北平大北印书局，民国二十三年(1934)，第22页。

③ [清]钟赓起著，张志纯等校点：《甘州府志》卷一〇，兰州：甘肃文化出版社，1995年，第332页。

辄授钞胥,久且成帙。"这些都将修志功劳一概归于钟赓起,而无一字涉及他人。钟赓起自序及《修甘州府志告示》也没有一句话提及他人。这样,如果仅凭这些内容,我们便很容易受到暗示:《甘州府志》的纂修,从发起、考察采访、搜集资料到编辑成稿、刻印流传完全由钟赓起一人完成。但《甘州府志》本文却为我们留下了一些蛛丝马迹,表明《甘州府志》在钟赓起之前若干年就有纂修活动。该志卷十《官师下》"教授"目记载:"王学潜,商州人,戊辰进士选授。乾隆十八年到任,曾修郡志未就,草创之功,甚资其力。"卷十一《人物》"国朝"目记载:"庄学和,字介南,一字小鹤,江苏长洲籍,武进人。乾隆丙辰举人,壬戌内阁中书,乙丑会魁,授刑部主事,充会典馆、律例馆纂修。……嗣陕甘两省督抚、藩臬,延理幕务,十有余年。乾隆戊戌,由酒泉院长移课甘泉,集成郡志。著有《乙芝园文钞》《春秋制艺》《教孝千字文》等卷。"卷十六《艺文下》收有庄学和《辑甘州志咏四十韵》,以韵文形式概述了甘州建置沿革及历史人物,也可视为其参与修志的佐证。民国时期《新修张掖县志》也说:"先是,王学潜于乾隆十八年选授甘州府学教授,莅任后以《甘镇志》遗漏殊多,创修郡志,而出笔迟滞。二十八年俸满引见,仍回原任。三十三年,所修志书终未脱稿,后数年庄学和始告成功。"[①]对此,民国时期西北著名方志学家张维在其《陇右方志录》一书《甘州府志》条下也有辨正:"又《流寓》载:有武进庄学和,以举人仕,至保宁知府,乾隆戊戌长甘泉书院,集成郡志。生人入传,亦违志法。而《甘志》之成,学和与有力焉。意其人绩学士也。"[②]

凡此种种,均说明早在钟赓起任甘州知府前的乾隆十八年(1753),就有一些有识之士致力于《甘州府志》的纂修了,只是由于各种原因没有完稿,或者没有刻印流传而已。钟赓起在前人的基础上主持完成了此项工程,做了一些工作,根据其发挥的作用,应署为"主修"。其中庄学和于"乾隆戊戌(四十三年,即

① 《明清两代修志之经过》,载白册侯、余炳元撰,施生民校点《新修张掖县志》,张掖市市志办公室,1998年,第2页。

② 张维:《陇右方志录》,北平大北印书局,民国二十三年(1934),第22页。

《甘州府志》成书前一年），由酒泉院长移课甘泉，集成郡志"，当是该志总纂者。但如前所引，该志成书以后，在纂修者署名之处和卷首序言、告示中却无一字提及王学潜、庄学和等编纂《甘州府志》的事实，将其功绩一概抹煞是不应该的。如此，钟赓起难脱利用职权掠人之美，欺世盗名之嫌。

无独有偶，钟赓起任职甘州及《甘州府志》的纂修恰在清代第一大贪污案——"甘肃冒赈案"发生期间。此案发生在"地瘠民贫"的甘肃，是一起地方官员以赈灾之名，沆瀣一气，共谋作弊，肆意侵贪的大案，时间长达七年之久，牵涉总督、布政使及以下道、州、府、县官员 113 人，追缴赃银 280 余万两，波及直隶、盛京、江苏、浙江、云南等地，震动全国，连乾隆皇帝也惊呼，此案"为从来未有之奇贪异事"。序言的作者陕甘总督兼甘肃巡抚勒尔谨、甘肃布政使王廷赞均为此案的主角，甘凉兵备道王曾翼和甘州知府钟赓起也榜上有名。乾隆四十六年（1781）案发后，勒尔谨被赐自尽，王廷赞被处绞刑，王曾翼被革职查抄，钟赓起"照侵盗钱粮一百两至一千两杖流律，从重改发新疆，效力赎罪"①。

从人性的角度看，利用职权掠夺他人精神生产成果与贪污受贿其本质是相同的，故其人不足道；然君子不以人废言，就钟赓起而言，其主修《甘州府志》的功绩仍是值得称道的。只是历史终究会还其本来面目，历史的经验仍然值得注意。

（曾刊《甘肃广播电视大学学报》2008 年第 3 期）

① 李侍尧奏稿，杨怀中标点：《钦定兰州纪略》卷一九，银川：宁夏人民出版社，1988 年。

什么是乡土志？
——兼说《古本敦煌乡土志八种笺证》

我国最早以"乡土志"命名的地方志书是清光绪十七年(1891)的《打牲乌拉地方乡土志》《伯都讷乡土志》《阿勒楚喀乡土志》《宁古塔地方乡土志》《三姓乡土志》。光绪十五年(1889),吉林将军设立省修志局,颁发志书局章程,纂修通志,照会管理打牲乌拉地方总管、三姓副都统等地方官采访事实,呈报地方资料,"务将所属界内所有圣制、纶音、天章、坛庙,并建制、沿革、疆域、形胜、山川、城池、关邮、津梁、船舰、户口、田赋、职官、学校、官署、选举、兵防、名宦、历朝人物、国朝人物、忠节、孝义、文学、隐逸、流寓、方伎、仙释、烈女、祠祀、古迹、陵墓、风俗、物产、杂志、历朝艺文、国朝艺文,一切应列志书者,详细确查,定限三个月内,一律咨送来省,以凭考核纂修"。打牲乌拉地方总管衙门即派全明、恩庆、来喜等,"遵照文内名目,逐一确查实迹,赶紧造册报省"①。三姓副都统衙门也"将前项采访志书事迹,饬造清册二本"②,记载三姓的地表、学校、疆域、山川、村落、里数、富克锦山川形势、险要、古城、河海、卡汛、建置沿革(内附兵制、粮饷、器备)、公署、衙门分司、库款、田赋、户口、贡品、新设富克锦官兵(内附粮饷)、防营、炮台、军器、枪炮、练军、职官、科名、船舰、物产、庙寺、旌表、属站等。

---

① 廉峻:《打牲乌拉地方乡土志序》,长春:吉林文史出版社,1988 年。

② 《三姓乡土志·咨文》,《东北乡土志丛编》本。

从体例、内容上看,这几部志书均为《吉林通志》提供乡土资料而纂,虽名“乡土志”,却与一般方志无异。

乡土志的正式产生则与清末乡土教育思潮的兴起有关。光绪二十年(1894),甲午中日战争,中国惨败,朝野为之震动。出于挽救民族危亡的考量,留日学生界和国内教育界掀起了国家与乡土、爱国教育的大讨论,日本和西方乡土教育的做法和制度被介绍到国内,国内有关乡土教育的教材相继出现。光绪二十四年,蔡和铿编《浙江乡土地理教科书》,上编总述中国及浙江省,下编分叙各府古迹、人物,间配图画,“以引起儿童爱恋乡土,景仰前贤之心”。乡土志就是在这样的氛围中诞生的。光绪二十八年,张相文编《初等地理教科书》,指出:“地理教授之始,不外分解、综合二法。童子初学,宜依综合法教以乡土志,就目前所见,随处指点,使其易于领会。”由此可见,此前已有乡土志存在。

乡土志的编纂被作为清朝的国策,则是清朝学制改革的直接结果。光绪二十八年(1902)七月,《钦定学堂章程》(即“壬寅学制”)颁布,在中国历史上第一次试行现代意义的全民小学义务教育。“史学”“舆地”是小学阶段规定必修的两门课程,具体要求:初等小学第二学年“舆地”讲“本乡各境、本县各境”;第三学年“舆地”讲“本府各境”,把乡土史地课程纳入了教学内容。光绪二十九年十一月,新出台的《奏定学堂章程》(即“癸卯学制”)对小学乡土史地教育提出明确要求:“历史,……尤当先讲乡土历史,……令人敬师叹慕,增长志气者,为之解说,以动其希贤慕善之心。”“地理,……尤当先讲乡土有关系之地理,以养成其爱乡土之心。”具体规定:一二年级历史课学习“乡土大端故事及本地古先名人之事实”;地理课学习“乡土之道里、建置,附近之山水,次及于本地先贤之祠庙遗迹等类”。三年级历史课学习“历朝年代国号,圣主贤君之大事”;地理课学习“本县、本府、本省之地理、山水,中国地理之大概”。为培养儿童的忠君爱国思想,乡土史地教育贯穿于小学一至三年级全过程。

编订现代意义上的小学史地教科书在当时是一个模仿和创新的过程,亟须规范。在传统的学科分类观念里,地方史地知识属于方志学的范围,为此,1905年,负责教科书编纂工作的京师编书局按照“癸卯学制”的要求编订了《乡土志例目》(以下简称《例目》),作为全国编纂乡土史地教材的指导方案。《例目》的执笔者京师编书局监督黄绍箕擅长目录、方志之学,受传统学科分类思想的影响,他把小学地理课命名为“舆地”,而非“地理”,把乡土地理课本命名为“乡土志”,而非“乡土教科书”。《例目》规定:“初等小学堂学科,于历史则讲乡土之大端故事,及古地、古先名人之事实;于地理则讲乡土之道里、建置及本地先贤之祠庙、遗迹等类……,然必由府、厅、州、县各撰乡土志,然后可以授课。”并且按照地方志的基本体例和内容,把基本内容设置为历史、政迹录、兵事录、耆旧录、人类、户口、氏族、宗教、实业、地理、山、水、道路、物产、商务共十五门,每一门的内容都有详细说明。如“历史”一门,要求反映“本境何代何年置,未置本境以前,既置本境以后”情况;“政绩录”要求有“兴利、去害、听讼”三个方面;“耆旧录”要求记录本境“事业、学问”等。并且强调“事必求其详核,文必期于简雅。……贤守令幸勿忽视”。该《例目》由学部下发各省学务处,并命令下发各属县遵照执行。此后,全国各地掀起了编纂乡土史地志书、教科书的高潮。这既是晚清政府学习西方教育体制的结果,也是加强清廷统治的内在需要,更是面对外侮,朝野一致的爱国主义要求。①

按照传统惯例,乡土史地内容一般属地方志范畴,而地方志一般是由官方编定的,所以,尽管乡土志是小学史地教材,但它一开始就被视为地方志的一种,实际编纂工作仍然多由地方长官或儒绅来完成,如清末著名学者刘师培就是一位乡土志的热心倡导者。他不仅亲自动手,负责编纂了《江苏乡土历史教科书》《江苏乡土地理教科书》《江宁乡土历史教科书》《江宁乡土地理教科书》,还于1907年5月发表了长达1.5万字的《编辑乡土志序例》,认为:“志乘以外不得不另编乡土志,广于征材,严于立例,非惟备国史之采也,且以供本邑教民之用。……若一郡一邑均编乡土志,则总角之童垂髫之彦,均从事根柢之学以

① 相关内容参阅邹振环:《晚清西方地理学在中国》,上海:上海古籍出版社,2000年;郭双林:《西潮激荡下的晚清地理学》,北京:北京大学出版社,2000年。

激发其爱土之心。”[①]他的史地教育观念至今在学术界仍有一定影响。

辛亥革命以后,民国政府重新制定了学制并多次进行改革,但始终很重视乡土史地教育工作。1914 年, 教育部曾催促各县编纂乡土志或乡土史地教科书;1916 年,教育部规定“教授地理宜先注意于乡土之观察,以引起儿童之兴味及其爱乡思想”[②]。1933 年,国民政府颁布的《小学法》第九条规定小学教科书应注重各地方乡土史地教材;1937 年,教育部又颁制训令,要求“二年制短期小学教材应采用部编课本为原则,各地方为适应需要起见,得酌量编订乡土补充教材”[③]。1938 年,中国国民党临时全国代表大会制订《战时各级教育实施纲要》,规定应注重各地方乡土史地教育。所以,直至 1949 年,乡土志或乡土教科书的编纂工作始终没有间断。

从上述乡土志的产生、发展背景及其体例、内容和用途看,乡土志应是产生于清末特殊时代背景下、富有进步意义和创新精神、用作小学乡土教育教材的一种特殊文献。虽说是教材,但又具有一般教材所没有的编纂组织形式、体例结构、内容趋向,多被方志学界视为地方志的范畴,因而具有教科书和地方志的边缘特性。[④]

对乡土志的这种解释,早已约定俗成,广为接受。如黄燕生《中国历代方志概述》一文在论及清代志书的编纂种类时说:“清朝末年,还出现了大量为各地学校作教材用的乡土志。……乡土志的编纂不仅为输入西学、普及教育提供了通俗易懂的启蒙读物,也为中国地方志增加了一个新的品种。”[⑤]1999 年版《辞海》“乡土志”条则解释:“清末民初各处编印的乡土教材。”“内容简略,其中清代后期以来资料,多可补州县方志记载所不及。”也认可了这种界定。

---

① 刘师培:《编辑乡土志序例》,《国粹学报》1906—1907 年 9—12 号连载。

② 《高等小学校令施行细则》,载《中华民国史档案资料汇编三辑》“教育”分册,南京:江苏古籍出版社,1991 年,第 496 页。

③ 《教育部检发二年制短期小学暂行规程及课程标准总纲的训令》,载《中华民国史档案资料汇编五辑》“教育编”,南京:江苏古籍出版社,1991 年,第 638 页。

④ 巴兆祥:《方志学新论》,上海:学林出版社,2004 年,第 141 页。

⑤ 来新夏主编:《中国地方志综览(1949—1987)》,合肥:黄山书社,1988 年。

有些方志学家则认为乡土志是乡、村、里、镇志。傅振伦《中国方志学通论》将乡土志列为一统志、通志、府志、州志和县志之后的第六种类型，“乡邑为志，昉于元之镇志，其后江南、浙西多有之。乾隆庚辰黄士宁之《乌青镇志》、嘉庆壬戌徐达源之《黎里志》，其卓著者”。文献学家张舜徽也持相同的观点，他说：地方志书，“就它记事的范围而言，又有几种不同的体例：统括全中国的，称‘一统志’……有专载一镇一里之事的，称‘乡土志’”①。

此外，还有一种观点，可看作是对前述两种观点的折中。范学宗在《乡土志浅谈》中称：“我国的乡土志，原为汇集一乡、一镇或一村、一里风土人物之作。据记载它始于南宋绍兴五年（1135）监澉浦镇税罗叔韶嘱常棠所编的《澉水志》……其后，唐栖、枫泾、安定、甫里、乌青、南浔、唯亭、贞丰、黄溪、黎里等乡镇之志，以及山志、水志、湖志等亦相继问世。”“乡土志由乡、镇、村、里，扩大至县、州、府，乃至全省（如……）则始自清代末年以至于民国。这一类乡土志是作为各地蒙学教材而编写的。”“清末编辑乡土志的目的是很明确的，就当地‘历史、舆地、格致’三方面材料编写成书，使儿童们自蒙学开始就对乡里的概貌有所了解，从而养成爱乡里以至爱国家的思想。……正所谓：‘志乡土者非为乡土志，为蒙学志也。易曰：山下出泉蒙。又曰：蒙以养正。乡土志者，盖取山下出泉之义，泉必出于山，而后能达于海；学必始于乡土，而后可通于天下。’”认为乡土志原为乡、镇、村、里之志，清末民国时期成为进行乡土教育的蒙学教材。②

最流行的看法，则是将清末民国时所编纂的以“×××乡土志”命名的地方志和用于对儿童进行爱乡爱国教育的乡土教科书统称为乡土志，是通志、府志、县志、乡镇志后的又一志书类型，如来新夏《方志学概论》、黄苇等《方志学》、陈光贻《中国方志学史》等。

长期以来，人们还有另一种比较直观、朴素的理解：所谓乡土，通常指地方、家乡，即《列子·天瑞》“有人去乡土，离六亲”之义；志就是记载的意思：“志

① 张舜徽：《中国文献学》，上海：上海古籍出版社，2005年，第294页。

② 《中国地方史志论丛》，北京：中华书局，1984年，第67—73页。

者,记也,记其风土、文献之事,与官乎是郡邑者。"[①]乡土志即是以地方或家乡为记载对象的,以风土、文献、职官为主要内容的书籍。影响所及,当世一些知名学者也这样使用乡土志的概念,如李正宇先生《古本敦煌乡土志八种笺证》一书的题名。

敦煌莫高窟藏经洞所出遗书中有 17 个带有地方志性质的写卷:(1) 沙州图经卷第一 S.2593;(2)沙州都督府图经 P.2005;(3)沙州都督府图经 P.2695;(4)沙州城土境 P.2691;(5)沙州地志 P.5034;(6)沙州图经 S.788;(7)寿昌县地境;(8)沙州伊州地志 S.367;(9)瓜沙两郡史事编年并序 S.5693;(10)瓜沙两郡史事编年并序 P.3721;(11)敦煌录一本 S.5448;(12)敦煌水渠 P.3560;(13)敦煌名族志 P.2625;(14)敦煌名族志 P.4010;(15)敦煌汜氏人物传 S.1889;(16)莫高窟记 P.3720;(17)敦煌古迹二十咏 P.3929。

这 17 个卷子均具有地理文书的性质,记载和反映了中唐至北宋初年敦煌的山脉河渠、城镇沿革、土产风俗和人物族望等内容,是我国地方志发展体例趋于成熟和定型阶段的产物,具有一定的代表性。其中所保存的资料不仅对中古时期敦煌的历史、社会、地理、文学、宗教、自然资源,以及唐代中西交通等方面的研究有重要的价值和意义;就是对我国古代方志编纂学方面的研究,亦有很高的价值和意义。

这些写卷除《寿昌县地境》外,都被劫掠至国外。自罗振玉编《鸣沙石室遗书》《敦煌石室遗书》开始,陆续有学者进行研究整理,并予以刊布流传。1989年 12 月,兰州大学郑炳林出版《敦煌地理文书汇辑校注》一书,将这 17 个卷子悉数收进。这是有关敦煌地理文书首次全面集中的一次整理。唐耕耦、陆宏基也编有《敦煌社会经济文献真迹释录》(第一辑),辑录敦煌地志 17 种,图版录文并举,十分便于阅读。后来敦煌研究院李正宇先生又在前人收集、研究和整理的基础上,去其重复,将这些地理文书中明显带有方志性质的归纳为 8 种,即:《沙州图经》卷一(S.2593)、《沙州都督府图经》卷三(P.2005,P.2695)、《沙州图

---

① [清]康海:《[正德]朝邑县志》序。

经》卷五(P.5034)、《沙州志》(S.788)、《沙州伊州志》(S.367)、《沙州归义军图经略抄》(P.2691)、《敦煌录》(S.5448)、《寿昌县地境》(祁子厚藏卷)，将其多年的研究成果汇为一书，成《古本敦煌乡土志八种笺证》，1998年11月由台北新文丰出版公司出版。

关于这些地志的价值和李正宇先生的研究成果，武汉大学陈国灿教授曾作评述："所收唐五代敦煌地志八种，是研究敦煌历史、地理、人文、风物的基本文献。它的内容，涉及敦煌学的许多学科门类，诸如古代的敦煌历史地理、民族、宗教、文学、军防、交通、农业、水利等，因而引起敦煌学界、方志学界和西北史地研究者的普遍关注，在敦煌遗书中，成为阅读率和使用率最高的品种之一。它所述之事，所传之人，由于年远时迈，逝之者已渺无影踪，残留者复见而难识；加之写本句残字泐，舛讹错简，承乖导谬，使读者颇难把握理会，至于沟通古今，见此知彼，即使专家，亦颇棘手。因此，又成为敦煌遗书中问题较多、颇难索解的品种之一。……李正宇先生长期工作在设在莫高窟的敦煌研究院，着意于敦煌古今历史地理迁变之探究，在精研前辈研究成果的同时，对敦煌地志所记，常辅之以实地考察，力求将文献记载与今时状况互相印证，彼此沟通。既见人所未见，又发人所未发，于敦煌地理创获良多。所撰笺证，既荟萃了前人研究之精华，又贯穿了著者之新见；征古检今，抉隐发微，其深度和广度，在近年来敦煌地志的研究中堪称精品。"[①]日本学者池田温和西北师范大学教授李并成也有较中肯允当的评论。

此著在敦煌历史地理学和古方志的研究方面所取得的成就是毋庸置疑的，但将这些有关敦煌的地理文书统以"乡土志"称之还值得商榷。因为李正宇先生在为此著命名时可能取了乡土志最为宽泛的意义。而"如果按照如此宽泛的理解，乡土志即成了地方志的代称，通志、府志、州志、县志、乡镇志都成了乡土志的属类，那么也就无法解读清末民国广泛存在的并以《×××乡土志》命名的蒙学教材的特殊性，同时也混淆了这些乡土志与乡镇志及其他志书类型的差

① 陈国灿：《李正宇著〈古本敦煌乡土志八种笺证〉序》，《敦煌研究》1998年第2期，第164—167页。

异性。”[1]

北京大学荣新江教授在评介李正宇先生这部著作时说:“敦煌文书中保存了几种关于敦煌的地方志书,有的是严格意义上的方志,有的则只能看作是乡土志。”“敦煌乡土志书虽然篇幅都不算长,但内容涉及的方面却很广,如《沙州图经》……”“敦煌乡土志的录文,经过了几代人的不懈努力……即以《敦煌录》的录文为例……”[2]从这些语句我们可以看出,荣先生又把乡土志看成是与“严格意义上的方志”相对的、仅具方志的某些特性的地理文书了(李正宇先生可能也是从这个意义上使用“乡土志”这一概念命名其《笺证》的)。荣先生在这篇文章中结合评介《古本敦煌乡土志八种笺证》一书所取得的卓越成绩,就敦煌地理文书诸卷源流、录文校勘,以及古典今事的考信与辨证等问题提出了自己的一些看法,其着力点并不在方志学的一些概念术语上,因此似乎也不必苛求,但由此可见学者们对“乡土志”这种特殊文献的产生背景及功用性质的陌生和对“乡土志”概念的误用情况。

(曾刊《中国地方志》2008 年第 8 期)

---

① 巴兆祥:《方志学新论》,上海:学林出版社,2004 年,第 136 页。

② 荣新江:《李正宇〈古本敦煌乡土志八种笺证〉评介》,载荣新江《敦煌学新论》,兰州:甘肃教育出版社,2002 年,第 223—229 页。

评《肃镇华夷志校注》

《肃镇华夷志》，又称《万历肃镇志》。明嘉靖二十三年（1544）肃州兵备道副使张愚创修；万历四十四年（1616），肃州兵备副使李应魁续修；顺治十四年（1657），肃州监收临洮府通判高弥高重刊。

全书共4卷。卷一分图说（出舆图20幅）、沿革（疆里、郡名、番夷附）、山川（形胜附）3目；卷二分水利（桥梁附）、风俗、物产、户口、城池、军制、马政、屯田、戎器、兵饷、驿传（铺舍附）、公署、学校、坛壝、祠祀（寺观附）、古迹、诗歌17目；卷三分景致、堡寨、关隘、烽堠、奉使、宦籍6目；卷四分人材、节孝、流寓、仙释、灾降5目。此外又有"属夷内附略"，分种属、族类、住处、风俗、货利5目。总计36目，约20万字。

此志详记酒泉历史、地理、人文、经济贸易等，于明洪武五年（1372）进军河西以迄万历后期二百多年来肃州近事尤为详悉，是一部完整保存于世的酒泉地区最早的定型方志。书中"西域疆里""内地住牧番夷"与"属夷内附"为其重要而颇具特色的篇目。"西域疆里"记述了明代前期自嘉峪关往赴西域的三条道路、沿途所经、里距、居民状况、宗教信仰、风土物产等，可补陈诚、李暹《西域行程记》之所缺，张雨《边政考》、顾炎武《天下郡国利病书》、梁份《秦边纪略》皆予采录，即后世称为《西域土地人物略》者；"内地住牧番夷"与"属夷内附"两篇，详述肃州总镇境内各少数民族的族属、来源、安置、迁徙、生业、风俗及相处关系等诸多珍贵史料，为研究肃州境内及周边少数民族如维吾尔族、藏族、蒙古族、裕固族及瓜沙诸族的历史、文化提供了他处见不到的资料。

由于肃州在明代西部边疆的特殊地位和修志者的独特见识，《肃镇华夷志》尤其注重辖区的军戍防守，举凡城池、烽堠、边墙、墩台、堡寨、关隘等军事设施无不备载，而关于戎器、兵饷也极尽细索，如其中有不多见的用于治疗刀枪创伤的药材名称等，为我们提供了第一手西部边疆兵防资料。

为了防备来自南、西、北游牧民族的侵袭，特别是来自北部蒙古（所谓“北虏”“套虏”“海虏”）和西部吐鲁番及瓦剌等的侵扰，明代在北部边疆先后修筑了大规模的防御工事，如著名的“长城”。《肃镇华夷志》不仅记载了辖区数次所修长城的地点，而且其长度、高度、走向，以及长城的其他设施（烽堠、墩台）、防守路线、防守兵丁的配置等，一一清楚明了。西部雄关嘉峪关长城的修筑起因、筹划等记载也尤其详细。因此，《肃镇华夷志》又是研究明代长城兵防的第一手可靠资料。

明朝于嘉靖三年（1524）闭锁嘉峪关，将关西百姓迁徙关内，瓜、沙二州为吐鲁番所据，自此旷无建置200余年。敦煌孤悬关外，日见衰落，莫高窟龛为沙所埋，佛像亦屡遭毁坏，一片萧条。所以，留下来的资料少而又少，以致明代敦煌的历史几乎是一片空白，而《肃镇华夷志》记录了不少敦煌的资料。如关于东迁各卫的记载，有不少涉及当时沙州的民族、人口变迁、居民生产方式及与周边的关系等，可以说大大丰富了明代敦煌研究的资料和内容。这些材料的新发现将对敦煌学的进一步发展起到积极的推动作用。

作为丝绸之路上的冲要重镇，肃州历来是商贾云集、交易频繁的贸易中转地，即使在明代陆路丝绸之路贸易衰落后，肃州仍然有着重要的地位和频繁的贸易活动。明代弃置敦煌、退守嘉峪关以后，河西走廊西端的肃州即担负起了中西贸易及使节中转的重任。《肃镇华夷志》透露，在肃州仍然存在着大量的马匹、丝绸、茶叶、毛皮、药材、玉石等的交易。肃州居住的“回回”就是滞留或专门从事贸易的西域商人；出钱修桥铺路和修盖寺院的商人大多是“晋商”。这些无疑是研究衰落时期丝绸之路贸易的宝贵材料，也是研究晋商崛起与丝路贸易、与明政府实行的“盐引”政策等关系的重要材料。[①]

对于《肃镇华夷志》的上述价值，李正宇先生概括道：“备载本镇地理，兼说境内华夷，在我国边郡方志中颇具特色。书名《肃镇华夷志》，文简义赅，亦颇能括其要约。”[②]

此志由于仅在中国国家图书馆存有善本，在上海、甘肃、南京图书馆存重刻本缩微胶卷，以致许多古籍丛书，如《中国公共图书馆古籍文献珍本汇刊》、邵国秀编《中国西北稀见方志》《中国西北文献丛书·西北稀见方志》及《中国西北文献丛书·西北稀见方志续编》《续修四库全书》等都没有收录，使这一珍贵方志藏于深闺无人识，不能在学术研究和地方经济文化建设中发挥它应有的作用。

兰州商学院高启安先生早年在研究裕固族历史的过程中发现，这部志书详细记录了明中叶以后东迁的关西数卫部众的部族、首领、人口、牧居地及其变化、语言、风俗、宗教等详细情况，无论在资料的丰赡、系统上，都是其他正史、野史和地方志所不能相比的，是裕固族研究不可多得的资料；加之台湾成文出版社有限公司 1970 年影印出版的《肃镇志》的流行，使许多学者以此为彼，误引误用，以讹传讹，从而萌生了将这一珍贵历史典籍发掘整理出来以惠及学界的想法。近年，他有余力完成这一夙愿，遂不避艰难，对照缩微胶卷抄录、校注，又邀敦煌研究院邰惠莉女史加盟，从 2003 年底开始，历经一年多的时间实现了这一宏愿。书稿完成后请敦煌研究院李正宇先生作序，交甘肃人民出版社，2006 年 6 月面世，书名《肃镇华夷志校注》。

高启安先生和邰惠莉女史此著于西北少数民族研究、敦煌学研究、酒泉地域文化研究及酒泉古旧方志的整理等贡献颇巨，其价值是多方面的，影响是深远而持久的。

第一，此著问世，使这一尘封已久的历史文化瑰宝重见天日，为这一珍本

---

① 高启安：《〈肃镇华夷志〉文献价值初探》，《敦煌学辑刊》2005 年第 2 期，第 316—323 页。

② 李正宇：《〈肃镇华夷志校注〉序》，载李应魁撰，高启安、邰惠莉校注《肃镇华夷志校注》，兰州：甘肃人民出版社，2006 年。

秘籍的永久保存和广泛流传提供了绝对保障，也为学界充分运用其中珍贵的历史资料提供了极大的方便，是一件功德无量的义举和善举。对此，李正宇先生曾有精辟的点评："《肃镇华夷志》之校注出版，使璞玉一拂尘蒙，蓝田再耀莹光，秘籍得公于世，而孤本从此不孤矣。"①

第二，厘清了《肃镇华夷志》创稿、成书及重刊的年代及纂修者，辨别了其名称和版本。

长期以来，不同的方志书目既载有《肃镇华夷志》《万历肃州志》《万历肃镇志》，也载有《肃镇志》，各处又流行着台湾成文公司影印的《肃镇志》。由于题为前三名的志书一般人很难见到，学者们的着力点又不在此，在西北史地和少数民族等领域的研究中多就手头所见率尔引用，致使此志的版本演变成朦胧混杂，甲乙互缠，难以董理的一团迷雾。高启安先生综合《北平图书馆方志目录》《缪荃荪方志目》（缪荃荪于 1913 年编撰的《清学部图书馆方志目》）、张维《陇右方志录》《中国地方志联合目录》等方志书目的著录和《肃镇华夷志》李应魁序、《乾隆重修肃州新志》黄文炜序及两志"宦籍""名宦"等相关条目的记载，经过深入研究后基本廓清了这一团历史的迷雾：

《肃镇华夷志》，创修于明嘉靖年间，其创修者为张愚。张愚，直隶天津人，进士，嘉靖二十一年任肃州兵备道副使（二十三年为刘瑜）。此创修稿尚未完成，张愚即升迁他任。到明万历年间，陕西行都指挥使司（治在甘州，即今张掖市甘州区）曾经有过一次修志的举动，产生了一批地方志书。此时李应魁任肃州兵备道副使，就在张愚创稿的基础上进行了续修，使其成为完秩，并且刻印流行，仍沿用《肃镇华夷志》原名。李应魁，四川内江人，万历三十二年甲辰科进士。万历四十三年（1615）以右参政调任肃州兵备副使，万历四十四年完成《肃镇华夷志》。清顺治十四年河西各镇整理、重刊了万历年间所修志书，《肃镇华夷志》即其中之一，由肃州监收临洮府通判高弥高重刊；重刊时删去了"华夷"

① 李正宇：《〈肃镇华夷志校注〉序》，载李应魁撰，高启安、邰惠莉校注《肃镇华夷志校注》，兰州：甘肃人民出版社，2006 年。

二字，更名为《肃镇志》。目前中国国家图书馆所藏善本即为清顺治十四年刻本，四卷三册。万历刻本《肃镇华夷志》目前存“台北故宫博物院”，只有卷三。①

《肃镇华夷志》名之以“镇”，起因于明代九个边镇的设置，甘肃镇为九边镇之一；明代以“镇”命名的志书较多，如《延绥镇志》《宣府镇志》等，河西地区同一时期还有《甘镇志》《凉镇志》《西镇志》三部，均刊刻于顺治十四年。虽然《肃镇华夷志》所述范围为肃州卫和镇夷千户所，但“肃镇”之名并非“肃州”“镇夷”之缩略。名之以“华夷”者，“则以内附羌回，惟肃最伙，今虽输款向化，作我藩篱，而笼犬羊于卧榻，揖寇盗于门庭，种类情形正与内地安危相为倚伏。溯源穷委，因以名篇，意良可绎”②。“与前后创修的《甘镇志》《凉镇志》《西镇志》相比，《肃镇华夷志》关于环肃州周边少数民族的记载不惟占相当篇幅，而且创‘种属’‘族类’‘住处’‘风俗’等目，开方志之特例，其价值与意义非他志所能比拟。因此，名之曰《华夷志》确与事实相副。”③

顺治重刊《肃镇志》和缪目所录《万历肃州志》、张维《陇右方志录》所录《万历肃镇志》实际都是《肃镇华夷志》，现在应正其名，统以《肃镇华夷志》称之（以下简称甲本）。但近年各处又流行台湾成文出版社有限公司 1970 年出版之“中国方志丛书”影印本《肃镇志》（以下简称乙本）。

乙本《肃镇志》为 4 卷。卷一地理志（沿革、山川、水利、风俗、物产、古迹 6 目），卷二建置志（公署、学校、坛壝、祠祀、驿传 5 目），卷三官师志和兵防志（军制、马政、关隘、堡寨、烽堠、戎器 6 目），卷四岁计志（户口、屯田 2 目）和人物志（乡贤、忠烈、孝行、贞节、科贡、流寓、仙释 7 目）。

从甲、乙两本内容看，二者显然为两个不同的本子。不但体例有较大差异，而且所记范围也不相同。甲本只叙述肃州周边，即明代“肃州兵备道肃州卫、镇

---

① 高启安：《〈肃镇华夷志〉的名称及版本考辨》，《酒泉职业技术学院学报》2008 年第 1 期，第 68—70 页。

② 李应魁：《〈肃镇华夷志〉序》，载李应魁撰，高启安、邰惠莉校注《肃镇华夷志校注》，兰州：甘肃人民出版社，2006 年。

③ 高启安：《〈肃镇华夷志〉的名称及版本考辨》，《酒泉职业技术学院学报》2008 年第 1 期，第 68—70 页。

夷守御千户所”地界；乙本所记范围则为明代“甘州五卫”。而翻检甘州方志，发现乙本《肃镇志》与现存顺治十四年刻本《甘镇志》，除序言落款所题撰人一为高弥高，一为杨春茂以外，其他内容完全一样。如此，乙本《肃镇志》实即《甘镇志》。[①]

第三，此著繁简过录准确，断句标点无误，校勘精慎，注释精要详赡，符合古籍整理的规范，为河西地区古旧方志的整理提供了一个取法近便的范本。

全书以甘肃省图书馆藏顺治十四年刻本《肃镇志》缩微胶卷作底本，参以《嘉靖陕西通志》《边政考》《秦边纪略》《乾隆重修肃州新志》《光绪肃州新志》《甘镇志》等西北史地著作，以及中华书局本二十四史中相关正史，综合运用他校、理校等校勘法，共出校记 577 条。既保存了顺治重刊本《肃镇华夷志》原貌，又汇集了众多异文，实际成为“集校”；诸本文字互有错乱者，即详加讨论辨证，并作出自己的判断，如卷一“西域疆里”中的若干校记。所以，又不是纯客观的罗列诸书，而是有自己的主见和判断，包含着个人创见的。还根据实际情况灵活运用了死校法和活校法，并将二者有机统一起来，从而赋予此著以较高的学术价值。

不仅如此。由于《肃镇华夷志》从成书（万历四十四年）至今已有将近 400 年的历史；这 400 年来，肃州及其周边地区不仅建置沿革和社会生活风貌发生了很大变化，城堡关隘和坛壝祠祀多所圮毁，就是一些自然地貌也面目全非，故而今人利用这部旧志所面临的困难是显而易见的。高启安和邰惠莉两先生不避艰难，将此志中今人阅读有困难的词语一一理出，详加解释，出注 366 条（不包括《前言》36 条自注）。不仅为一般读者阅读提供了便利，也借此汇集和保存了大量与西北地区特别是酒泉地区相关的历史地理、方国族类、人物、职官、典章制度等方面的资料，为研究者充分利用提供了便利。其中有些条目，多所发明创造，如“操守”一职，不见于任何职官辞典，《汉语大词典》“操守”条也无

---

① 高启安：《〈肃镇华夷志〉的名称及版本考辨》，《酒泉职业技术学院学报》2008 年第 1 期，第 68—70 页。

此义项。校注者引用相关史料,阐幽发微,将其设置年代、职级和职能大体界定清楚。还如交河公主,也不见于各种工具书,校注者引用《新唐书》和《资治通鉴》的相关记载,作了详尽的笺释,将历史上两位交河公主的出身、经历及最后归宿都交代得清清楚楚。诸如此类,皆可补某些专业工具书之阙失;若非注释体例所限,扩展开来,都是具有相当学术价值的论文。

此外,体例安排合理得当,版式设计古雅素朴,简洁大方,也是《肃镇华夷志校注》一个显著的特点。正文之外,卷首置李正宇先生《序》,仅1100余字,即将应有之义阐发无余,可谓"文简意赅"之典范。《序》后是校注者《前言》,详细考证和辨别了《肃镇华夷志》的名称和版本,全面论述了它的文献价值和学术意义,是此著不可或缺的有机组成部分。作为全书"附录",《校注》还收录了张雨《边政考》和《嘉靖陕西通志》所载《西域土地人物略》,方便研究者与《肃镇华夷志》中的"西域疆里"相对照,也是十分必要的。

近年来,河西各地市陆续整理出版和印行了一些古旧方志,但由于主客观条件所限,存在问题很多,其中如金塔县地方史志编纂委员会编《修编金塔方志》(2006年1月内部印行),将一些普遍性的问题发展到了无以复加的地步。[①]高启安和邰惠莉两位先生长期从事西北史地及敦煌学研究工作,学术背景宽广,学养深厚,治学态度严谨,校注《肃镇华夷志》遵循学术规范,注释条目又多涉及酒泉及其周边地区之史地、人文,所以,此著的出版发行也为河西地区古旧方志的整理提供了一个取法近便的范本。

但初创难工,后出转精,又是古籍整理和文献学研究的一个显著特征。《肃镇华夷志》的校注虽然严格规范,但因前无古人,而不能没有留下遗憾和疏漏。由于海峡阻隔,现藏于"台北故宫博物院"的万历刻本不能见到,使该志校勘失去了一个最有价值的参本;也由于查阅图书资料的不便和付出代价的巨大,往往令从事文献研究整理的学者望而却步,不能悉数使用目前有可能利用的最

① 吴浩军:《评〈修编金塔方志〉》,《酒泉日报》2006年5月12日、18日、24日。

佳参本校勘,产生一些情理之中的疏漏。如卷一《山川》“清水河”条,原文“城北五十里,流入讨来河”,校记:“《新志》为‘十五’。”[①]此《新志》按校注者所附《校勘参考著作》注明为(清)黄文炜、沈青崖纂《重修肃州新志》,《中国西北文献丛书·西北稀见方志》本,兰州古籍书店 1990 年影印出版。[②]限于条件,此影印本笔者目前无法核对,但曾考证《重修肃州新志》有乾隆稿本和刻本存世,其《肃州·山川》“清水河”条均作“在州北五十里”,“十五”是 1984 年酒泉市博物馆铅印本《重修肃州新志》整理者依据今名清水河位置所改。[③]而明代舆图显示,清水河正“在州北五十里”。还有《景致》“金塔凌虚”条之“六十余里”,改作“九十余里”,校者也据此出校。核对校注者依据《新志》所出校记若干,可推测参校本为铅印本《重修肃州新志》,并非兰州古籍书店 1990 年影印《中国西北文献丛书·西北稀见方志》所收《重修肃州新志》,因为影印“稀见方志”不可能据1984年的铅印本。而该铅印本虽然“为一些读者和研究者查阅历史资料提供了方便,使这部志书发挥了一定的社会效益”,但多处窜改原文,而且“繁简过录中一些文字的误识、误用以及打印校对的错误则比比皆是”,是不足为凭的。[④]

有些条目在文字表述的侧重点和详略方面也还有可斟酌之处。如翟銮,嘉靖十八年(1539)受命巡边,历时近一年,往返 3 万余里,遍巡九镇,是明代加强北部边防的重大事件,对于嘉峪关及其边墙的修筑尤其重要,对翟銮本人来说,也是一生中由低谷走向巅峰的转折点。而有关“大学士翟公”的注释却无一字及此,只是对其生平仕履作了一般性的介绍。不过,这些遗憾和疏漏比起此著所取得的成就和对学界的嘉惠,都只是白璧之微瑕。

总之,《肃镇华夷志校注》所取得的学术成就是显著的,对于西北史地和敦煌学的研究,对于酒泉历史文化遗产的继承发扬和古旧方志的整理意义深远。李正宇先生评述:“高启安先生得《肃镇华夷志》读之,入眼识宝,遂欲表而出

---

① [明]李应魁撰,高启安、邰惠莉校注:《肃镇华夷志校注》,兰州:甘肃人民出版社,2006 年,第 86 页。
② [明]李应魁撰,高启安、邰惠莉校注:《肃镇华夷志校注》,兰州:甘肃人民出版社,2006 年,第 324 页。
③ 吴浩军:《酒泉古旧方志存佚及研究整理考述》,《河西学院学报》2007 年第 3 期,第 67—74 页。
④ 吴浩军:《酒泉古旧方志存佚及研究整理考述》,《河西学院学报》2007 年第 3 期,第 67—74 页。

之。乃邀郃惠莉女士同襄斯举，校勘、笺注多达九百余条，于此书之厚蕴余意多所阐发，其中不少条目可方之为专论之缩体。于此书、于读者皆大有裨益。”[①]是十分精当中肯的。

（曾刊《中国地方志》2008 年第 2 期）

① 李正宇：《肃镇华夷志校注序》，载李应魁撰，高启安、郃惠莉校注《肃镇华夷志校注》，兰州：甘肃人民出版社，2006 年。

文献可征，瑰宝重光

——校注本《光绪肃州新志》的文献价值和校注成就

经过三年多的持续努力，由嘉峪关市志办公室主持校注的《光绪肃州新志》终于在2006年12月出版了（校注本书名为《肃州新志校注》）。这是迄今为止，全国唯一一部完全由本地学者进行精审校勘、详细注解，并由中华书局出版的旧志，对于西北史地的研究和古旧方志的整理、利用都有着重大的学术意义。

一、《光绪肃州新志》的纂修者和纂修年代

这部志书仅存抄本，“中多条注删窜”[①]。其中《职官》“本朝奉使委用大小诸臣宦迹”条下也有“以上系各处抄集，随到随记，无有伦次，履历、年分不能详悉。存此以俟后来续修考订”的说明；还有多处仅列有目，正文阙如的情况。如此，应是未定之稿。因是未定之稿，所以没有留下编撰时间和纂修者姓氏，但志中有一些蛛丝马迹可寻。志中所载事迹最后为光绪五年。《人物》“郭维城”条说郭曾撰《肃州备采录》，可见此志在郭维城《肃州备采录》之后。而郭维城卒年正为光绪四年（1878）。据此可以推测，此志纂修当在光绪初年，是在《肃州备采

① 张维：《肃州新志校读记》，载《肃州新志》，酒泉市档案馆藏（抄本），第2页。

录》的基础上完成的。或者正如民国时期敦煌吕钟原作有《敦煌外史》,后修志议起,众议难违,于是“独肩众撑,笔则笔,削则削,剪裁旧作,翻成新志”[1],撰成《重修敦煌县志》,《肃州新志》即是郭维城在《肃州备采录》的基础上着力纂修的一部新志。但该志“拔贡”后有按语:“拔贡一科,十二年一次。至辛酉科郭相焘之后,则同治癸酉,继则光绪十一年乙酉,再继则今二十三年之丁酉,仅三科耳。”[2]“丁酉”为光绪二十三年(1897),据此,民国时期西北著名方志目录学家张维推测“似为光绪二十三年所作”。而据《甘肃通志》,光绪二十三年肃州知州为江西吴人寿、湖南何衍庆二人,不知由谁主修。“然别目从无一字及五年以后事,又若可疑。”[3]这样,这部志书的编纂者和编纂时间就成了一个悬案。但综上所作讨论,大体可以得出以下结论:(1)这部志书的编纂是在郭维城《肃州备采录》的基础上完成的;(2)初稿完成于光绪五年(1879),到光绪二十三年,又有人进行了增补,但仍未最后完成;(3)编纂者先为郭维城,其后至光绪二十三年,吴人寿、何衍庆两人先后任肃州知州,其中一人曾主持编修,拟完成此项工程,但开始不久即因故搁置,至今仅以抄本传世。

二、《光绪肃州新志》的文献价值

酒泉地区现存最早的、体例完备定型的旧地方志是《肃镇华夷志》,大约纂修于明万历四十四年(1616),清顺治十四年(1657)重刊。该志主要记载和保存了明洪武五年(1372)进军河西以迄万历后期200多年来肃州及其周边地区的民族关系、长城兵防、丝绸之路贸易等政治、经济、地理方面的资料。

大清王朝平定了准噶尔策妄阿拉布坦之乱后,开始着力经营嘉峪关以西的广大地区。这时,黄文炜、沈青崖驻节肃州。他们在抚慰了久被战乱惊扰的百姓之后,从容地开始了另一项浩大的工程,终于在乾隆二年(1737)修成《重修

① 吕钟:《重修敦煌县志序》,载吕钟《重修敦煌县志》,兰州:甘肃人民出版社,2002年,第4页。
② 吴生贵、王世雄等:《肃州新志校注》,北京:中华书局,2006年,第175、5、323、672页。
③ 张维:《肃州新志校读记》,载《肃州新志》,酒泉市档案馆藏(抄本),第2页。

肃州新志》(为与光绪年间《肃州新志》相区别,笔者文中通称前者为《乾隆重修肃州新志》,后者为《光绪肃州新志》)。这是一部皇皇巨著,规模宏整,体例完备,内容丰富,保存了已佚肃州旧志的许多资料,全面记载了古肃州及其以西至哈密的许多历史、地理、人文,尤以河西地区屯田、兵防等项极尽详备,为后世统治者提供了宝贵的施政经验。

此后又过了大约160年,才有有识之士再修肃州志,这就是本篇要论及的《光绪肃州新志》。与《肃镇华夷志》和《乾隆重修肃州新志》相比,《光绪肃州新志》的文献价值主要表现在以下几方面:

第一,《建置沿革》搜罗汇集了大量有关肃州及河西地区的历史文献资料。一般成熟定型的方志都设有"建置沿革"目,而建置沿革因变动较频繁,往往呈现出纷繁复杂、难以董理的面貌。酒泉地处僻远,历史上多民族杂居,或遥立郡县,孤悬一线,或割据僭窃,分庭抗礼,这一情况尤为突出。《肃镇华夷志》于"图说"后首置"沿革",并附疆里、郡名、番夷。其直叙沿革者仅550余字。驭繁就简,条清理贯,读来一目了然。到《乾隆重修肃州新志》,篇幅陡然增大,首列《河西总叙》,从"唐虞疆域"说起,旁征博引,直至"本朝建置",意犹未尽,还缀"河西道里",之后《肃州》等各分册首目才简明扼要地记其建置沿革。如此处理,使全志脉络清晰,层次分明,呈现出非凡的格局,在有清一代西北方志中独树一帜。然亦有其道理在,乃"风行水上,自然成文"者。其《凡例》开宗明义:"历代建置沿革,河西最多。然四郡相连,不可止以一郡论。所以,《甘镇旧志》亦列总叙于前,惜其太略。兹则更为增订,列之卷首,庶数千载地方情形,了然在目。但书籍鲜少,粗具大纲,不能详悉,挂漏之讹,知所不免。"[①]这是实事求是之论。

《光绪肃州新志》试图有所超越,不列"河西总叙",直叙肃州沿革,且以小序统之:"五帝不相袭,三王不相沿。因革损益,各随时宜。同一河西也,在汉为五郡,在唐为七郡,在明为卫所。大约户口有繁简,地运有旺衰,而版图幅员则

① [明]黄文炜、沈青崖:《重修肃州新志》,酒泉市博物馆印行,1984年,第6页。

犹是耳。即以肃论,或名郡,或名县,或名酒泉,或名肃州,或以敦煌隶属,或归甘凉统辖。昔则领县以九,今则分县以一;昔则卫部以五,今则州隶以二。前后异变,纷如弈棋,要皆因时制宜耳。”[①]以下按朝代叙述肃州沿革,又不限于肃州,大多篇幅仍以河西地区为重,甚至扩展到了西汉所设凉州刺史部,详叙其所统辖之郡国,并且将政权更替的缘由经过也作了交代。其行文绝少整理归纳,而是直接引用,大量汇集五经和正史中的相关资料来呈现沿革情况。不仅如此,各部分还加了大量的按语,对郡治等一些历史地理概念、名物典章及历史人物加以考证说明。有些地方作者还作了评论分析,如“西夏窃据略”,在详叙西夏君主谱系及兴衰之后又举例讨论西夏政治之优劣凡三条。其后又全文征引马端临《文献通考·古雍州》中夷夏之变的那一段著名论述。

诸如此类,不仅难免繁冗芜杂之讥,有矜奇炫博之嫌,而且也于志例不合,但放在今天方志编纂和研究者普遍不曾通读经史、国学根基比较薄弱的背景下看,这些资料的罗列汇集又为我们提供了极大的方便,显得弥足珍贵;其征实考信、巨细靡遗的治学态度和方法对我们也不无启迪。

第二,《街市》记载了清代肃州街市的规模和分布情况(共 19 条),大体反映出当时商业贸易的状况。其中“城内街市”条,详记肃州城四大街及其巷道的布局和名称,是有关肃州老城极其鲜见的资料。近 50 多年来,城市改建,变化巨大,原貌已鲜为人知,因而这些记载显得十分珍贵。“临水街市”“嘉峪关街市”早已不存,今日读之,往昔商贸繁盛的状况依稀可见。《村堡》一目共 88 条,记录今肃州区及金塔县一带村堡的分布状况、居民户数及耕牧、住防情况。这些村堡今日大多已难觅遗迹,而志中这些资料又是别处难以寻觅到的,其价值自不言而喻。

第三,《文艺》目收录历代诏、书、表、奏、疏、序、议、赋、碑记等共 76 篇,为考察和研究肃州历史上政治、经济、军事、文化、教育等情况的重要资料。清代著名方志学家章学诚认为:“凡欲经纪一方之文献,必立三家之学,而始可通古

① 吴生贵,王世雄等:《肃州新志校注》,北京:中华书局,2006 年,第 175、5、323、672 页。

人遗意也。仿纪传正史之体而作志，仿律令典例之体而作掌故，仿文选文苑之体而作文征。三书相辅而行，缺一不可，合而为一，尤不可也。”[①]《乾隆重修肃州新志》也立有《文》目，各分册收录传、疏、议、记、碑文等共53篇，数量适中，但多为当时纂修者本人的作品。《光绪肃州新志》录文较多，与《乾隆重修肃州新志》重出者37篇，所未载者39篇，数量大增，内容也更为广泛。虽然有滥收之嫌，如西夏李仁孝《黑河建桥敕》、明甘肃巡抚赵锦《行都司题名记》等，但大多数篇章仍是研究本地历史不可或缺的珍贵资料。

三、《光绪肃州新志》校注取得的学术成就

（一）校勘精审

《光绪肃州新志》在文字方面存在着三个方面的问题：一是由于是未定草稿，未经校对、订正和刊刻，因此讹、脱、衍、倒现象较为严重；二是撰稿者引用、转录史料往往凭自己的记忆，并不核对原文；三是对收录的诗文，依照编撰者的审美观念和情趣好尚大加窜改。这些问题，对于一般浏览者而言，也许算不得什么，但若是研究利用，则关系甚大。因此，作为古籍整理的一项基本内容，也为使这部尘封一个多世纪的志稿重见天日，获得新生，更加有效地得到利用，必须进行深入研究和精审校勘。对此，校注者有十分明确的认识，也花费了很大的气力，为之付出了艰辛的劳动。全书共出校记1216条，计68500余字，专列“校勘”一项，置于各部分正文之后，十分醒目，便于核对查阅。

我国古典文献的研究和整理历史十分悠久，从孔子整理和编定六经开始，绵延不绝，已长达2500多年，不仅积累了丰富的实践经验，而且形成了完整的理论体系。关于校勘方法，各家多有论述，清末学者叶德辉分为死校和活校两种：“死校者，据此本以校彼本，一行几字，钩乙如其书；一点一画，照录而不改。

① ［清］章学诚：《方志立三书议》，载张树棻纂辑，朱士嘉校订《章实斋方志论文集》，山东省地方史志办公室印行，1983年，第11页。

虽有误字，必存原本。活校者，以群书所引，改其误字，补其阙文，又或错举他刻，择善而从，别为丛书，版画归一式。”[①]两种方法各有其优劣。死校法始于冯武、陆贻典等。冯武校《文选》跋：“有明知宋版之误而不必从者，亦依样改之。盖校书之难，不可以一知半解而斟酌去取，姑俟之博物者裁定云。”[②]校书是一门高深的学问，鉴于自身的学术背景和学力，《光绪肃州新志》的校注者不避抱残守阙之讥，扬长避短，完全采用了死校法，甚至其中一些按体例规定可以径改者也并未真改，只是按《校注凡例》规定的符号标明，并出校记予以说明，从而较好地保留了志稿原貌，为读者提供了一个可靠的文本，也为研究者留下了进一步考订的空间。

1931 年，历史学家陈垣撰成《校勘学释例》一书。其中的《校法四例》将校勘的基本方法概括为对校、本校、他校、理校四种，本志的校勘即综合运用了这四种校法。《光绪肃州新志》据目前调查所知，有两种抄本：一是甘肃省博物馆所藏抄本。此抄本系张维《陇右方志录·肃州新志稿》本，卷端及书口均题为《肃州新志》。原为 15 册，后由甘肃省图书馆转抄并改装合订为 8 册。校注本《肃州新志》即以此本复印件为底本整理。一是甘肃省图书馆藏本。此本仅存 1 册，为地理部分，共 8 目。前 6 目与博物馆藏本“记载事实略有先后，详略亦不尽一致，后两目则两志互异”。“本志稿最迟年限有同治四年肃州事，因属残缺不全，不能窥其全貌，亦不敢断定抄写年代。但抄工精细，有眉批、飞签和修改多处。”[③]校注者最大限度地利用这仅存一册的异本为参校本进行了认真的校勘，如该校注本第 194 页第 31—34 条校记即是。除此之外，校注者还将这个抄本作为附录收在了书后，以便于研究者比较对照。这也是对校法之变通一例。又，此志大量采录了《乾隆重修肃州新志》原文，包括一些诗文，而乾隆志纂修者文化素养很高（如沈青崖即为当时著名史地学家，以《陕西通志》名世），书稿完成后即

---

① [清]叶德辉：《藏书十约·校勘七》，载叶德辉《书林清话》（外二种），北京：北京燕山出版社，1999 年，第 339 页。

② 王欣夫：《王欣夫说文献学》，上海：上海古籍出版社，2000 年，第 205 页。

③ 吴生贵、王世雄等：《肃州新志校注》，北京：中华书局 2006 年，第 175、5、323、672 页。

刊印行世，是一部成就较高、颇得好评的成熟方志，所以成为校勘者的首选。全书 1216 条校记中大部分是以乾隆志原刻本为校本，其校勘结果也是比较可靠的。这两部志书虽非同书之别本，但因光绪志采录乾隆志者较多，后者可视为前者之祖本，以彼校此，也可视为对校。

他校法也是校勘这部志稿时运用较多的方法。清代是我国方志发展的极盛时期，编修了大量志书。根据有关统计，“由宋至今，千年之间，保存的将近八千种，共十余万卷，其中百分之八十以上是清人编的”[①]。河西地处僻远，但有清一代所修方志也在三四十种。其中还有一些成就较高、影响较大的，如《五凉全志》《甘州府志》《重修肃州新志》等鸿篇巨制。顺治十四年(1657)还曾重刊了一批明万历年间陕西行都司各镇纂修的方志，如《西镇志》《凉镇志》《甘镇志》和《肃镇志》等。这些志书中的大部分在 20 世纪八九十年代被整理出版，如张克复等《五凉全志校注》，张志纯等《重刊甘镇志》《甘州府志》校点本。这些河西旧志的整理出版及其成果为《光绪肃州新志》的校勘提供了极其便利的条件。肃州旧志中还有一部修于万历四十四年的《肃镇华夷志》，仅在中国国家图书馆存有善本，在上海、甘肃、南京图书馆存重刻本缩微胶卷，以致许多古籍丛书都没有收录，长期以来不为人知，一般学者很难见到。恰在《光绪肃州新志》的校注工作进行到收尾阶段时，这部由高启安先生和邰惠莉女史共同整理的古肃州最重要的旧志之一，在甘肃人民出版社出版了(2006 年 6 月)，于是校注者又以此本为重要参校本进行了补充校勘，写出新的校记若干条，总算没有留下太多遗憾。当然，与所有古籍整理一样，这个校注本使用他校法也大量参阅了《史记》《汉书》《资治通鉴》等正史，以及《中国历代年号考》《中国历代职官辞典》等新出版的工具书。

对于那些无本可校，但以本地历史地理及生活常识衡量，属于明显错误的，则在不改动原文的前提下，出校记加以讨论——这是理校法。如《山川》“亦

---

① 张舜徽：《中国文献学》，上海：上海古籍出版社，2005 年，第 175 页。

集乃海”条:“距城东北二千一百里。”校记:“疑‘二’为‘一’之误。”并据下文“昆都仑湖”条和肃州至金塔及居延海的实际里至进行讨论。还如《物产·毛族》“羊”条:“山羊……牡为羯羊,牝为羝羊。”校者据本地养殖山羊,对其牝牡的习惯名称,出校记予以纠正:应改“羯”为“羝”,改“羝”为“牂”,因为羝是公羊,羯是阉割过、食肉用的公羊,母羊为牂。诸如此类,无他本可据、原文又有明显错误的情况下,以事理常情推断,参以己意,所出校记若干,但前提是不擅改原文,只依《校注凡例》所规定的方式标明。

此外,也有运用本校法的例子,如《村堡》后第35条校记:“根据上下文,改‘三上小村庄’为‘上三小村庄’。”

(二)注释详尽并多所发明

嘉峪关市志办公室启动《光绪肃州新志》和《乾隆重修肃州新志》两部旧志的校注工程,其初衷是为修《嘉峪关志》和续修《嘉峪关市志》做好充分的资料工作,也为给更广大的读者群提供一个浅易的阅读文本,所以将注释定位为中等以上文化程度的读者能够阅读使用这样一个水准上,这就需要进行详细的注解。在实际操作中,这一预定目的基本得以实现。校注者不避繁难,详注细解,共出注释条目5635条,总计34万字,付出了艰巨的劳动。

但在此前提下,仍有所侧重。基本原则有三条:一是凡涉及西北地区,尤其是酒泉、嘉峪关及其周边地区的历史、地理、人文、风俗、物产等,要详注;二是凡涉及嘉峪关、明长城及其军事防御体系的制度、设施要详注;三是生僻的语词和典故要详注。

注释吸收了高启安《肃镇华夷志校注》和近年来兰州大学、西北师范大学、敦煌研究院等高校和科研机构的专家学者们关于西北史地的最新研究成果。其中有些辞条利用常用工具书难以作出解释,也从未有学者进行过专门的研究考证,没有现成的成果可资利用,校注者即不畏艰难,大量翻阅资料,实地踏查,悉心推演探求,终有独到之处。如“带征”一词,在现代为税收专用术语,有其特定的含义。校注者翻阅了一些专业论文,结合原文中出现的语境及其历史背景,作出了简明而准确的解释。还如沈青崖《创凿肃州坝庄口东渠记》一文中

“东、西二洞子坝”的注解。这项水利工程意义深远重大,但现在已很少有人提及,且无完整叙述。这里依据零星历史资料作出详尽的归纳整理是十分必要的。

对于志中出现的一些历来歧义纷呈、甲乙互缠、难以董理的历史地理名词,如“崆峒”“金山”“金河”“松山”等,校注者也没有刻意回避,而是迎难而上,往往在汇集诸说,详加讨论之后出以己见,虽然限于篇幅和体例没有展开,论证逻辑不见得严密,观点也还有可商榷之处,但这些探索的价值和意义是毋庸置疑的。这些注释条目如果单提出来,加以扩展深入,即可独立成篇,成为具有相当学术价值的论文。此外,还如对敦煌乐、凉州伎相关史料的排比梳理,大唐左屯卫将军姜行本勒石纪功碑与侯君集平高昌纪功碑的辨疑,黄瓜、王瓜和丝瓜的区别等,引证资料丰赡,考证精详,也都具备了单篇论文的雏形,具有很高的学术价值。

如前所述,受时代观念局限,古人征引史料,并不遵循现代学术规范,往往根据行文需要多有删减。为使资料完整,校注者查阅史料,将擅改者或在校记中一一正之,或在注释中录出原文以供比照,或在正文中补足。如录自《三国志·庞淯传》裴松之注引晋皇甫谧《烈女传》中的《庞娥传》,志作者不仅作了大幅度删改,而且在篇首宣称:“原文讹谬繁冗处甚多,兹特删而正之,以存其真,非敢妄议古人也。”真应了顾炎武“不知其人,不论其世,而辄改原文,缪种流传,至今未已”[①]的批评,令人啼笑皆非。对于删改之处,校注者除在校记中一一校出外,还在正文中补上了原文末尾的交代和议论,并在校记中予以说明。还如录自《汉书·甘延寿陈汤传》的《汉元帝封甘延寿陈汤诏》,也作了同样处理。

因志稿还处在资料征集、事迹采访阶段,没有最后修订完善,某些地方还有事实错误、舛讹的现象。为使此校注本成为便于读者充分利用的古肃州史地研究的百科全书,校注者还做了大量的资料补充工作。如《沿革》目之唐代部分,涉及吐蕃陷肃州、甘州、瓜州、伊州之史实,多次提及论恐热、尚婢婢之事。

---

① [清]顾炎武:《日知录》卷一八,影印文渊阁《四库全书》本第858册,上海:上海古籍出版社,1987年,第814页。

校注者发现,舛误过多,时序前后错乱,校补不易,于是在相关注释条目中将《资治通鉴·唐纪六十二、六十三、六十四》有关论恐热与尚婢婢相攻史事按时间顺序排列出来,共13条,供读者参阅,在史料的整理方面做了扎实周密的工作。

(三)和而不同:探索出了众手同注一书的成功经验

《光绪肃州新志》原稿为15册,1979年甘肃省图书馆改装合订为8册,总字数在40万以上,可谓卷帙浩繁。而如众所周知,耗时费力是校注工作的一大特点,因而仅靠一二人之力,在较短的时间内完成这项浩大的工程是不可能的。对此,主持者在亲自操刀校注了其中的一册之后,深有感触。于是,转而寻访合作者,并将自己的精力重点放在了筹划全盘、整合资源方面。几经周折之后,得遇嘉峪关市委党校退休教师王世雄副教授,请他担纲其事,再后来,笔者和几位同事也先后加盟其中。这样,酒泉、嘉峪关两地年龄、经历、学术背景、知识结构、认识水平乃至性格特点都各不相同的七八个人为了一个共同的目标聚集在了一起。而稍有经验的人都知道,"众手成书"往往很难保证质量。因而,这一工程对每一位参与者的学术水平、协作意识甚至思想道德都是一种考验。其工作性质和任务要求主持者要具有识人的慧眼、容人的雅量和高远的理想追求,主校注者必须具备通贯宏博的学识和严谨求实的态度,其他参与者必须受过严格的专业训练,具备扎实的学识功底,树立起服从大局的意识,具有吃苦耐劳、默默奉献的精神。

在具体的工作过程中,必然会遇到波折,产生分歧,主要有以下几方面:

第一,关于全书的体例和版式,有两种意见:一种认为要做到图文并茂,并已经有目的的征集和拍摄了部分长城、烽燧、关隘、村落遗迹等方面的图片;一种认为应尽可能保持志稿原貌,体例要合理得当,版式要朴素大方、简洁美观,已经准备好的图片可另出专书予以使用。

第二,关于校注本的序言,主持者计划分别请酒泉、嘉峪关两地享有一定威望且关注这项工作的人士作序三篇;参与者则力主请相关研究领域的知名学者作序,一则全面阐述该志的史料价值、体例特点和现实意义,引领和帮助读者阅读利用;一则借此提高校注本的学术身价,并能经得起时间的检验。

第三,关于内容的增删,有人主张增补一些新发现的当时的诗文,以增加份量和可读性;有人认为应该遵循古籍整理的一般原则,保持志稿原貌。

第四,关于注释的难易繁简定位,有两个看似差别不大的标准:一是初中文化程度的读者也能读懂,一是可供中等以上文化程度的读者阅读利用。

第五,关于《辞海》等工具书的利用,主持者出于内容可靠和文字规范的考虑,要求凡是工具书中能查到的条目,必须原样照录,不得更改;有的参与者则认为,这种做法恰是前人讥讽的"辞典搬家",实际情况是复杂的,校注者必须充分发挥自己的主观能动性,根据前后文义,吸收最新研究成果,编写出符合特定语境、正确、简洁、通畅的注文。

由于参与者能本着对历史和社会负责的态度,本着出精品的意识对待其事,所以遇到有分歧的地方,不盲从,不苟且,能以诚相待,坦陈己见,以资参酌,而主持者从保证志书的质量这一大局出发,也往往能虚心纳谏,认真思考,反复讨论,使不同意见发挥积极效用,使分歧得以消弭,各类问题得以妥善处理。这样同心同德,形成合力,共同演奏出了一曲和谐壮美的交响乐章——《肃州新志校注》如期出版发行,并保证了它应有的学术质量和文化品位。在校注实践中,每一位参与者都不同程度地得到了煅炼,受到了教育,提高了思想境界,自觉或不自觉地理解领会了孔子"君子和而不同,小人同而不和"论断的精神实质,探索出了众手同注一书的成功经验。

四、《光绪肃州新志》校注留下的遗憾

古人云,校书如扫落叶,旋扫旋生。刻一书或抄一书,欲一字不误、一文不脱,可谓万难之事。而初创难工,后出转精又是文献整理的一条规律。无论校注者态度多么严肃认真,工作怎样扎实细致,一字一句,如鸡啄米,到书正式出版之后再细读,会发现问题仍然不少。而人的认识又是无止境的:在校注完成最后一次审定和校对,交付印刷,至拿到散发着油墨芳香的新书摩娑不舍的这段

时间内，校注者的注意力并未从这本书中解脱出来，仍禁不住去想一些问题。于是，遗憾也如影随形，不期而至。概而言之，有以下几方面：

第一，与美观高雅的封面装帧相比，内页正文排版不够讲究。如版式不够美观、灵动，校记字体字号与正文相同，下一篇文章标题与上篇文章间距不合理，等等。

第二，繁简字过录不当，用字不够规范统一。正文中还残存着为数不少的按体例可以径改而仍保留的原抄本繁体字和异体字，用字没有完全做到规范和统一。

第三，原文辨识有误。如《物产·草类》"子麻"条："收其子，可为曲皮，可作绳。"抄本"曲"为繁体"麯"，手写体左偏旁最后一捺笔略长，校注者将其过录为"面"字，并以此错字为据出校记："'可为面皮'语不通。子麻除收子榨油外，麻杆经过沤晒干，剥其皮，可制绳，织布。今删'可为面皮'，改作'沤麻杆，剥其皮'。"用的是理校法，真是南辕北辙。

第四，断句标点存在着不应有的疏失。如《人物》"于显龙"条"科第蝉联，人颂公忠义，世昌云"应作"科第蝉联，人颂公'忠义世昌'云"。该条取自《乾隆重肃州新志·烽堠》所附于显龙事迹，原作"今书籍奕叶，科第蝉联，肃人颂以'忠义世昌'云"。1984年酒泉博物馆校点本《重修肃州新志》断句标点是正确的，这里却没能吸收其成果。其他如《文艺》诸篇的断句标点也有可商榷之处。

第五，《校注凡例》拟定考虑不周。明孝宗年号"弘治"在有关明代史事的文字中屡屡提及，清人为避乾隆皇帝弘历讳，改为"宏治"，对此，一一出校回改，不胜其烦。若为此类问题专拟一条善例，则可大大减少似乎必须出校但又很少学术意义的校记的数量。

第六，校勘记多议论抒情类冗词赘句，于校例不合，也不够严谨得体。如《名胜》后第13条，比较乾隆志和光绪志"戍楼晓角"描述文字："二者比较，本志雕琢更细，文学味更浓。"即属多余。第12条品评"玉关来远"描述文字："此条用语本志和《重修肃州新志》都存在不妥，清朝西域绝大多数地区为中国领土，不应言诸国，而应说诸族。二志著者以异国番夷看待西域（新疆）是错误的。”这里有误解。“国”在古代有多重含义,这里应是“地域”之义,也包括“部族”;在此意义上常与“方”同义复用,组成一个常用词“方国”,也是地方志及其理论著作中常见的词语,与领土主权无涉。

第七,注释内容繁简详略不当。对一些著名历史人物,如韩愈、柳宗元等,凡读过初、高中的无不详知其生平;关羽在中国民间则可谓妇孺皆知,大可不必浪费笔墨。同为有作为的皇帝,如汉武帝刘彻和光武帝刘秀,前者仅一句话:“公元前140—前87年在位。”后者则长达250字,详述其夺取政权全过程,并解释了“光武中兴”。其他如晋文帝、武则天等都嫌繁冗。

第八,注释文字文白不一,其中部分条目的相关内容照录史书原文,往往艰深晦涩,一般读者难以卒读,从语言文字的角度衡量,没有完全实现供中等以上文化程度读者阅读利用的初衷。

第九,有生词僻典当注而未注者,也有常见语词不当注而注者。

第十,注释方法多有不一:有的先译整句,再分解其中的生词;有的则仅释生词,整句意思仍不甚了了。后者从诠释学循环的理论看,其实质应是没有把握整个句子,从而,也没有准确理解其中关键词的含义;所作的词义解释只是勉强抄录了该词在词典中的某个义项而已。

明月之珠,不能无颣。凡此种种,均有可切磋琢磨的余地。而学无止境是我们的共识,精益求精也是我们的共同追求。《光绪肃州新志》的校注甫一结束,《乾隆重修肃州新志》的校注即随之启动,这是一项更为重要、也更为艰巨的任务,及时检讨已往,反省自身,总结成败得失的经验,将不无裨益。

(曾刊《河西学院学报》2009年第3期)

评《修编金塔方志》

由金塔县地方史志编纂委员会编辑的《修编金塔方志》于 2006 年春印行面世，这是酒泉市旧方志研究和整理的又一项新成果，也是酒泉市地方文化生活中的一件大事。

编修地方史志是我国特有的历史文化传统，自汉至清，特别是宋元以降，历代统治者都十分重视修志工作。据《中国地方志联合目录》(中华书局 1985年版)著录，截至 1949 年，我国历代编修的省、府、州、县、乡、里及卫、所、关、岛志书达 8200 余种，保存形体包括稿本、刻本、抄本、影印本、铅印本、复制本、缩微胶卷等。

酒泉历史悠久，文化积淀深厚，其修志的历史与中原大体同步，在某些历史阶段还呈现出异常繁荣的景象。如敦煌遗书中保存下来的带有地方志性质的文书就有 17 种之多，而其中《沙州都督府图经》则是甘肃现存最早的一部地方志，为历来官、私目录均未曾著录，亦未被类书、史书、史注所征引。它保存了中古时期有关敦煌的很多方面的资料，也使我们看到了唐代“图经”的面貌，了解到它的采集资料、编写内容和编写方法，很值得研究和借鉴。此后，历经元、明、清三代，延至民国时期，酒泉辖境所修州府志和县志总数达 20 种之多(不完全统计)，其中不乏名儒硕望倾全力纂修的精品，如吕钟《重修敦煌县志》等，内容丰赡，体例完备，资料翔实可靠，其历史价值和现实意义并不亚于《沙州都督府图经》。

这些方志有的已经亡佚，仅存其目，如《元肃州志》；有的则保存完好，如《道光敦煌县志》，不仅存有道光辛卯刻本，甚至其雕版尚存于世（藏敦煌市博物馆），且基本完整。保存下来的方志有的早经整理面世，如《乾隆重修肃州新志》，早在1984年就由酒泉市博物馆刘兴义、李兆平、冯明义等酒泉文史界的前辈整理印行，20多年来一直被历史学者、经济专家及政府公务员和地方文史爱好者所研究、征引；有的正在研究整理中，如修于明嘉靖二十三年的《肃镇华夷志》，久已不为世人所知，近年由高启安先生和邰惠莉女士校注，即将出版发行；有的则至今仍尘封于档案馆、博物馆，如清末至民国时期安西县的几部旧志，不能在地方文化和经济建设中发挥应有的作用。

《创修金塔县志》和《鼎新县志》是酒泉市现存旧方志中较重要的两部县志，也是金塔县最早的方志。[①]两志分别完成于民国二十三年（1934）和民国三十五年（1946），保存了民国时期金塔县和鼎新县的历史、地理、政治、经济、人文、风俗、文化、教育、军事，以及山川、河流、道路、桥梁、水渠、池沼、庙宇、城堡、学校、村落、民情、物产、碑铭、诗赋、歌谣、方言等方面的资料，对今天我们研究金塔的历史和自然资源，从中汲取有益的经验，振兴金塔经济文化，建设社会主义新农村等都有重要意义。不仅如此，由于修纂者具有较高的文化素养，修志态度认真严谨，这两部志书内容翔实，资料丰富，体例完善，语言规范典雅，也为我们今天的修志工作提供了可资借鉴的经验。

然而，由于历史的原因，这两部志书修成后都未及刊行，仅以稿本和抄本的形态存世，且藏于私人之手，一般人很难见到。虽然到20世纪50年代，金塔县人民委员会曾将这两部志书刻写油印，但流传不广，影响十分有限。2004年以后，“为抢救保护历史文化遗产，中共金塔县委、金塔县人民政府……动员社

---

① 鼎新县，原为明洪武年间（1368—1398）所置威远卫，其境域东至毛目东山，西至金塔北山和夹墩湾，南至镇夷，北至青山头，即今金塔县境内之黑河灌区四乡镇。永乐年间（1403—1424），裁撤威远卫，并入镇夷千户所。清雍正三年（1725），裁高台所和镇夷所，合置高台县。雍正十三年（1735），设高台分县，置毛目城屯田县丞。民国二年（1913），析置毛目县。民国十八年（1929），改毛目县为鼎新县。1956年3月9日撤销鼎新县建制，与金塔县合并为金塔县。

会各方面的力量广泛宣传、四方查寻、多方征集”,将这两部尘封已久的重要志书从民间发掘出来,“在甘肃省地方史志办公室和酒泉市地方史志办公室的指导下”,在俞兴海、王世雄、桂发荣等“众多修志者殚精竭虑、精心合作配合下,历经一年多时间”[①],加以注释和翻译,连同其他相关资料一起编缀成《修编金塔方志》,印刷流布。这一举措不仅使前贤修志意图得以实现,也为酒泉市编纂第一部大型综合新志——《酒泉市志》做了必不可少的基础工作,对于繁荣地方文化事业、提升地方文化品位有着积极的作用。诚如该书《跋》所言,阅读此书,“编者善良的用意、虔诚的态度、灼热的心情、热切的期盼”,我们是不难领悟和品味的。

但毋庸讳言,由于主客观条件的限制,这本关于金塔县方志资料性质的书在全书体例和内容的设计编排、两部旧志版本的调查和选择、断句标点、注释翻译等方面都存在着一些值得商榷的问题,留下了诸多遗憾。

第一,全书体例和内容的设计安排欠妥。全书六编,内容虽有关联,但连缀成册,有点牵强,其中第一、五、六编内容与同期出版的《金塔史话》相重复,因而书名也显得不伦不类;第三编《新编鼎新县志》题下括注有“校注”字样,实际既未“校”,也没“注”,第六编标题《金塔史籍钩沉》,没有涉及一部“史籍”,何谈“钩沉”? 此皆名不副实;《新编鼎新县志》图片仅有 1956 年油印刻写本,没有原稿本;插入“文物古迹、文化遗存的照片”多幅,固属必要,但位置往往不当,如《天仓公牛山》之于《孝义》等。

第二,两部旧志均残缺不全。《中国西北文献丛书·西北稀见方志》收有《鼎新县志》影印本,为民国时期著名方志学家张维所辑录。该志稿分舆地、建置、政事、军政、教育、职官、耆旧、艺文 8 分志,分志下除附图外共设 47 目(军政志 8 目没有列入全书目次,故不在此数内)。而《修编金塔方志》所收《新编鼎新县志》,舆地全志缺;“建置”误为“建设”,列卷一;政事志中缺县政府、县议会、自治、司法、警卫、卫生、水利、田赋、计政、户口、银行、党务 12 目,仅存“交通”1

① 《修编金塔方志·修编前言》,金塔县地方史志编纂委员会,2006 年。

目，升格为分志，列卷四；军政志字句有删节，且将“边防”“修筑雕堡”两小目标题窜入正文，列卷三；教育志缺社会教育目，庙学和学校两目仅存小序，列卷二；职官志缺官师表，列卷五；耆旧志缺选举表、学校毕业表、寓贤传、节烈传、方技释道传等目，仅存乡贤传、孝义传 2 目，且窜入职官志中；艺文志缺敕诏，将序记目升格，列卷六，碑碣目改为“金石”，升格列卷七，诗词和楹联合并后升格为“艺文”，列卷八。《创修金塔县志》也有残缺，其中卷七《职官》缺“武职”，卷八《选举》缺“贡生”“文庠”和“武庠”。一般而言，整理古籍首先要对版本展开调查和研究，草率从事，有可能劳民伤财，好心办瞎事。

第三，对两部旧志所作的分段、断句、标点、注释和翻译也有可商榷之处。这里仅以《创修金塔县志》李士璋序为例略作说明：

分段。第二段应从“今者，国体改革，百废维新”起头，而不应从紧接着的“中央政府有明令……”分开。推究发生这一错误的原因，当是整理者不明白，旧时行文每遇尊者，如“我皇”“大清”等，都要另起一列，以示恭敬，并非另起一一段的标志。士大夫相沿成习，至民国尚循此例，现在整理古籍就没有必要这样做了。

断句、标点。例一：“中央政府有明令，各省举修新通志，因而推之。各县窥其用意，岂惟是敷陈旧迹搜罗轶闻，以侈宏富云尔哉！”“各县”两字应隶上句，为“……因而推之各县，窥其用意……”，“旧迹”后也须断开，用逗号。

例二：“必也，对于一县之山川、人物、风土、民情，以及道路、桥梁、田畴、村堡无不了如指掌，然后因地制宜对症下药施治。何者？以谋发展；以谋推广；尚须改良；力求进步。统教育、实业、交通、建设诸大端，以及切于民生衣、食、住、行各政策，均有息息相关之意。”这里不仅断句标点有错误，还主观臆断，删去了原文中三处“何者”。应补正为：“……以及道路、桥梁、田畴、村堡，无不了如指掌，然后因地制宜，对症下药施治，何者以谋发展，何者以谋推广，何者尚须改良，何者力求进步；统教育、实业、交通、建设诸大端，以及切于民生衣食住行各政策……”

注释、翻译。编者为这篇 520 余字的序言作了 30 条注释，字数略多于原文。其中不当注者为第2、3、4、5、6、10、12、16、18、21等条;当注而未注者为“滔滔皆是”(语出《论语·微子》:“滔滔者,天下皆是也。”不注读者不能领会其语气)及“赵君仁卿”“刘君德芝”“王君定斋”(几位均是乡之贤达,并且为此志修纂者,应详介其生平仕履)等条;当详注而略简的为第22、23、25条(涉及金塔县历史沿革);当简而繁的为第1条(对“序”所作文体解说应删减);注释不当或错误者为第10、26条。译文也多有不当之处,且与注释相关,兹不枚举。

其他如竖排改横排,繁体字过录为规范简体字及录入印刷过程中产生的错误等,往往而在,也是近年旧方志整理中普遍存在的问题,兹不烦举。

还有对《鼎新县志》纂修时间的判定。题下括注“1945年手抄本”,其“修编提要”也称:“1933—1945年,鼎新县当局开始编写《新编鼎新县志》,为手抄本。”①是否别有依据?而该志稿张应麒(时任鼎新县长)序称:“应麒于三十四年莅任后,于访风问俗之余索阅志书,绅耆咸云:从无编修。应麒不禁喟然叹曰……于是决意纂修。”落款时间为“民国三十四年冬”。志稿编纂者蔡廷孝序:“鼎新在民国以前为高台县分治,其沿革……详载于高台县志,鼎新遂阙焉无存。幸张公应麒莅任后关心文献,爰授命廷孝以总编之责……嘱孝于最短期间以观厥成……其体例仿效镇原慕志及部颁体例而参改之。”落款为“丙戌九月既望,邑人蔡廷孝序于静省斋”。此“丙戌”为1946年。据此可知,此志稿的纂修始于民国三十四年(1945),成于三十五年(1946)九月。张令瑄《三陇方志见知录》也称:“(民国)《鼎新县志稿》,八卷,四册,存稿本。民国三十五年县人蔡廷孝著。”②

整理旧方志是一件艰苦繁难的事,既需要具备深厚的学养,懂得古籍整理的一般方法和原则,也需要认真严谨的工作态度和浓厚的情怀,非经过长期积累,不断学习,并为之付出艰辛劳动不可;否则,就不能做到有功古人,嘉惠后学。对此,鲁迅先生曾感叹说:“清朝的考据家有人说过,‘明人好刻书而古书

① 俞兴海、王世雄、桂发荣:《修编金塔方志》,金塔县地方史志编纂委员会,2006年,第236页。
② 张令瑄:《三陇方志见知录》,载周丕显等《甘肃方志述略》,吉林省图书馆学会,1988年。

亡'，因为他们妄行校改。我以为这之后，则清人纂修《四库全书》而古书亡，因为他们变乱旧式，删改原文；今人标点古书而古书亡，因为他们乱点一通，佛头着粪：这是古书的水火兵虫以外的三大厄。"[①]虽然这话在当时是有为而发，并且似乎并无偏激，但在今天仍有着一定的警示作用。

好在自西汉刘向父子校书以来，历代学者已为我们积累了丰富的经验，并有多部体大思精的专著行世，可供我们研读学习；鲁迅先生也以《嵇康集》的校勘、《古小说钩沉》的辑录和《会稽郡故书杂集》的编辑为我们树立了文献整理的新典范；今人程毅中则著有《古籍整理浅谈》（北京燕山出版社 2001 年版）一书，《中国地方志》2005 年第 10 期也载有张德信《关于古籍整理的几个问题》，行文扎实严谨，所论切中时弊，可供我们学习参阅。只要善于借鉴前人的经验，养成严谨认真的习惯，我们对于地方文化事业之"热切的期盼"就不会落空。

（曾刊《酒泉日报》2006 年 5 月 12 日、18 日、24 日第 4 版）

① 鲁迅：《鲁迅全集》（第 6 卷），北京：人民文学出版社，1981 年，第 185 页。

河西方志书影

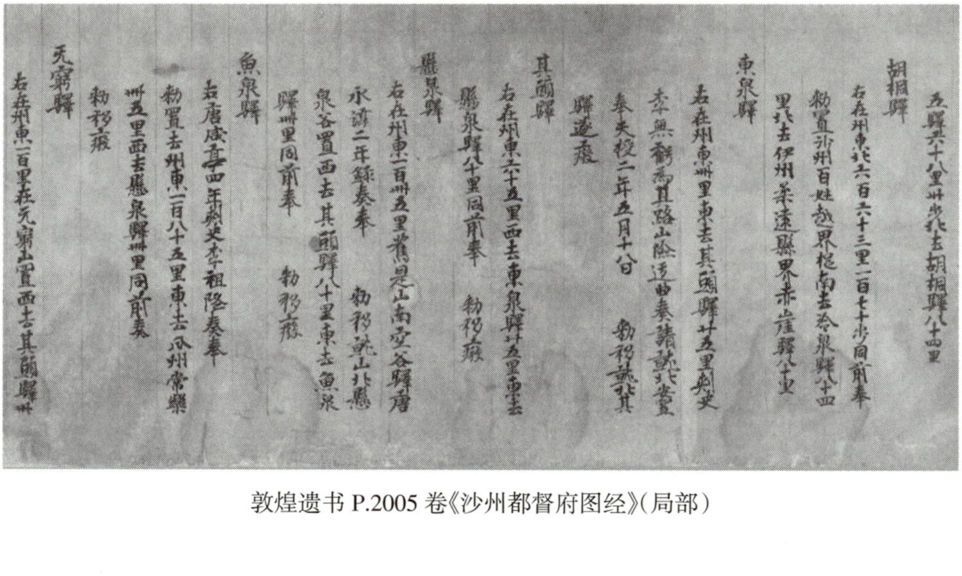
五驛共六十八里卅步北去胡桐驛八十四里
胡桐驛
右在州東北六百六十三里一百七十步同前奉
勑置沙州百姓越界捉南去冷泉驛八十四
里北去伊州柔遠縣界赤崖驛八十里
東泉驛
右在州東卅里東去其頭驛廿五里刺史
李無虧為其路山險迂曲奏請就北黃置
奉天授二年五月十日 勑移就北其
驛遂廢
其頭驛
右在州東六十五里西去東泉驛廿五里東去
懸泉驛八十里同前奉 勑移廢
懸泉驛
右在州東一百卅五里舊是山南空谷驛唐
永淳二年錄奏奉 勑移就山北懸
泉谷置西去其頭驛八十里東去魚泉
驛卅里同前奉 勑移廢
魚泉驛
右唐咸亨四年刺史李祖隆奏奉
勑置去州東一百八十五里東去瓜州常樂
卅五里西去懸泉驛卅里同前奏
勑移廢
无窮驛
右在州東一百里在无窮山置西去其頭驛卅

敦煌遗书 P.2005 卷《沙州都督府图经》(局部)

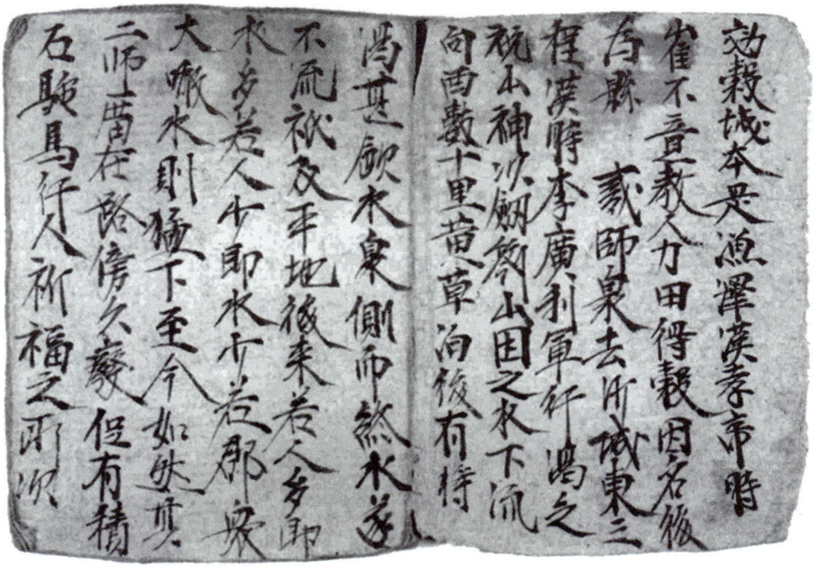
効穀城本是漁澤漢孝帝時
崔不意教人力田得穀因名
爲縣
貳師泉去州城東三
程漢時李廣利軍行渴之
祝本神以劍劄山因之水下流
向西數十里黄草泊後有侍
渴甚飲水泉側而絶水遂
不流祇及平地後来若人多即
水多若人少即水少若郡衆
大嘁水則猛下至今如然其
二師上廟在路傍久廢但有積
石驅馬行人祈福之所次

敦煌遗书 S.5448《敦煌录》

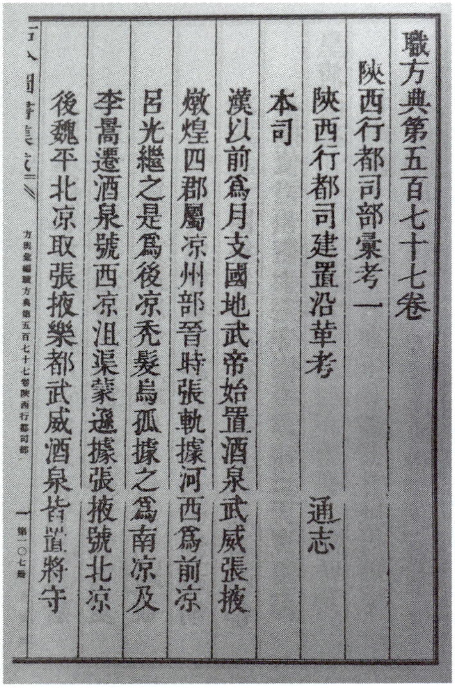
職方典第五百七十七卷
陝西行都司部彙考一
陝西行都司建置沿革考　通志
本司
漢以前爲月支國地武帝始置酒泉武威張掖
燉煌四郡屬凉州部晉時張軌據河西爲前凉
呂光繼之是爲後凉秃髮烏孤據之爲南凉及
李暠遷酒泉號西凉沮渠蒙遜據張掖號北凉
後魏平北凉取張掖樂都武威酒泉皆置將守
古今圖書集成
方輿彙編職方典第五百七十七卷陝西行都司部
第一〇七册

《陕西行都司部汇考》

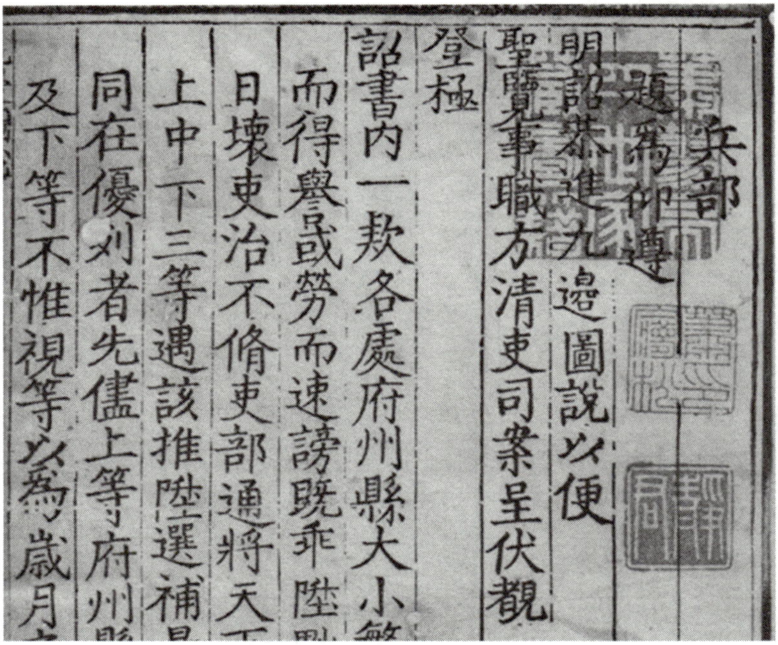

兵部
題為仰遵
明詔恭進九邊圖說以便
聖覽事職方清吏司案呈伏覩
登極
詔書內一欵各處府州縣大小
而得譽或勞而速謗既乖陞黜
日壞吏治不脩吏部通將天下
上中下三等遇該推陞選補
同在優別者先儘上等府州縣
及下等不惟視等以為歲月

《九边图说·甘肃镇》

《肃镇华夷志校注》

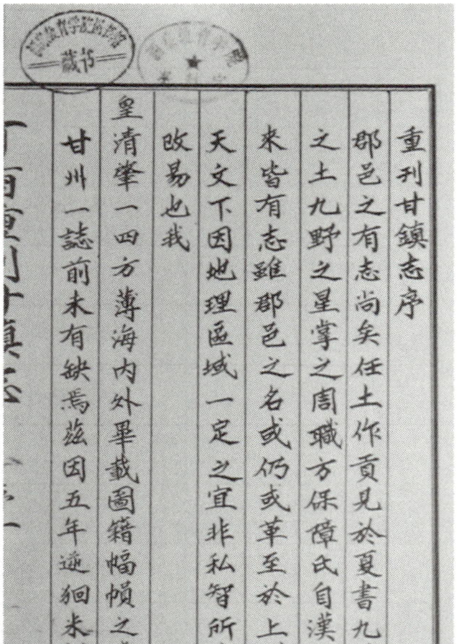

藏书

重刊甘鎮志序
郡邑之有志尚矣任土作貢見於夏書九州
之土九野之星掌之周職方保障氏自漢以
來皆有志雖郡邑之名或仍或革至於上則
天文下因地理區域一定之宜非私智所能
改易也我
皇清肇一四方薄海內外畢載圖籍幅幀之廣
甘州一誌前未有缺焉茲因五年

《重刊甘镇志》

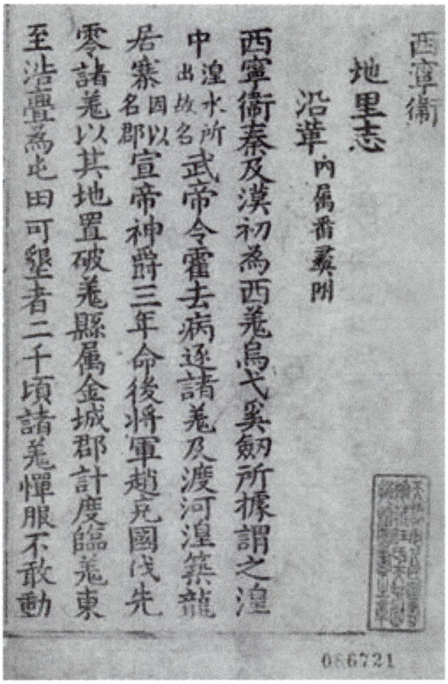

西寧衛

地里志

沿革 內屬番夷附

西寧衛秦及漢初為西羌烏弋奚劍所據謂之湟中 湟水所出故名 武帝令霍去病逐諸羌及渡河湟築龍居寨 因以名郡 宣帝神爵三年命後將軍趙充國伐先零諸羌以其地置破羌縣屬金城郡計度臨羌東至浩亹為屯田可墾者二千頃諸羌憚服不敢動

086721

《西镇志》

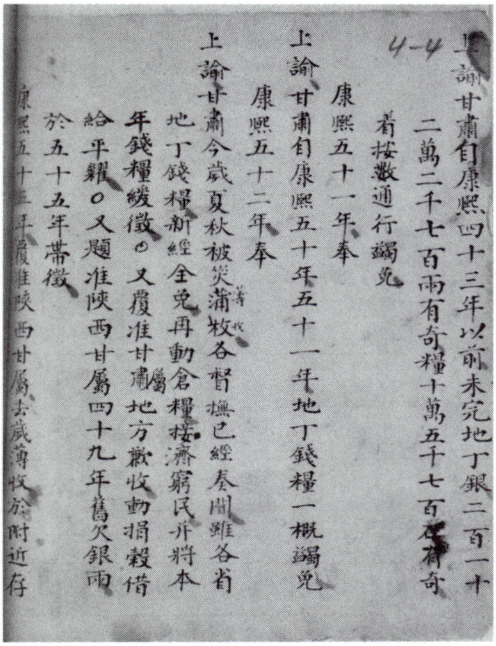

上諭甘肅自康熙四十三年以前未完地丁銀二百一十二萬二千七百兩有奇糧十萬五千七百石有奇著按數通行蠲免

康熙五十一年奉

上諭甘肅自康熙五十年五十一年地丁錢糧一概蠲免

康熙五十二年奉

上諭甘肅今歲夏秋被災蒲牧各督撫已經奏聞雖各省地丁錢糧新經全免再動倉糧接濟窮民并將本年錢糧緩徵〇又覆准甘肅屬地方歉收動捐穀借給平糶〇又題准陝西甘屬四十九年舊欠銀兩於五十五年帶徵

康熙五十三年覆准陝西甘屬去歲薄收於附近存

《重修肃州新志》

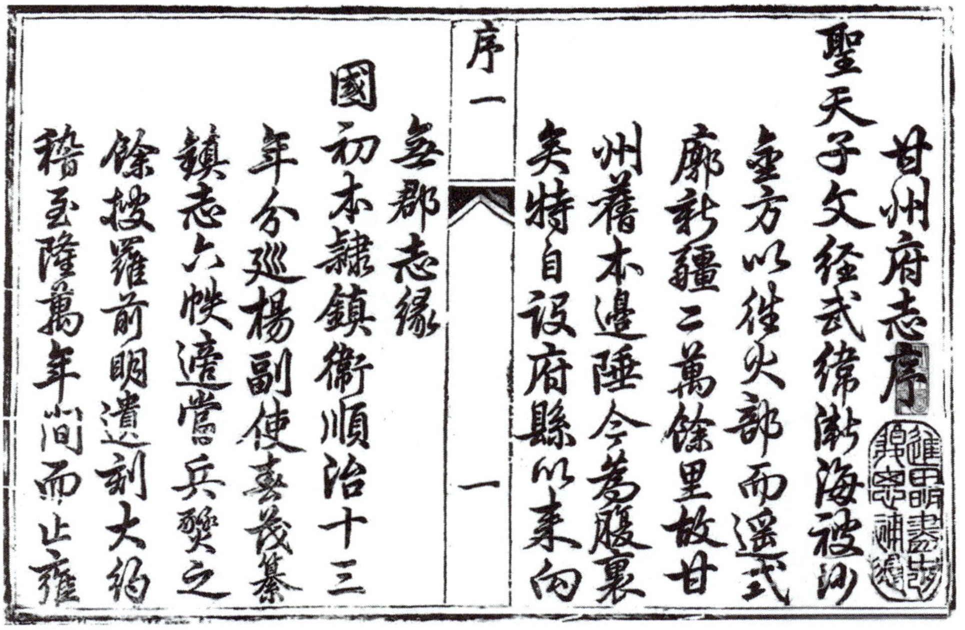

甘州府志序

聖天子文經武緯澈海被沙

皇方以往火部而遥式廓新疆二萬餘里故甘州舊本邊陲今為腹裏矣特自設府縣以來向無郡志緣

國初本隸鎮衛順治十三年分巡楊副使壽蕃纂鎮志亦帙遼嘗兵燹之餘搜羅前明遺刻大約稽至隆萬年間而止雍

序一　一

《甘州府志》

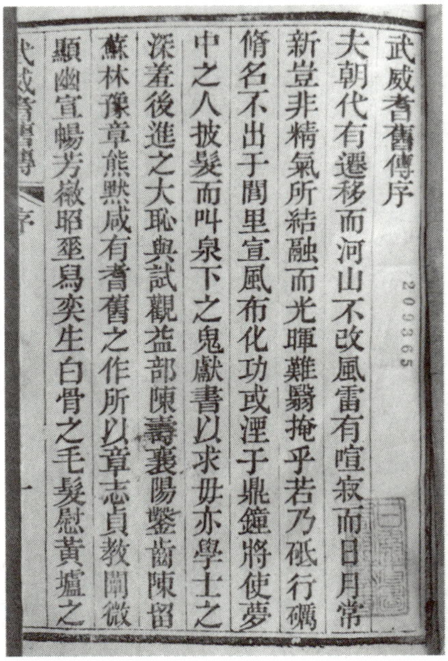
武威耆舊傳序
夫朝代有遷移而河山不改風雷有喧寂而日月常
新豈非精氣所結融而光暉難翳掩乎若乃砥行礪
脩名不出于閭里宣風布化功或湮于鼎鐘將使夢
中之人披髮而叫泉下之鬼獻書以求毋亦學士之
深羞後進之大恥與試觀益部陳壽襄陽鑿齒陳留
蘇林豫章熊默咸有耆舊之作所以章志貞教闡微
顯幽宣暢芳徽昭垂懿奕生白骨之毛髮慰黃壚之

武威耆舊傳 序 一

《武威耆旧传》

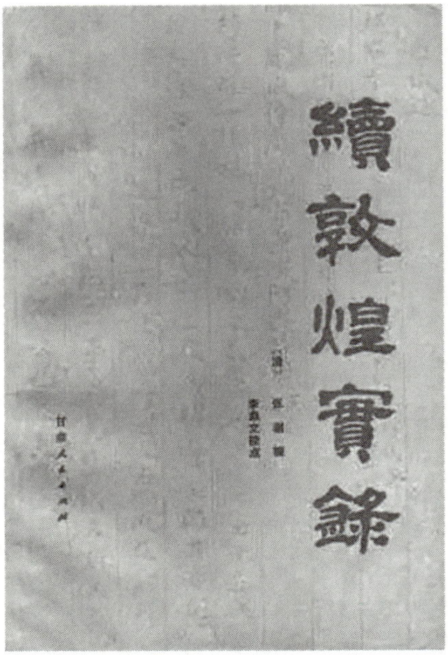

《续敦煌实录》

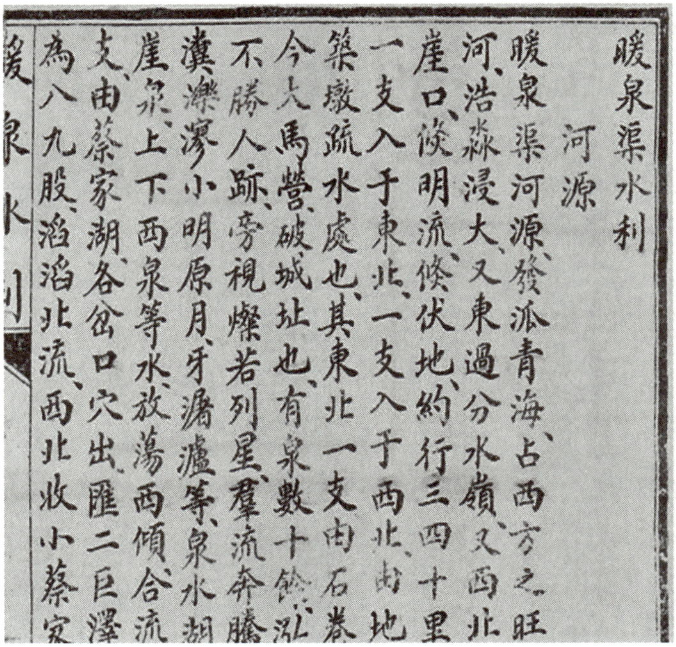
暖泉渠水利
河源
暖泉渠河源、發派青海、占西方之旺
河、浩淼浸大、又東過分水嶺、又西北
崖口、倏明流、倏伏地、約行三四十里
一支入于東北、一支入于西北、由地
築墩疏水處也、其東北一支由石巻
今大馬營破城址也、有泉數十餘、泓
不勝人跡、旁視燦若列星、羣流奔騰
漢濼濚小明原月、牙濾瀘等、泉水湖
崖泉、上下西泉等水、放蕩西傾、合流
支、由蔡家湖各岔口穴出、匯二巨澤
為八九股、滔滔北流、西北收小蔡家

暖泉水利

《暖泉水利志》

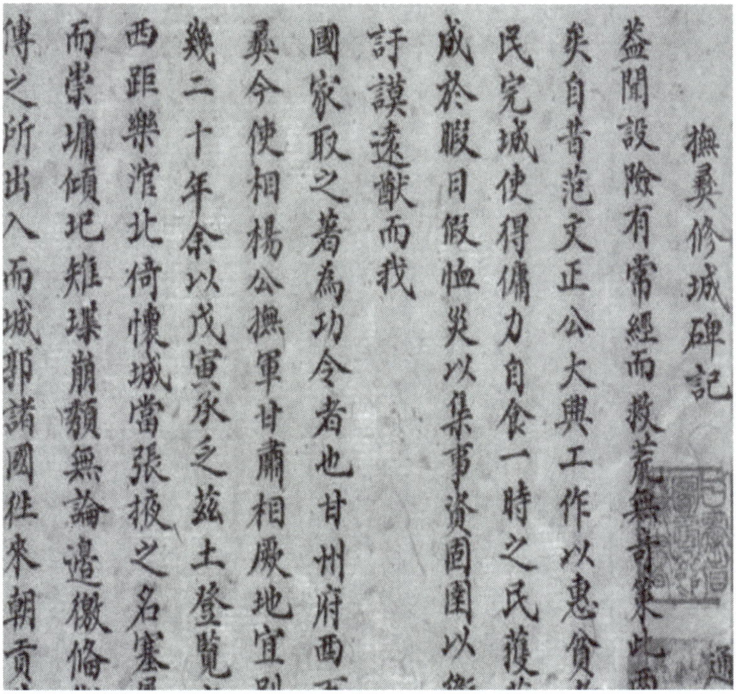
撫彝修城碑記
蓋聞設險有常經而救荒無奇策此西
奚自昔范文正公大興工作以惠貧
民完城使得傭力自食一時之民獲
成於暇日假恤災以集事資固圉以衛
訏謨遠猷而我
國家取之著為功令者也甘州府西
彝今使相楊公撫軍甘肅相厥地宜
幾二十年余以戊寅承乏茲土登覽
西距樂渥北倚懷城當張掖之名塞
而崇墉傾圮雉堞崩頹無論邊徼備
傳之所出入而城郭諸國往來朝貢

《临泽县采访录》

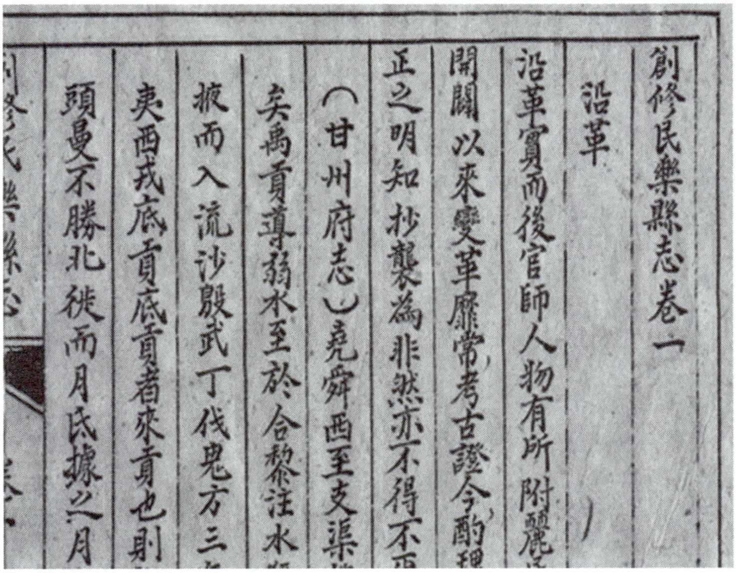
創修民樂縣志卷一
沿革
沿革實而後官師人物有所附麗
開闢以來變革靡常考古證今酌理
正之明知抄襲為非然亦不得不
（甘州府志）堯舜西至支渠
矣禹貢導弱水至於合黎注水
披而入流沙殷武丁伐鬼方三
夷西戎底貢底貢者來貢也則
頭曼不勝北徙而月氏據之月

《创修民乐县志》

后记

现在呈在读者面前的这本小书源自二十多年前进行的基础教育课程改革。这次课程改革的重要内容之一是:课程管理体制由过去高度集中统一在中央一级转为实行国家、地方、学校三级课程管理制度。课程资源的开发和地方课程、校本课程的开发一时成为热门话题。受此影响,我萌生了收集整理资料、开发校本课程、编写一套校本教材的想法。这套教材的第一种是《酒泉语文读本》。在为编写此书搜集资料的过程中我发现,如选编文质兼美、具有鲜明地域特色的诗文,就要大量翻阅本地方志,由此展开了对古旧方志的调查研究,这样就不得不放下《酒泉语文读本》的编写,一头扎进了河西地方志的古纸堆中。而在调查河西古旧地方志的过程中,又与嘉峪关市地方志办公室主任吴生贵先生相识,受邀参加了《〔乾隆〕重修肃州新志》和《〔光绪〕肃州新志稿》的校注整理。这一去就是七八年,不觉将原来计划编写的校本教材放置一边,到最后因为兴趣的转移,还彻底放凉了。但收获也是很大的:一是两部肃州旧志的整理成果在中华书局出版,为学界利用其中的资料进行学术研究提供了一个比较可靠的整理本,也为广大地方文史爱好者阅读其书提供了便利的条件;二是在《中国历史地理论丛》《中国地方志》和《敦煌学辑刊》等报刊发表了十几篇有关河西古旧方志研究的学术论文,引起了学界的关注;三是申报获批了2008年甘肃省教育厅科研计划项目"河西古旧方志研究"(项目编号:0815B-02)。这个项目是当时我所供职的酒泉职业技术学院有史以来获得的第一个科研项目,虽然经费自筹只有 5000 元,并且后来也并没有落实,但这个项目的实施,无论对于我个人还是对于单位,意义都是不言而喻的。

与这个项目相关的工作还有《河西方志序跋辑录校释》,由于后来研究兴趣的转移而搁置。当时付出了很多的时间和精力,但至今仍以半成品的形式在电脑硬盘里沉睡着。好在当时计划中的《河西古旧方志叙录》即将以纸质书籍的形式正式出版。

在撰写完《前言》之后,想到了从事河西古旧方志研究过程中所遇到的一些人和事,想到了曾经热心指导和帮助过我的师友们,油然而生感念之情:年愈古稀还每天坚持上班,从事地方史志整理研究和著述的张志纯先生,多次赐赠他所主持整理和编纂的张掖地方史志,如《重刊甘镇志》《甘州府志》《张掖地区志》《张掖春秋》等。毕生从事西北文献搜集整理和兰州地方史志纂修工作,对地方历史、人物、典籍和掌故了如指掌的邓明先生,有缘在省图西北文献室相遇,进而相知,不仅慷慨赠予其一册又一册的著作,还常常不吝赐教,指点迷津。多年来一直利用业余时间从事武威金石文献搜集和研究的王其英先生,素昧平生,在第一次有缘相见的时候就慷慨赠送其大著《武威金石录》,还协调凉州区地方志办公室帮我从文庙的库房里取来一套由武威市市志编纂委员会办公室组织校点印刷的《凉州府志备考》。陕西师范大学西北环发中心侯甬坚教授和他的团队主持《中国历史地理论丛》,从不以作者身份来衡文,拙稿《〈陕西行都司志〉存佚考》投寄出去刚刚一周,就收到了采稿通知,不久又收到了学术会议的邀请函。

还有甘肃省图书馆的王景发先生。在将《张掖古旧方志存佚及研究整理考述》一文投寄《图书与情报》杂志一个多月后,我因公出差至兰州,顺道去编辑部询问拙稿的采编情况。王先生坦陈,这种稿子引用率不行,会影响期刊的影响因子。我也直言不讳地指出:河西走廊各地图书馆没有一家订阅《图书与情报》;我也翻阅了近两年所刊文章,大多都是在着力翻新出奇,人为制造概念术语,却并没有什么实际内容。作为甘肃省图书学会办的刊物,刻意追求影响因子,那么办刊的目的是什么? 地方图书馆特别是县级图书馆没有一家订阅你们的刊物,那这本期刊的读者又在哪里？王先生不以为忤，笑着说我说的有道理。此后不久就刊发了我的文章，并且从第二年开始开设了一个新的栏目——《馆长的故事》，从此一发不可收拾，每期刊出一篇基层图书馆馆长的自白。

对于拙稿，他说太长了，占版面太多，必须得压缩。我说这是条目式的文献叙录，无法压缩。他说条目不删削，文字可精炼一些。我说我已经做到最简炼了。他不再说什么，当即打开文本，面对面进行删改，每标红一处文字就问我一次，这可不可以删？几段下来，我心服口服，赶紧说您删吧，我没有意见了。文章刊出后，我拿原稿逐字逐句地进行了核对，虽然仍然为一些段落被删感到可惜，却不能不佩服王先生驾驭语言文字的水平和他作为期刊编辑的卓越素质。

“君子哉若人！鲁无君子，斯焉取斯！”在为河西古旧方志研究而艰难前行的那些年，有幸遇到的一个个君子人格的师友，足以使我坚定对于世道人心的信心，而将另一些宵小当蛛丝一样轻轻抹去。

为了对曾经因为研究河西古旧地方志而有缘相识相知的诸位师友有一个交待，我早就产生了将这十几篇论文中条叙历代河西方志存佚、卷数、纂修者、成书和刊刻时间及内容体例的5篇论文——《酒泉古旧方志存佚及研究整理考述》《张掖古旧方志存佚及研究整理考述》《武威古旧方志存佚及研究整理考述》《白银古旧方志存佚及研究整理考述》《青海古旧方志存佚及研究整理考述》作一系统打理，形成专著的设想。但后来因为从事河西墓葬文献的整理与研究，而将此事搁置。近年在学术活动中，有幸与敦煌研究院杨富学研究员结识，承蒙垂顾，几度约稿，邀我加入他主持的《丝绸之路历史文化研究书系》。在他的鼓励和督促下，我也就打起精神来，将前述几篇旧文汇为一编，按一定的体例作简单打理后交给他审阅出版。

这几篇旧文的撰写从2005年持续到2014年，时间跨度较大，无论是资料情况、研究方法还是思想认识，期间都有一些变化，因而各篇条目的详略、评议重点和著录体例都有一定的差异。本计划要重新进行研究，作系统处理，无奈近年颈椎病时轻时重，肩背酸痛，不耐久坐，原计划已难以实现，只好姑息自己，以现在的面目呈现于世。其中问题所在多有，祈请诸位师友谅解并予以教正。